현대 정치의 이해

현대 정치의 이해

현대 정치의 이해

강휘원, 박기철, 박승용
사공영호, 이병진, 진세혁

도서출판 역락

머리말

우리 사회에서 정치가 차지하는 비중은 크다. 정치의 과정이나 결과가 국민의 생활과 복지에 미치는 영향이 매우 크다는 얘기다. 1960년대 이후 우리가 이룩한 빠른 경제성장은 군인 출신의 한 정치가와 이를 효율적으로 뒷받침한 행정체제가 없었다면 불가능했다. 반대로 1997년 이후 겪은 외환위기는 위기의 징후에도 제대로 대처하지 못한 정치인과 정책담당자들의 무능과 무책임에 상당한 원인이 있다.

알고 있는 만큼 세상을 이해할 수 있다. X선의 원리를 제대로 알아야만 환자의 필름을 보고 질병을 진단할 수 있듯이, 정치현상의 기본원리를 알아야만 정치현상의 뒤에 숨겨진 내막을 이해할 수 있다.

이 책은 정치현상을 이해하는 데 필요한 정치학의 기본 이론들을 가급적 알기 쉽게, 그리고 핵심적 내용을 위주로 간략하게 전달하는 것을 목적으로 쓰여졌다. 이미 나와 있는 정치학 교재들도 많이 있으나, 분양이 많고 내용이 방대하여 대학 교양과정의 학생들이 책 자체를 부담스러워 한다는 것이 이 책을 집필하게 된 주된 동기이다.

이 책은 또한 서구의 이론들을 단지 소개하는데 그치기보다는 한국의 정치현상들을 설명하는데 어떤 유용성이 있는지를 좀더 강조하고 부각하고자 하였다. 왜냐 하면, 서구에서 발달된 정치제도가 한국 사회에서도 제대로 운영되고 정착될 것이라는 보장이 없기 때문이다. 서구에서 발달되어 온 민주주의 정치제도가 한국과 같이 문화적 토양이 다른 나라에서도 성공적으로 정착될 수 있을 것인가에 대하여 심각한 의문이 제기되고 있다. 지방자치 및 관료정치 문제를 별도의 장으로 분리한 것도 한국의 정치적 상황을 감안한 것이다. 따라서 이 책이 우리 나라의 정치현실을 이해하는 데 실질적으로 도움이 되었으면 한다.

오랫동안 준비해 온 작업이기는 하지만 다수의 집필자가 공동으로 저술하였기 때문에 책의 내용이 논리적 일관성을 충분히 갖추지는 못하였을 것으로 우려되며, 그 밖에도 몇 가지 아쉬운 점이 있다. 이런 점은 차차 보태고 고쳐 나갈 것이며, 독자 여러분들의 기탄 없는 비판도 겸손히 받아들일 것이다.

끝으로 이 책을 출간하는 데 많은 수고를 해 주신 도서출판 역락의 여러분들에게 깊은 감사를 드린다.

2000년 2월 저자 일동.

목 차

제8장 정부제도론 / 149

제1장 인간과 정치

제1절 정치현상의 발생

우리는 주변에서 정치인들의 행태에 관한 이야기, 한국 정치의 문제점에 대한 신문기사, TV 뉴스들을 자주 접하고 있다. 국가에 대해 말할 때 우리는 보통 그 국가의 정치, 경제, 사회, 문화에 대해 이야기하는데, 여기서 '정치, 경제, 사회, 문화'라는 일상적인 말 속에서도 '정치'가 제일 먼저 거론되고 있는 것을 본다. 그것은 그만큼 인간 생활에 있어서 정치현상이 중요하고, 필연적이라는 것을 나타내는 하나의 증거가 될 것이다. 그렇다면 인간생활에서 정치현상이 발생하는 이유는 무엇일까?

버트란드 러셀(Bertrand Russell)은 "인간이라는 존재는 본래 무엇이든지 상대하여 투쟁하려는 성질을 가지고 있다"고 하면서, "인간들이 행하는 투쟁에는 인간과 자연과의 투쟁, 인간과 다른 인간과의 투쟁, 인간과 그 자신과의 투쟁의 세 종류가 있다"고 하였다. 그리고 "자연과의 투쟁은 자연과학과 기술에 의해서 행해지고, 인간과 인간의 투쟁은 정치나 전쟁에 의해서 행해지며, 개인의 영혼 속에서의 투쟁은 종교나 정신분석에서 다루어져 왔다"고 했다.1) 이러한 관점에서 본다면, 정치현상은 인간의 내적 본성에 기인하는 인간 본연의 투쟁성과 관련이 있다고 할 수 있다.

러셀은 정치현상이 인간 본연의 투쟁성에 기인한다고 했지만, 사회적 측면에서 볼 때에는 그것은 인간생활 자체의 특성 때문이라고 할 수 있다. 인간생활의 특성이란 사회 속에서 태어난 인간은 결코 홀로 떨어져 살 수 없고, 의식주나 기타 모든 인간생활을 영위해 나가기 위해서는 사회 속의 많은 사람들과 더불어 살아갈 수밖에 없다는 것을 말한다. 그런데 이러한 더불어 함께 사는 인간들이 제각기 자기의 목적이나 욕망에 따라 행동하게 된다면 필연적으로 다른 사람들과의 경쟁관계가 발생하게 된다. 그것은 한편으로는 인간의 생존을 위한 물질적 욕망과 그 밖의 각종의 심리적 욕망2) 등 인간의 욕망은 무한한데 반해서, 그것을 충족시켜 줄 수 있는 물질적 자원과 사회적 자원은3) 유한하기 때문이며, 다른 한편으로는 인간의 지적 능력이4) 불완전하고, 편협된 이기심이나 편견, 증오심 등에 사로잡히기 쉬우며, 또한 복잡미묘한 감정을 가지고 있어서 합리적으로 행동할 수 없기 때문이기도 하다.5) 요약하면, 한정된 희소자원의 획득을 둘러싸고 서로 대립하는 곳에서는 인간들 사이에 싸움·대립·갈등을 피할 수 없다는 것이다. 그러한 인간들 사이의 대립 경합 투쟁의 극단적인 경우가 바로 토마스 홉스

---

1) Bertrand Russel, *New Hopes for a Changing World*(London : George Allen & Unwin, Ltd., 1951), p.18. 이극찬 역, 『희망의 철학』(도서출판 나남, 1980), pp.25-26.
2) 예를 들면, 권력욕이나 명예욕, 허영심 등등이 그에 속한다.
3) 사회적 자원이란 사회적으로 가치가 있는 것, 즉 권력, 명예, 지위 등을 말한다.
4) 예를 들면, 미래 예측 능력, 사실의 眞僞 판단 능력, 여러 가지 일을 構想할 수 있는 능력 등등이 이에 속한다.
5) 예를 들면, 국회에서의 여당과 야당의 대립을 보면 합리적인 이유보다는 당리당략에 따라 미묘한 감정 다툼을 보이는 현상을 많이 발견할 수 있다.

(Thomas Hobbes)가 말하는 "war of every man, against every man"(만인에 의한 만인에 대한 투쟁)의 상태이다.[6] 홉스는 그러한 투쟁의 주요 원인이 경쟁(competition), 불신감(diffidence), 명예욕(glory)이라고 말했다.

이러한 대립 투쟁 속에서는 "자유, 평등, 평화, 행복"이라는 인간의 소망이 실현될 수 없다. 따라서 사람들로 하여금 평화로운 세계에서 자유롭고 행복하게 살아가게 하려면, 그러한 대립·투쟁 관계를 조정하는 작용이 필요하다. 바로 이와 같은 일들, 즉 사회적인 제 가치를 둘러싼 의견의 차이를 조정하여 이것을 정책으로서 결정하고, 이 정책에 의거하여 사회와 집단을 통합하는 것이 그 사회에서의 정치라고 불리어지는 것이다. 여기서 통합이란 사회나 집단에 있어서의 대립이나 투쟁을 조정·해소시킴으로써 "질서와 안정"을 만들어 내는 작용이다. 그러므로 정치란 '사회 내에 질서와 안정을 만들어 내는 것', 즉 "질서의 조직화"라고 할 수도 있다. 또한 이러한 '질서의 조직화'에는 이를 위한 수단인 권력을 가진 지배자(치자)와 그들의 지배를 받는 피지배자(피치자)가 수반되므로, 정치란 "인간생활에 있어서의 지배복종관계를 둘러싼 현상, 좀 더 구체적으로 말하면, 지배복종관계의 형성, 유지, 변경을 둘러싸고 일어나는 현상들"이라고 할 수도 있다.

한편 이러한 대립·투쟁 관계의 조정 과정 이외에도 한 사회에 유지·존속되기 위해서는 공동사회생활에 필요한 많은 일들을 그 사회 전체의 이익, 즉 공익을 고려하여 수행할 필요가 있게 된다. 수도, 전기, 주택, 도로, 국방, 쓰레기 문제 등 수 많은 예들이 그러한 활동들이다. 이러한 활동들을 정책으로 채택하여 수행해 나가는 것도 정치활동의 중요한 측면이며, 그것이 국회나 지방의회, 더 나아가서는 중앙정부와 지방정부의 주요 활동이기도 하다.

---

6) Thomas Hobbes, *Leviathan* (London: J. M. Dent & Sons, Ltd., 1914), p.64.

결국 물질적 자원 및 사회적 자원(가치)의 유한성과 인간욕망의 무한성, 그리고 인간의 불완전성, 복잡성에서 유래되는 인간과 인간과의 대립·경합·투쟁을 해결하여 사회의 통합을 이룸으로써, 그 사회 내에 통일적인 질서를 형성·유지해 나가는 것이 정치라는 것이고, 그렇다면 정치는 인간성 자체 속에 그 발생의 기반이 있다고 말할 수 있는 것이다. 그리하여 아리스토텔레스(Aristotes)는 "Man is by nature a political animal. And he who by nature and not by mere accident is without a state, is either above humanity or below it."(인간은 본성적으로 정치적인 동물이다. 우연이 아니라 본성적으로 국가 없이 살아갈 수 있는 사람은 인간 이상의 존재이거나 혹은 인간 이하의 존재이다)라고 말하는 것이다. 즉, 모든 인간이 신이나 천사와 같은 존재라면 아마 정치는 불필요할 것이고, 모든 인간이 악마나 야수와 같은 존재라면 정치는 불가능할 것이라는 말이다. 따라서 정치는 오직 천사와 악마의 중간에 있는, 신과 야수의 중간에 있는 인간의 세계에서만 가능한 것이라고 할 수 있다.

제2절 정치학 연구의 필요성

앞에서 정치가 본질적으로 인간성 내지 인간생활에서 발생했음을 살펴보았다. 그런데 20세기 현대에 들어서는 '정치의 시대', 또는 '정치화의 시대'(age of politicization)라고 불리어질 정도로 그러한 정치의 영역이 확대되었다. 횡적으로는 정치의 범위가 국제적 규모로 확대되어 국제정치가 대단히 중요시되고 있으며, 종적으로는 정치(정부)의 힘이 개인생활의 구석구석까지 침투하여 '정치의 일상화' 현상을 초래하고 있다. 좀 더 구체적으로 말하면, 정치의 국제화란 다국적 기업이 증가하고, UR·WTO·GR7) 등 국제적인 규제가 국내 산업에 큰 영향을 미치는 등 국내 정치가 다른 나라들에 크게 의존하게 되었다는 것을 말한다. 한편, 정치의 일상화란 예컨대, 대입제도라는 교육정책의 변동이 수많은 학생, 학부모, 입시학원 등에 영향을 미치는 것에서 알 수 있듯이, 인간생활의 많은 측면들이 정치와 깊이 관련되어짐으로써, 인간생활의 행복과 불행이 곧 정치의 선악에 의해서 결정적으로 또는 크게 좌우되게 되었다는 것을 의미한다.

그렇다면 어떻게 해서 이와 같은 사태가 초래된 것일까? 그것은 18~19세기의 '야경국가관'이 20세기에는 '복지국가관' 내지 '행정국가관'으로 변화되었기 때문이라고 할 수 있다. 20세기 이전은 근대자유주의(modern liberalism)8) 사상이 지배한 시대였다. 중세의 전제군주와 귀족들의 자의적 지배에 대항하여 등장한 신흥시민계급을 중심으로 하는 근대 초기에 있어서 국가가 수행해야 할

---

7) WTO(World Trade Organization: 세계무역기구)란 세계 무역에서 일어나고 있는 모든 문제를 다루는 국제무역기구로서, 국가간의 무역자유화 침해 행위에 대해 판결할 권한과 이를 위반한 나라에 불이익을 줄 수 있는 권한을 가졌다. 이 기구는 관세 등의 조정을 위한 국제적인 협상인 우루과이라운드(Uruguay Round: UR - 우루과이에서 협상이 시작돼 이렇게 부름)에서 WTO를 만들기로 합의한 결과 생겨나게 되었다.

한편, 그린라운드(Green Round: GR)란 일반적으로 지구환경보전을 위한 각종 국제환경협약과 일부 선진국의 개별 입법에 의한 일방적 무역규제 등 환경과 관련된 무역규제가 무원칙적이고 불공정하게 발동됨에 따라 당사국간에 심한 이해대립이 발생하는 등 세계교역질서의 혼란이 발생하므로 모든 국가가 이해하고 수용할 수 있도록 자유무역과 환경보호에 관한 해결방안을 찾으려는 노력을 의미한다. 환경기준이라든지 환경산업·환경기술·환경의식 등이 선진국에 비해 매우 취약한 우리 나라 현실을 볼 때 우리는 GR의 여파를 걱정하지 않을 수 없으며, 이에 철저히 대비하지 않으면 무한경쟁시대에 기업과 국가의 존립 위기에 직면할 수밖에 없을 것으로 우려된다.

8) 근대자유주의는 개인만이 유일한 사회생활의 단위로 보는 개인주의 사상과 개인의 자유를 최대화하기 위해 정부의 간섭을 최소화하려는 방임주의 사상을 본질적 특색으로 한다.

기능은 '외적침입 방지, 국내치안의 확보, 개인의 사유재산과 자유에 대한 침해의 제거' 등과 같은 필요한 최소한의 임무만을 수행할 것을 요구하는 야경국가의9) 기능이라고 보았다. 따라서 "가장 적게 하는 정치(통치)가 가장 좋은 정치(통치)"라고 보는 자유방임주의(Laissez-faireism)를 주장하였다. 그러나 19세기 중엽에서 20세기 초엽에 이르는 동안, 사회적 조건의 변화로 말미암아 근대 자유주의도 변화를 겪게 되었다. 즉, 자본주의의 급속한 발전은 빈부의 격차와 계급간(자본가와 노동자)의 극심한 대립을 야기하였고, 제1차 세계대전 후의 경제공황과 그에 따른 대량실업의 발생 등은 개인의 자유, 평등, 행복을 보장해 줄 것으로 믿었던 자유방임주의적인 시장경제의 논리(즉, 18-9세기의 근대자유주의)가 더 이상 그 기능을 다할 수 없게 되었다는 것을 입증해 주었다.

그리하여 이제는 정부가 '국내의 치안유지와 대외 방위만을 직무로 삼던 야경국가적(夜警國家的)인 입장'에서 벗어나 국민들에게 '인간다운 생활'(decent life)을 보장해주기 위하여 경제·사회 활동에 적극 개입하게 됨으로써 '야경국가관'은 '복지국가관'으로 변모하게 되었다.10) 여기서 '복지국가'(welfarestate＝social service state, 사회봉사국가)란 "국민 전체의 기본적 복지를11) 국가가 책임지고 보장하는 국가"이다.12) 이를 위해 복지국가는 실업자들을 구제하기 위한 고용정책을 추구하고, 빈곤이나 사회적 불평등을 시

---

9) 夜警國家란 독일사회민주당의 전신인 '전독일 노동자협회'의 창시자 Ferdinand Lassale이 자유주의 국가를 비판해서 붙인 말로서, 사유재산의 수호 자로서의 국가, 즉 외적의 방위, 국내치안의 유지, 최소한도의 공공 업무만을 하는 자유방임주의 국가를 말한다.

10) 예를 들면, 정부가 공정거래위원회를 설치하여 독점을 규제하는 등의 활동을 한다.

11) 富의 再分配를 통해 국민의 최저한의 文化生活을 보장하는 것을 말한다.

12) 다시 말하면, 복지국가란 국민복지(＝복리＝행복과 이익)의 증진, 확보 및 행복의 추구를 국가의 중심사명으로 보고 생존권 보장, 사회보장제도 등의 完備를 추구하는 국가를 말한다.

정하여 국민의 최저한의 인간다운 생활을 보장해 주기 위한 각종 사회보장정책13) 등을 채택한다.

이러한 복지국가로의 전환과 함께 그 뒷면에서는 여러 가지 사회적 가치(이익)를 둘러싼 분쟁이 더욱 급속도로 격화되어 왔다. 그리하여 현대사회에 있어서는 정치적 영역과 비정치적 영역의 한계가 불분명해졌다. 이러한 현대생활에 있어서는 어떠한 문제도 그것을 정치문제화 내지 사회여론화하지 않으면 효과적인 해결을 바라기 어렵게 되었다. 이로 인하여 모든 "분쟁의 정치화"(politicization of conflict)가 발생되고 심화되었다. 게다가 그러한 분쟁에 참여하는 사람들의 수가 급속히 증가되는 대중민주주의 사회가 도래함으로써 분쟁은 더 확대되고 복잡해졌다. 이것은 보통·평등 선거의 도입과 매스 미디어 보급 확대로 가능한 것이었다.

지금까지 살펴본 바와 같이 현대에 들어서는 정치의 일상화 및 국제화가 가속화됨으로써 바야흐로 현대는 "정치화의 시대"라고 말할 수 있다. 이러한 정치화의 시대를 살고 있는 우리들이 평화로운 세계에서 자유롭고 행복하게 살기 위해서는 필연적으로 정치에 대한 깊은 관심을 가져야 하며, 더 나아가 정치의 실체를 올바르게 파악하고 이해함으로써 가장 적절하게 정치에 참여할 수 있도록 정치학을 배워야 할 필요가 있다.

제3절 정치의 본질

1. 정치의 이원성

앞에서 우리는 정치란 "희소한 자원"의 배분을 둘러싼 대립·갈

---

13) 의료보험제도, 국민연금제도 등이 이에 속한다.

등·투쟁을 조정·통합하여 사회 내에 질서와 안정을 이룩하는 활동이며, 그 근저에는 '물질적·사회적 자원의 유한성'과 '인간욕망의 무한성' 그리고 '인간의 불완전성·복잡성'이 깔려 있다고 했다. 이러한 정치에 대해 전통적으로 정반대되는 두 가지 해석이 있어 왔다.

하나는 정치를 "권모술수(權謀術數)"14) 내지는 "교묘한 기술"에 불과한 것으로 보는 입장으로서 근대 정치학의 시조(始祖)라 일컬어지는 마키아벨리가 이러한 입장을 대표하고 있다. 마키아벨리(Machialvelli)에 의하면, 인간의 본성은 "악에의 경향"을 가지고 있어서 강제에 의해서만 선을 행하며, 기근(饑饉)과 빈곤에 의해서만 근면해지고, 법률의 규제가 있어야 선을 행한다고 한다. 이러한 인간성이 사회에 만연하는 것을 방지하기 위해서는 "강력한 통치력"이 필요하며, 그렇지 못하면 국가가 쇠퇴 또는 소멸된다고 하였다. 그리고 통치력을 강화하는 네 있어서는 이떠한 수단과 방법을 써도 좋다고 하였다. 또한 정치란 종교와 도덕에 의해 결정되는 것이 아니라, 오직 "힘"에 의해 결정되는 것이며, 정치의 기준은 선악(선악)에 있는 것이 아니라, 효과성(즉, 결과)에 있는 것이라고 보았다. 그리고 정치에 있어서 유일한 덕은 "실천력"이므로, 도덕과 종교감(宗敎感)에서 탈피하지 못하는 인간은15) 정치에서 물러나 사인(私人)으로16) 생활해야 한다고 하였다. 그리하여 그는 "군주(君主)는 유덕(有德)한 사람이 되기보다는 사자와 여우의 성질을 갖는 것이 좋으며", 단지 중요한 것은 "유덕한 것처럼 보이는 것뿐"이라고 말함으로써, 정치는 도덕의 세계와는 달리 권력의 유지와 신장(伸張)을 위해서 도덕법칙을 마구 유린하는 면을 지적하였다.17)

---

14) 남을 교묘히 속이는 술책
15) 중세의 기독교적 정치관에서의 인간
16) 공인(公人), 즉 정치가나 관료 등 국가의 업무에 종사하는 자에 대비되는 일반 시민을 말한다.

   물론 이러한 생각은 당시(1400년대 말~1500년대 초)의 이탈리아 정국(政局)이 혼란하고 세력(勢力)이 분립된 상태가 지속되고 있는 현실에 직면하여 통일을 위한 강력한 정치체제를 이룩하기 위한 의도에서 나온 것이다. 그가 중요하게 다루었던 정치학적 주제는 당시 이탈리아가 스페인과 프랑스의 지배로부터 벗어나 통일국가를 이룩하는 것이었다.

   동양에서는 정치의 이러한 방식을 "패도(覇道)"라고 불렀다.18) 정치를 이렇게 보게 되면 정치란 소수 권력자들의 특권을 유지하기 위한 수단으로서 이를 위한 권력의 비합리성(강제성)을 강조하게 된다.

   다른 하나는 정치를 선한 것, 즉 "질서와 정의(正義)를 널리 구현(具現)시키려는 노력"으로 보는 입장이다. 즉, 선한 인간사회, 이상적인 사회 건설을 위한 활동으로 보는 것이다. 플라톤의 "철인(哲人) 정치" 주장은 바로 이러한 입장을 대표한다. 그는 "철인이 왕이 되든지, 아니면 이 세상의 왕이나 군주들이 철학의 정신과 능력을 갖지 못하는 한, 국가와 인류는 악으로부터 해방되지 못할 것"이라고 말함으로써 정치를 악으로부터 국가와 인류를 해방시키는 수단으로 보았다.19)

---

17) "싸움에 이기려면 두 가지 방법이 있는 것을 알아야 한다. 그 하나는 법에 의한 것이고, 다른 하나는 힘에 의한 것이다. 전자는 인간 본연의 수단이고, 후자는 야수(野獸)의 수단이다. 그러나 대개의 경우 첫번 방법만으로는 불충분하여 후자의 도움을 받지 않으면 안 된다. 즉, 군주는 짐승과 인간을 교묘히 구사할 줄 알아야 한다 …… 이처럼 군주는 야수의 성질을 적당히 배울 필요가 있는데, 그런 경우에는 여우와 사자의 성질을 배우도록 하여야 한다. 왜냐하면 사자는 책략의 함정에 빠져들기 쉽고 여우는 늑대를 당해내지 못하기 때문이다. 함정을 알아차리는 일은 여우여야 하고, 늑대의 혼을 빼려면 사자여야만 한다." 마키아벨리, 황문수 역, 『군주론 정략론』(동서문화사, 1976, p.111.)

18) 覇란 으뜸, 우두머리를 의미하며, 패도란 인의(仁義)를 무시하고 무력이나 권모술수로 나라를 다스리는 것을 말한다. 이것에 반대되는 것을 왕도(王道)라 한다.

동양에서는 이를 왕도정치사상(王道政治思想)으로 표현했다. 이러한 관점에서 보면 정치는 소수자의 특권 유지가 아닌 "국민 전체의 일반 이익과 공공의 복지를 보장"하여 "정의(正義)의 공동체"를 실현하기 위한 수단으로 간주되고, 이를 위해 권력의 합리성과 개인의 자유를 중시하게 된다.

지금까지 정치에 대한 전통적인 두 가지 관점을 살펴보았다. 그러나 인간성 자체에 근원을 두는 정치는 선악의 양면을 아울러 가지는 인간의 본질적 이원성(二元性) 때문에 필연적으로 현실의 정치도 역시 선악의 양면, 즉 패도(覇道)와 왕도(王道)의 두 가지 측면을 가지지 않을 수 없다.

파스칼(Pascal)이 "인간은 천사도 아니오, 금수(禽獸)도 아니다. 그런데 불행한 것은 천사의 흉내를 내려는 자가 금수의 흉내를 내곤 한다는 점"이라고 말한 것처럼, 인간이 천사도 금수도 아닌 중간적 존재, 신(神)과 동물 사이에 있는 중간적 존재라는 데 바로 정치생활이 필요한 것이다.

한편 현대에 있어서 여러 나라들은 정치사상적으로 두 개의 이데올로기로 나뉘어 큰 혼란을 겪고 있다. 그 두 가지란 "개인주의(個人主義)"와 "전체주의(全體主義)"라고 할 수 있는데, 이것은 개인에게 중점을 둘 것인가, 아니면 전체에 중점을 둘 것인가 하는 것이다. 이러한 정치사상은 현실세계에서는 자유민주주의와 사회주의·공산주의·파시즘 (독재적 전제주의)의 대립으로 나타난다. 여기서 개인주의란 ① 의사(意思)의 자율성 ② 행위의 자기결정 ③ 행위결과에 대한 자기 책임을 그 기본적 속성으로 하며, 전체주의는 전체의 이익을 위해 개인의 자유의 희생을 강요하는 것이다.

그러나 우리의 정치·사회적 현실은 개인의 자발성을 밑바탕으로

---

19) Platon, *The Republic*, Part Ⅱ, 2. 여기서 철인(philosopher)이란 정의(正義), 善이 무엇인지를 아는 자, 지식을 사랑하고, 善과 진리(眞理)를 자신의 현명한 삶에 결집시킬 수 있는 자를 말한다.

하는 '자치'를 이상으로 하면서도, 사회의 '통합' 내지 '질서'를 필요로 하는 이중성에 직면해 있다. 따라서 자치와 통합, 개인성과 전체성, 개인의 자유와 국가권력, 아래로부터의 국민의 자발성과 위로부터의 정부의 통제의 조화가 바로 현대 정치학의 가장 기본적이고 중요한 과제라고 할 수 있다.

2. 국가현상설과 집단현상설

정치의 본질에 관한 논의를 다른 각도에서 두 가지로 나누어 살펴볼 수 있다. 하나는 총체성·전체성을 강조하는 "국가현상설"이고, 다른 하나는 부분성을 강조하는 "집단현상설"이다.

국가현상설이란 정치를 국가 특유의 현상으로 보고 국가와 관련지어서 설명하는 견해이다. 즉, 정치를 국가를 주체로 하는 현상, 다시 말하면 통치기구를 중심으로 전개되는 활동이라고 보는 견해를 말한다. 그리하여 이러한 견해를 기구현상설(機構現象說)이라고도 한다.

악한 인간성과 이해관계(利害關係)의 대립으로 인한 인간사회의 갈등·분쟁 속에서 질서를 유지하기 위해서는 법과 규칙이 필요하다. 그런데 법과 규칙은 강제력이 없으면 질서유지에 아무런 도움을 주지 못하므로, 규칙과 법을 어긴 자에 대해서는 처벌을 할 수 있는 강제력, 즉 물리적 강제력(예를 들면, 경찰, 군대, 법원, 형무소 등)이 필수적이다. 그런데 이러한 강제력을 독점한 단체·조직이 바로 국가이며, 따라서 이 '국가의 활동'이 바로 정치라고 보는 것이다. 이렇게 보면 정치학은 '국가에 관한 학문' 내지는 '국가와 정부의 문제를 연구하는 학문'이라고 할 수 있게 된다.

집단현상설이란 정치현상을 국가를 포함한 모든 인간사회집단에서 발생되는 현상으로 보는 견해를 말한다. 다시 말하면, 정치를 '모든 집단이나 사회영역에 있어서의 권력의 형성, 분배 및 행사와 관련되는 현상'이라고 보는 견해를 말한다.

한편 이러한 집단현상설은 다시 두 가지로 나누어진다. 하나는 집단상호관계설이고, 다른 하나는 내재적 집단현상설이다. 전자는 정치를 우세(優勢) 집단과 열세(劣勢) 집단간의 관계에서 나타나는 현상, 즉 종족·민족·계급간의 상호권력관계에서 나타나는 현상이라고 보는 견해로서, 이를 권력현상설이라고도 한다. 후자는 모든 집단의 공동사무(common affairs)를 처리하는 과정에서 나타나는 현상, 즉 인간의 자유와 사회적 목적의 실현을 위해 수행하는 활동이라고 보는 견해를 말한다.

3. 정책결정과정

다른 한편, 정치의 특성을 '정책결정과정'과 관련시키는 견해도 많다. 정치란 "정책결정," 즉 '강제나 제제를 수반하는 의사결정의 과정'이라고 보는 것이다. 예컨대, 이스턴(David Easton)은 정치학을 "the study of authoritative allocation of values for a society"(사회를 위한 가치의 권위적 배분에 관한 연구)라고 했다.[20] 즉, 정치란 '한 사회의 가치(=희소자원)를 권위적으로(= 강제력 수반) 배분하는 것(=결정)'이라는 것이다. 따라서 정치라는 사회현상은 여러 가지 사회적 가치를 둘러싼 분쟁을 일정한 규칙에 따라 해결하는 것으로서, 여기에는 국민들의 요구, 국가의 정책결정 및 집행활동 등이 모두 포함되는 것이다.

다시 말하면, 사회적 가치는 유한한데 인간의 욕구는 무한하므로, 개인의 욕구를 다소 제한하여 전체적으로 그리고 합리적으로 배분하여야 하는데, 개인들은 가능한 한 더 많은 가치를 획득하려고 양보 없이 투쟁하므로 국가가 강제력을 가지고 이를 조정하여

---

20) David Easton, *The Political System* (New York: Alfred A. Knopf, 1952), p. 126.

합리적으로 배분하는 것이 정치라는 것이다. 따라서 정치의 특징은 외면적으로는 '한 사회의 정책결정과정'이지만, 내면적으로 보면 '그 사회에 대한 가치의 권위적 배분'이라고 할 수 있는 것이다.

4. 말에 의한 토론과 설득

나찌(Nazi) 독일에서 미국으로 망명한 여류 사상가인 한나 아렌트(Hannah Arendt)는 정치를 폭력을 사용하지 않고 공동의 문제를 해결해 가는 인간의 행위라고 보았다. 즉, 인간이 정치적인 존재라는 것의 본질은 말을 할 수 있는 능력이 있다는 것에 있으며, 정치는 폭력과 정반대되는 것으로서 그 본질은 '말에 의한 토론과 설득'에 있다고 하였다.[21]

제4절 정치학의 성격과 사명

1. 권력비판의 학문

인류역사가 시작된 이래로 인간들이 당한 비극의 많은 부분이 권력의 횡포와 깊이 관련되어 있다.[22] 지난 역사를 통해 볼 때, 민중은 언제나 권력의 희생자가 되어 난폭한 권력행사로 인해 생활이 파괴되고 재산을 박탈당하며, 생명을 빼앗기기까지 하였다. 뿐만 아니라 권력을 장악한 자들은 민중의 개성·존엄성을 말살하고 기만하면서도, 그것을 민중이 깨닫지 못하게 정치적 조작을 통하여

---

21) Hannah Arendt, *The Origins of Totalitarianism* (New York: Harcourt Brace & World, Inc., 1966), p. 464.
22) 히틀러에 의한 유태인 600만명 학살, 지구상의 많은 독재정권하의 민중의 고통을 보면 쉽게 알 수 있다.

왜곡시켜 왔다는23) 점에서도 정치의 희생자라고 할 수 있다.

정치학은 이러한 권력에 대하여 전면적인 비판을 하는 것을 고유의 사명으로 하고 있다. 즉, 권력에 대한 전면적인 비판을 통하여 정치권력에 의해 왜곡되고 손상된 인간성을 회복시키는 것이 정치학의 가장 중요한 역할이라고 할 수 있다.

2. 민중에 대한 '정치적 계몽(啓蒙)'의 학문

계몽(enlightenment)이란 '사람들이 무지로부터 깨어나 다른 사람들의 지도에 의존하지 않고 스스로 생각할 수 있게 되는 것'을 말한다. 정치적 계몽은 권력비판과 직결된다. 즉, 정치학은 권력비판을 통하여 정치권력에 의해 왜곡되고 손상된 인간성에 대해 민중이 자각을 갖도록 하는 역할을 한다는 것이다.

3. 사회경영·국가경영의 학문

막스 베버(Max Weber)는 정치학을 "국가에 의한 권력지배와 사회 경영을 연구하는 학문"이라고 했다. 또한 앞에서 정치학은 권력비판을 통해 권력기구와 사회제도에 의해 소외된 인간성을 주체적으로 회복시키기 위한 여러 가지 조건을 탐색하는 학문이라고도 말했다.

그러므로 결국 정치학은 '과연 어떻게 하면 이 사회를 보다 더 합리적으로, 민주적으로, 효율적으로 운영해 나갈 것인가'에 대한 이론과 실제를 연구하여 그 방안을 올바르게 제시하는 역할을 하는 학문이라고 할 수 있다.

---

23) 북한의 주체사상, 과거 일본제국의 대동아공영권(大東亞共榮圈), 많은 신생국들에서 볼 수 있었던 국가안보를 빌미로 한 정권 비판자 탄압 등을 예로 들 수 있을 것이다.

제2장 정치학의 발달

제1절 서구의 정치이론

1. 고대 서구의 정치이론

1) 그리스의 정치이론

서구에 있어서 인간이 사회제도나 정치제도에 대하여 의문을 품고 사색하기 시작한 것은 그리스에서 비롯되었다. 플라톤(B.C. 427~347)은 정치'철학'의 시조이고, 아리스토텔레스(B.C. 384~322)는 정치'과학'의 시조라 일컬어지고 있다.

플라톤은 그의 「국가론」, 「법률론」, 「정치가론」 등을 '윤리학'의 일부로 파악하였다. 즉, 정치학을 정의(正義)의 실현을 추구하는 윤리학의 일부로 파악하여, 철인정치를 통한 이상주의적 정치이론을 전개하였다. 아리스토텔레스는 「윤리학」, 「정치학」, 「경제학」 등의 분야를 분리하여 정치학의 독립을 시도하였는데, 그의 정치학은 polis(도시국가 혹은 도시공동체)에 관한 지식을 체계화한 것이었다. 그가 '인간은 정치적 동물'이라고 한 것도 실제에 있어서는 '인간은 polis 내에서 생활하는 동물'을 의미하는 것으로서, 인간의 공동적 존재 혹은 사회적 존재를 강조하는 말이었다.

2) 로마의 정치이론

로마인들은 그리스인들이 보여 준 바와 같은 사색적 활동보다는 주변의 이민족을 정복·병합·지배하기 위한 실천적 활동을 주로 하였기 때문에 정치이론에 관한 한 특별한 공헌은 하지 못했다. 다만 polis(도시국가)에서 cosmopolis(세계국가: 로마제국)로 넘어가는 과정을 겪은 로마에서는, 그리스의 정치사상이 주로 진리·정의 등을 대상으로 한데 반해, 시민·국가·세계 등이 로마 정치사상의 주제가 되었다.

고대 로마가 정치학에 물려준 유산은 병합한 광대한 지역의 통치를 위한 법률체계에 따른 법률사상과 키케로(Cicero: B.C. 104~43)의 '자연법'[1] 이념을 꼽을 수 있다. 그는 자연법이 인위적인 지상법(地上法)에 우월하며, 도덕적이고 이성적인 존재로서의 인간은 당연히 자연법 앞에 평등하며, 자연법이 부여하는 본래적인 권리(natural right)를 가지고 있다고 하였다. 이러한 자연법 사상은 근대에 부활되어 중요한 정치사상으로 재등장하였다.

2. 중세(2-15세기)의 서구 정치이론

중세의 정치학은 기독교의 영향을 받아 세속적인 지상국가(地上國家)를 대상으로 한 것이 아니라 '신국(神國)'을 구상한 것으로 비합리주의를 특색으로 하고 있다. 대표적인 학자로는 아우구스티누스(Aurelius Augustinus, 354~430)와 토마스 아퀴나스(Thomas Aquinas, 1227~1274)를 들 수 있다.

아우구스티누스의 대표적 저서 「신국」(De Civitate Dei)은 신학적 정치학을 가장 잘 대표하는 문헌으로서 지상국가는 세계의 종

---

1) 자연법이란 인간의 본성에 바탕을 두고 시대와 장소에 관계없이 영구불변의 효력을 가지는 것으로 생각되는 보편적인 법률, 즉 윤리적·도덕적·이성적 법칙을 말한다. 예를 들면, 자유, 평등, 우애 등이 여기에 속한다.

말과 함께 최후의 심판을 받아야 할 저주받을 대상이며, 오직 신국만이 신앙과 축복으로 빛나는 축복받을 대상이라 하였다.

아퀴나스는 「신학대전(神學大典)」(Summa Theologica)을 통해 기독교적 입장에서 그리스·로마의 합리주의를 가미하여 신학의 위계질서에 따라 교황의 우월한 지위 아래 군주와 지상국가의 존재와 사명을 인정하였다.

요컨대, 중세 정치사상의 특징은 비합리주의 및 신학적 세계관 속에서 세계 단일체의 이상을 실현하려는 것으로서, 세속적인 정치행동은 될 수 있는 대로 억제하려 하였다.

3. 계몽주의의 서구 정치이론

신학적 세계관이 지배한 중세적 사고방식에서, 문예부흥(Renaissance)과[2] 종교개혁(Reformation)을 통해 종교적 권위와 세속적 권위가 분리된[3] 근대적 사고방식으로의 전환기인 계몽주의시대의[4] 대표적인 정치학자들은 다음과 같다.

1) 마키아벨리(Machiavelli, 1469-1527) : 「군주론」

마키아벨리는 모든 국가의 근본적 기초는 좋은 법과 훌륭한 군대에 있다고 주장하며, 지배자의 권력유지를 위한 통치술(統治術)을 역설하였고, 덕(德)보다는 여우나 늑대의 간교함을 특징으로 하는 권모술수의 정치론을 주장하였다. 한편 그의 정치사상은 (중세와는

---

2) 문예부흥은 신본주의(神本主義)에서 인본주의(人本主義)로, Hebraism(기독교 문화)에서 Hellenism(그리스·로마문화, 라틴문화)으로의 복귀라고 할 수 있다.
3) 宗敎와 政治의 분리
4) 계몽주의란 15세기 말 네덜란드와 영국에서 일어나 17~18세기에 영국·독일·프랑스 사상계를 휩쓸었던 사상 경향으로 봉건적인 낡은 사상을 혁신적인 사상으로 유도하려던 사상을 말한다. 이러한 계몽주의 사상은 심원한 철학의 원리를 간단명료하게 풀어 대중적인 보급과 교화에 힘썼다.

달리) 종교적·윤리적 가치판단으로부터 분리시켜 있는 그대로의 현실 정치현상을 연구하였다 하여 실증주의(實證主義)를 지향하는 근대정치학의 시조(始祖)라고 불리어진다.

2) 보댕(Jean Bodin, 1530-1596) : 「공화국론 (혹은 국가론)」

중세에 있어서의 강대한 로마 교황의 절대권이나 교회의 지배권과는 구별되는 것으로서 국왕이나 국가가 가지는 권력을 주권(sovereignty)이라 하여 주권이론을 창시하였다. 그는 주권은 시공(時空)의 제약을 받지 않는 최고·절대적·항구적·단일적 권한이며, 오직 신법(神法)과 자연법의 제한을 받을 뿐이라고 하였다. 주권이 국왕에게 있다는 이러한 그의 사상을 군주주권론이라고 한다.

3) 홉스(1588-1679) : 「리바이어던(Leviathan, 1651)」[5]

홉스는 자연상태에서 인간은 서로 거의 같은 힘을 가지고 동일한 목적을 달성하려고 하는 까닭에, 거기에는 필연적으로 '만인의 만인에 대한 투쟁'을 면할 수 없다고 하였다. 인간은 이러한 투쟁에 대한 두려움과 평화를 바라는 이성적 판단에 의해 사회계약(社會契約, 사회적 약속)을 매개로 하여 절대적 주권을 가진 국가를 형성한다고 주장함으로써, 세속적인 절대군주적 근대국가를 구상하였다.

---

5) 그의 저서명 Leviathan은 구약성서 욥기 41장 1절에 나오는 거대한 짐승의 이름인데, 국가를 거대한 이 짐승에 비유하여 그의 저서명으로 삼았다. 그것은 국가를 절대적 주권을 가진 불사신으로 보았기 때문이었다. cf. Can you draw out **Leviathan** with a fish-hook? (네가 능히 낚시로 악어를 낚을 수 있겠느냐?)

4. 근대의 서구 정치이론

근대란 17세기 이후 19세기에 이르기까지를 말하는데, 이 시기는 근대국가의 형성으로 특징지어진다. 근대국가란 일체감을 갖는 국민 또는 민족적 기반 위에 통합된 성격을 지닌 중앙정부를 가진 국가를 말하는데, 이것은 중세의 봉건국가에 대응되는 개념이다. 이 시기의 정치이론을 살펴보면 다음과 같다.

1) 절대군주(絕對君主)시대의 정치이론

근대국가의 첫 단계에 해당되는 절대군주국가는 모든 권력이 절대군주에게 집중된 통치구조를 이루는 것이 특징이다. 이러한 절대군주국가를 뒷받침한 가장 중요한 정치이론은 왕권신수설(王權神授說, the divine right theory)이다. 이 이론은 군주국가는 신(神)의 뜻에 의해 만들어진 정치조직이며, 군주는 신으로부터 직접 권력을 부여받았기 때문에 신에 대해서만 책임이 있고, 국민에 대해서는 책임이 없다는 이론이다. 따라서 군주는 인간이 만든 어떠한 법률로부터도 자유로우며, 또한 군주 자신의 의사(意思)는 즉시 법률로서의 효력을 갖는다고 주장한다.

이것은 중세에 군주권(君主權, 王權)이 교황에 의해 부여되었던 것에 대한 반발로서 군주권은 교황이 부여한 것이 아니라, 신이 직접 군주에게 부여하였다고 주장함으로써 군주권을 정당화하려는 이론이라고 할 수 있다. 이러한 이론은 절대주의 국가이론 혹은 군주만능(君主萬能)의 정치이론이라고도 말할 수 있다.

2) 시민혁명기의 정치이론 (17세기 후반 ~ 18세기)

17~18세기에 접어들어 상공업이 급속히 발달함에 따라(산업혁명) 절대군주와 제휴하여 성장한 시민계급은 이제는 절대군주를 자신들의 경제활동의 장애물로 생각하여, 국가권력으로부터의 간섭을

배제하고 경제활동의 자유방임주의를 확보하고자 시민계급의 정치운동을 벌이게 되었는데, 이러한 운동의 이론적 근거가 된 것은 다음과 같다.

① 존 로크(John Locke, 1632-1704) : 「시민정부론」

　　로크는 홉스와는 달리 '인간은 선천적으로 사교적이고 평화적이어서 자연상태에서도 자유롭고 평등하다'고 하였다. 또한 각 개인에게는 타고난 자연권(自然權)이 있으며, 이러한 권리 중 자유와 생명과 사유재산권을 가장 기본적인 것으로 보았다. 그리고 이러한 권리를 보장하기 위해 각 개인들은 자유의사로 계약을 통해 국가를 형성하며, 계약을 위반하는 통치자에 대해서는 국민이 혁명권을 발동할 수 있다고 함으로써 홉스의 절대군주제와는 대조적으로 제한군주제(制限君主制)를 옹호하고, 1688년의 영국 시민혁명을 합리화하였다.

② 루소(Jean J. Rousseau, 1712~1788) : 「사회계약론」

루소는 「사회계약론」 서두에서 "인간은 자유롭게 태어났지만 도처에서 쇠사슬로 묶여있다"고 말했다. 즉, 자연상태에서도 자유·평등하며 행복한 삶을 누릴 수 있는 인간들에게 과학과 기술의 진보, 사유재산의 성립, 분업의 발달 등은 사회적 불평등을 낳게 했다는 것이다.

　　그리하여 이러한 상태를 벗어나기 위해 사회계약에 의해 국민 모두의 총체적 의사인 일반의사(一般意思, general will)를 형성하고, 이것을 정부에 맡겨 정부가 일반의사를 집행하도록 하며, 이것에 의지하여 개인의 생명과 재산을 보호받는데, 만일 정부가 계약을 위반할 경우에는 국민은 항거할 수 있다고 하였다. 즉, 주권은 국민에게만 있고, 정부는 국민의 대리자로서 일반의사를 집행할 뿐이라고 하여 국민주권론(popular sovereignty)을 주장하였다.

③ 몽테스키외(Montesquieu, 1689-1755) : 「법의 정신」

그는 "오랜 기간에 걸친 경험에 의하면, 권력장악자는 모두 이것을 남용하는 경향이 있다. 권력의 남용을 방지하려면 권력은 권력에 의하여 억제될 필요가 있다"고 말하면서, 국가의 권력은 입법권, 집행권, 사법권의 셋으로 분립시켜야 한다는 삼권분립론(三權分立論)을 주장하였다.

3) 공리주의(功利主義, Utilitarianism) 정치이론

공리주의란 국가를 구성하는 구성원의 "최대다수의 최대의 행복"(the greatest happiness of the greatest number)을 모든 정부의 목표 혹은 정치의 근본원리로 삼는 주의를 말한다. 이러한 이론은 영국에서 특히 발달하였는데, 몇몇 학자들의 견해를 살펴보면 다음과 같다.

① 벤담(Jeremy Bentham, 1748~1832) : 「정부론 단편」

인간은 본래 자기의 이익을 첫째로 생각한다. 따라서 필연적으로 권력을 장악한 자들도 자기 개인들의 이익을 위해 그 권력을 사용하게 됨으로써 국가권력이 권력장악자인 소수의 이익을 위해 사용된다. 그런데 정부의 목적은 최대다수의 최대의 행복에 있다. 따라서 정치권력은 반드시 사회 구성원 전체에 골고루 분배되어야 하고, 이를 위해서는 국민주권원리에 의한 대의제(代議制) 민주주의 국가만이 그 목적에 합당한 유일한 정치형태라고 하였다.

주권은 국민에 속하고, 입법·사법·행정의 권력은 주권에 종속된다. 그러나 이 종속적 권력이 모두 국민에 귀속되면 무정부상태가 된다. 따라서 대의제 민주주의만이 최대다수의 최대행복을 보장할 수 있다고 하였다. 그리하여 군주제, 귀족제를 배제하고 시민이 지배하는 대의제적 민주주의를 주장하였는데, 이를 위하여 (a) 세습적·특권적인 귀족원(貴族院)을 폐지하여 단원제(單院制)로 할 것,

(b) 문맹이 아닌 모든 성년 남자가 참여하는 보통선거를 실시할 것, (c) 의원의 이기심·무력감을 없애기 위하여 의원의 임기를 1년으로 할 것, (d) 선거에서의 협박·회유를 막기 위해 비밀투표 실시할 것 등을 주장하였다.

② 제임스 밀(James Mill, 1773-1836): 「정부론」
벤담의 공리론을 기초로 하여 대의정부론(代議政府論)을 전개하였다. 정부의 존재 근거는 최대다수의 최대의 행복에 있는데도 불구하고 정부는 권력 남용의 경우가 많으므로, 재산, 지식 등의 제한이 없는 보통선거를 실시하여 의회의 의사(意思)와 전체 사회의 의사를 일치시켜 국민의 대표기관인 의회가 정부의 권력남용을 억제하도록 해야 한다고 주장하였다.

③ 존 스튜어트 밀(John Stuart Mill, 1806~1873): 「대의정부론」
제임스 밀의 아들로서, "만족한 돼지가 되는 것보다는 차라리 불만족한 인간이 되는 것이 좋다. 만족한 바보보다 불만족한 소크라테스가 되는 것이 좋다"는 말을 남긴 밀은 정부의 목적은 최대다수의 최대의 행복으로6) 보고, 이러한 목적을 달성하기 위해서는 1) 직접 이해관계를 가진 사람들이 어떤 일이라도 최선을 다하며, 2) 능동적 정치생활은 이에 참여하는 사람들의 도덕적·지적 능력을 발전시킨다는 점에서 대의제 민주정치가 최선의 정부형태라고 했다.

4) 실증주의 정치이론 : 프랑스
프랑스를 중심으로 발전한 실증주의 정치이론은 콩트(Auguste Comte, 1798~1857)를 대표적인 이론가로 꼽을 수 있다. 그는

---

6) 여기서 행복이란 인격의 완성, 인간으로서의 성장을 의미한다.

「실증적 정치체계」라는 저술을 통해 그의 실증주의 정치이론을 전개하였는데, 그 주요 내용은 다음과 같다.

인간의 지식 내지 정신(지성)은 신학적 혹은 허구적 단계, 형이상학적(形而上學的) 혹은 추상적 단계, 과학적 혹은 실증적 단계라는 상이한 3단계로 발전해 간다고 주장하였다. 당시 사회의 정치적·도덕적 혼란과 무질서 등은 상기한 3개의 사고방식이 공존·혼합·혼란되어 있기 때문인데, 이러한 위기를 벗어나려면 제3단계인 과학적·실증적 지식 내지 정신을 지향해야 한다고 하였다. 다시 말하면 사회현상도 자연현상과 마찬가지로 자연법칙에 따르므로 사회현실의 관찰을 통해서 사회현실에 대한 실증적·과학적 지식을 얻음으로써 지적 무정부상태(無政府狀態)를 해소시키고 사회의 도덕적 위기를 해소시켜야 한다는 것이다.

요컨대, 당시의 정치적 투쟁과 정치사상의 혼란은 질서를 중시하는 중세 기독교적 정치학인 신학적 정치학과 진보와 개혁을 중시하는 근대사상에 따른 혁명적 정치학인 형이상학적 정치학의 다툼에서 유래하는 것이므로, 이를 타개하기 위해서는 현실사회의 정치에 대한 관찰을 통한 과학적·실증적 정치학을 수립해야 한다고 하였다.

지금까지 우리는 대체로 19세기까지, 정치학이 독립된 학과로 존재하지 않았던 당시의 정치이론의 발전과정을 살펴보았다. 20세기에 들어서는 독립된 체계를 갖춘 정치학이 출현한 시기이다. 현대 정치학에 대해서는 제2절 정치학의 연구방법 항목에서 간략하게 살펴보고, 제3장에서부터 자세하게 다룰 것이다.

제2절 동양의 전통적 정치사상

1. 천명정치사상(天命政治思想)과 왕도정치(王道政治)

천명정치사상이란 왕을 백성의 지배자로 보는 것이 아니라, 하늘 (天)을 대신하여, 즉 하늘의 명(天命)을 받아 백성을 통치하는 천명의 대행자(代行者)로 보는 사상을 말한다. 이러한 천명정치사상은 서양의 왕권신수설과 동일한 사상이라고 할 수 있다. 천명정치사상은 다음과 같은 주자의7) 언급 속에 잘 나타나 있다.

> 대저 하늘이 사람을 세상에 내실 때부터, 이미 인의예지(仁義禮智)의 본성(本性)을 부여해 주지 않음이 없건만, 그러나 그 타고난 기질(氣質)이 다 한결같을 수가 없기 때문에, 이로 인하여 모든 사람마다가 자기의 본성이 지니고 있는 바(인의예지) 능히 깨달아 이를 온전히 하지 못했던 것이다. 이리하여 일단 총명하고 예지가 있어 능히 그 본성을 다 발휘하는 이가 그들 사이에서 나오기만 하면, 하늘(天)은 반드시 그에게 명(命)하여 억조창생(億兆蒼生)의 군사(君師)가 되게 하였다.8)

여기서 보는 바와 같이 왕은 하늘의 명을 받들어 백성을 통치하고 교화(敎化)하여 백성들로 하여금 각자가 타고난 인의예지의 본성을 회복하게 하는 역할을 담당한다. 이러한 왕의 역할을 왕도라 하며, 왕도에 입각한 정치를 왕도정치라 한다. 그리하여 왕도정치란 유가(儒家)의 이상으로서 인의(仁義)를 근본으로 천하를 다스리는 정치를 말한다. 이것은 인의를 무시하고 무력이나 권모술수로써 나라를 다스리는 패도정치에 반대되는 개념이다.

---

7) 주희(朱熹) (1130~1200): 중국 南宋 때의 유학자. 朱子라 존칭하며, 그의 학설을 주자학이라 함.
8) 朱子, 大學章句序.

2. 민본주의(民本主義)

'민본'이라는 말은 본래 「서경(書經)」의 "백성들은 가까이 할지언정 얕잡아 보아서는 안 된다. 백성이야말로 나라의 근본이니(民惟邦本) 근본이 굳어야 나라가 편안하다"라는9) 말 중에서 '民惟邦本'을 줄여서 일컫는 말이다. 이러한 민본의 이념은 고대로부터 유교 정치행정사상의 핵심을 이루어 왔다.

민본주의의 근원을 살펴 볼 때, 민본주의를 가장 명확하게 드러낸 사람을 맹자일10) 것이다. 맹자는 "백성이 가장 귀하고, 사직(社稷)이 그 다음이며, 임금은 가장 경(輕)한 존재이다"11) 또는

> 걸주(桀紂)가 천하를 잃은 것은 그 백성을 잃은 까닭이다. 그 백성을 잃은 까닭은 그 민심을 잃은 까닭이다. 천하를 얻는 데는 방법이 있다. 그 백성을 얻으면 곧 천하를 얻을 수 있다. 그 백성을 얻는 데는 방법이 있다. 그 민심을 얻으면 곧 백성을 얻을 수 있다. 그 민심을 얻는 데는 방법이 있다. 백성이 갖고 싶어하는 것을 모아다 주고, 백성이 싫어하는 것을 베풀지 않도록 할 뿐이다.12)

라고 하여 정치에 있어서 백성과 백성들의 마음(民心)을 가장 중요시하였다. 이러한 민본주의는 천명정치사상과 연결된다. 앞에서 왕을 백성의 지배자로 보는 것이 아니라, 하늘의 명에 의해 백성을 통치하는 천명의 대행자로 보는 것이 천명정치사상이라고 하였는데, 그렇다면 하늘은 자신의 명(天命)의 실행여부를 어떻게 확인하는가? 그것은 "하늘이 보실 때는 우리 백성을 통하여 보시며, 하늘

---

9) 書經, 夏書 五子之歌, 民可近 不可下 民惟邦本 本固邦寧.
10) 맹자(孟子, 372~289 B.C.): 이름은 맹가(孟軻)이며, 중국 戰國時代의 철학자로서, 공자의 道를 이어 여러 나라를 돌아다니며 王道政治와 仁義를 주장하였다.
11) 孟子, 眞心章下, 民爲貴 社稷次之 君爲輕.
12) 孟子, 離婁章上.

이 들으실 때도 우리 백성을 통하여 들으신다",13) "백성들이 하고자 하는 바는 하늘이 반드시 따른다"라는14) 말속에 잘 나타나 있다. 즉, 민의(民意)를 통해서 천명의 실행여부를 확인하는 것이다. 그리하여 민의는 천명으로 환류(feedback)되어 다시 천명으로 나타나는 것이다. 그러므로 민의가 천명(天心)인 것이다.

결국 민본주의의 기본체계는 하늘은 천명을 행사하며, 왕은 왕도를 수행하고, 백성은 민의를 제시함으로써 삼자가 하나의 통일된 질서체계를 이루어 인의예지의 세계를 성취해 나가는 것이다. 그런데 그 왕으로 선택된 사람이 부덕(不德)하여 민심을 잃게 되면 민본주의의 근본이 흔들리게 된다. 맹자는 이때에 혁명을 주장한다. 만일 그 왕이 인(仁)을 해(害)하고 의(義)를 저버린다면, 다른 유덕자(有德者)가 나타나 그 왕을 왕으로 보지 않고 하나의 간악한 도적으로 보아 그를 방벌(放伐)한다는 것이다.15)

한편 이러한 민본주의는 서양의 민주주의와는 다른데, 그것은 서양의 민주주의가 백성들의 직접적 혹은 간접적인 참여를 직접 정치에 반영하는 것을 전제로 하고 있는데 반해, 동양의 민본주의는 민심 혹은 민의를 하늘이 알아서 정치에 반영한다고 보는 점이다.

제3절 정치학의 연구방법

정치학의 연구방법에 대한 구분은 학자마다 다르다. 이 책에서는 먼저 연구방법의 역사적 발전과정을 고찰한 다음, 그중 중요하다고 생각되는 행태주의적 접근방법에 대해 좀 더 자세히 살펴보기로 한다.

---

13) 書經, 周書 泰誓 中, 天視自我民視 天廳自我民廳.
14) 書經, 周書 泰誓 上, 民之所欲 天必從之.
15) 孟子, 梁惠王 下.

1. 연구방법의 발전과정

메리암(Charles E. Merriam)은[16] 정치학 연구방법의 발전과
정을 다섯 단계, 즉 고전 시기(classical period, 1850년까지),
제도학파 시기(institutional period, 1850~1900년), 과도기
(transitional period, 1900~1923), 행태주의 시기
(behavioral period, 1923~1960년), 후기행태주의 시기
(post-behavioral period, 1960년 이후)로 구분하였다. 연구방
법의 이러한 구분은 특정 시대의 주요 경향 내지 시대적 추세를 말
하는 것이므로, 한 시대가 완전히 끝나고 다른 시대로 넘어가는 명
확한 단계를 겪었던 것은 아니다. 따라서 현대 정치학자 중에도 정
치철학, 정치제도를 연구하는 사람이 있다.
　아래에서는 메리암의 구분을 중심으로 정치학 연구방법의 변천과
정을 고찰하기로 한다.

1) 고전시기 (1850년까지)

고전시기의 대표적인 학자들의 이야기를 먼저 살펴보자. 플라톤
은 가장 이상적인 정치는 철학자(현인)에 의해 지배되는 정치라고
보았다. 16세기 초 마키아벨리는 사자와 여우의 성질을 겸비한 군
주를 예찬하였다. 홉스는 절대군주제만이 질서와 안정과 평화를 보
장해 준다고 하였다. 몽테스키외는 국가의 권력을 입법권, 사법권,
행정권의 셋으로 분립시켜야 권력장악자의 남용 경향을 막을 수 있
다고 하였다. 기타 고전시기의 많은 학자도 비슷한 논의를 하고 있
는데, 이를 세분해서 연구대상, 연구방법, 전제 등의 측면에서 고
찰해 보기로 하자.

---

16) Charles E. Merriam, *New Aspects of Politics* 3rd ed.,
　　(Chicago: University of Chicago Press, 1970.)

먼저, 고전시기 학자들의 연구대상은 '이상적인 정치질서는 어떤 것인가?' '이상적인 정치질서를 실현하기 위한 방법은 어떤 것인가?' '바람직한 국가조직이나 정치제도는 어떤 형태인가?'였다. 이것은 있는 그대로의 현실 내지 사실을 연구하는 것이 아니라, 마땅히 해야 할 일, 즉 당위(當爲)의 문제 혹은 가치·이상·규범의 문제를 다루는 것이었다.

이러한 당위·가치·이상·규범을 다루기 위하여 채택한 방법은 당연히 철학적·윤리적·규범적·연역적인 방법으로서, 고전시기는 정치철학, 정치사상, 윤리학적 정치학이 발달하였다. 다시 말하면, '정치가 실제로 어떻게 되고 있는가' 하는 "사실"의 문제보다는 '정치가 어떻게 되어야 하는가' 하는 "당위·가치"의 문제를 역사적·철학적 방법을 통해서 정당화하고 증명하려는 연역적 방법을 이용하는 경우가 많았다.

한편, 고전시기에는 지도자, 절대군주, 왕이 "어떤 인간"이어야 하는가 하는 인간관을 전제로 하여 정치이론을 전개한 경우가 많았다. 다시 말하면, 인간이 이상적이면 정치도 이상적으로 행해질 것이라고 전제하는 것이다. 이것은 인간을 독립변수로 보고 정치를 종속변수로 보는 관점이다. 동양의 수신제가치국평천하(修身齊家治國平天下)도 같은 개념이라 할 것이다.

2) 제도학파 시기 (1850~1920년대)

1850년대부터 1900년까지의 기간은 정치학이 철학 내지 정치철학에서 벗어나 독립하여 독자적인 학문으로 전개된 시기이다.

이 시기의 주된 연구 대상을 살펴보면, 정치학이 신학·윤리학·철학으로부터 독립함에 따라 정치학의 고유영역으로서 "국가"와 그것을 뒷받침하고 있는 "법률 및 제도"를 연구하였다. 따라서 정부기구론, 법률론, 제도론, 국가론 등이 주된 연구분야였다.

이 시기의 주된 연구방법으로는 법적·제도적 접근방법으로서 정치제도의 법률적 구조, 헌법이나 법률에 관한 연구, 정치제도(국가의 통치기구)에 대한 서술적·역사적·비교적 연구, 국가의 발생·발전과정 등에 대한 연구가 주류를 이루었다.

이러한 제도학파는 두 가지 근본적인 전제를 가지고 있었다. 하나는 사회전체를 통합하는 기능을 수행할 수 있는 조직, 따라서 물리적 강제력을 독점하는 유일한 합법적 조직이 국가이므로, 국가만이 정치학의 독특한 연구영역이라는 전제이다. 다른 하나는 국가를 뒷받침하고 있는 법적·제도적 장치나 규칙을 알면 정치행동이나 정치체제의 활동을 이해할 수 있다는 전제이다. 다시 말하면, 바람직한 정치관계를 법제화하고 제도를 개혁함으로써 정치발전이 이루어진다고 보는 것이다. 이러한 입장에서 보면, 법률·제도적 규칙이나 구조가 독립변수이고, 인간의 정치행동이나 정치조직의 활동이 종속변수가 되며, 인간의 본성은 고정된 상수(常數)로 보게 된다.

3) 과도기 (1920~1930년대)

이 시기는 근대 정치학이 퇴조하고, 새로운 전기가 마련된 시기로서 전통주의에서 다음에 서술한 행태주의로의 전환기이다. 이 시기에 제도적 접근법으로부터 탈피하는 데 영향을 미친 요인은 크게 세 가지로 나누어 볼 수 있다.

첫째, 법과 제도가 이상적이면 정치도 이상적으로 행해질 것이라는 전제가 붕괴되었다. 대표적인 역사적 사건이 법제적 관점에서 가장 이상적이라고 생각되었던 바이마르(Weimar) 공화국의 붕괴였다. 독일에서는 제1차 세계대전 후인 1919년 바이마르에서 국민회의가 열려 역사상 가장 이상적이라고 일컬어지는 바이마르 헌법을 제정하였다. 그러나 패전 직후의 극도의 정치적·경제적 혼란, 연합국의 거액의 배상금 지불 요구, 미증유의 인플레이션, 내각의 빈번한 교체 등으로 사회가 극도의 불안에 휩싸였다. 이러한 상황에서 나찌(국가사회주의 노동자당)가 제1당으로 등장하여 1933년 정부에 전권을 부여하는 법률제정으로 공화국 체제가 붕괴되고 말았다. 그리하여 정치현상을 법률과 제도보다는 그 법률과 제도를 움직이는 인간의 행동에 대한 탐구를 토대로 파악해야 한다는 움직임을 초래하였다.

뿐만 아니라 미헬스(Robert Michels) 등의 학자에 의해서도 제도의 문제점이 제기되었다. 미헬스는 당시 가장 민주적이라고 일컬어지던 독일 사회주의 정당의 내부구조를 연구하였는데, 그 결과 민주주의는 공식적인 법령이나 법전에만 존재할 뿐 어떠한 조직도 대규모화되면 관료제화되고, 그리하여 과두지배(과두지배, 소수지배)의 경향이 나타난다는 사실을 발견하고, 이러한 경향을 '과두제의 철칙'(Iron Law of Oligarchy)이라고 불렀다. 여기서 관료제화란 피라미드형 계층제 조직, 문서주의, 규칙·법률에 의한 사무처리 등의 특성을 말하며, 과두지배란 소수의 엘리트[지배계층]에 의한 대중의 지배와 이에 따르는 상대적인 착취를 말하는데, 이것은 주권이 본래의 정당한 원천인 국민으로부터 전문지식과 대중보다는 탁월한 능력을 가졌기 때문에 실질적으로 지배자의 위치에 서게 된 관료(엘리트)들에게로 전위(轉位)되기 때문에 발생한다고 하였다. 따라서 제도보다 '엘리트(사람)'이 중요하다고 보게 된다.

둘째, 심리학 연구의 발달로 '인간의 본성은 상수(常數)'라는 전제가 도전을 받게 되었다. 1930년대의 심리학의 지배적 조류는 상징적 상호작용설(symbolic interactionism)이었다. 이 이론은 인간의 본성이나 행동에 대한 기존 개념, 즉 인간 본성을 상수 또는 고정된 것으로 보는 경향에 반기를 들었다. 그 이전의 개인 심리학이 인간성을 고정적인 것으로 간주하고, 유전인자에 의해 성격이 결정된다고 본 데 반해, 상징적 상호작용설은 인간은 사회적 존재, 즉 인간성은 다른 사람과의 상호작용에 의해 형성된다고 본다.

이러한 심리학의 영향으로 정치학계에도 인간의 정치행동 역시 사회적 상호작용에 따라 결정된다고 보는 경향이 나타나게 되었으며, 그리하여 인간성과 사회는 서로 분리할 수 없고, 인간의 정치행동도 고정적인 것이 아니라 사회적 상호작용에 따라 결정된다고 봄으로써, 인간행동의 연구 필요성을 강조하게 되는 것이다.

셋째, 시카고 대학의 메리암 교수와 그의 동료 및 제자들을 중심으로 사회과학에 자연과학적 방법을 적용하려는 경향, 즉 정치학 연구의 과학화를 추구하는 경향이 나타났다. 이들은 시카고 학파(Chicago School)라 부르거니와, 이들은 정치현상을 인간의 행동에 대한 과학적 탐구를 토대로 파악해야 한다고 주장하면서, 심리학·통계학의 방법을 정치학 연구에 도입하고, 현장에 나가 정치의 실제를 관찰하여 정치에 관한 자료를 수집할 것을 강조하였다.

4) 행태주의 시기 (1930~1960년대)

프랑스 혁명(1789), 러시아 혁명(1917), 1차 세계대전(비무장 민간에 대한 대량학살) 등을 거치면서 인간이 '이성적인 존재'라기보다는 충동적이고 불완전한 존재라는 인식이 확대되어, 정치학에 대한 철학적 사유와 당위적 접근에 대한 반성이 일어났다. 이에 따라 정치학 연구의 과학화를 주장하는 학자들이 나타났는데, 이들은 이전의 정치학을 '전통적 정치학'이라고 비판하고, 자신들이 연구하는 정치학을 '현대 정치학' 또는 '과학적 정치학'이라고 불렀다. '현대 정치학'은 당시 미국 시카고 대학에서 메리암 교수와 그의 제자들에 의해 주장되었으므로, 이를 보통 시카고 학파(Chicago School)이라고 부르게 되었다.

시카고 학파는 비엔나 학파(Vienna Circle)의 논리실증주의를 수용하여 '과학적 정치학'을 추구하였으며, 여기에 생물학의 유기체 이론을 사회현상에 적용하였다. 따라서 시카고 학파는 한편으로는 정치현상을 일정한 인과관계(因果關係)로 파악하여 그 연관성을 통계학적으로 처리하려는 계량화(計量化)의 시도가 주류를 이루었다. 다른 한편으로는 체제이론과 기능주의를 통한 정치체제에 대한 유형화의 설정에 치중하였다. 이러한 연구경향을 포괄하여 '행태주의 정치학'이라고 한다.

행태주의는 국가·법·제도 중심의 정태적(靜態的) 제도연구에서 인간 중심의 개인, 집단 및 정치과정에 관한 동태적(動態的) 연구로의 전환을 의미한다. 따라서 정치현상을 보는 시각에 있어서 제도론에서는 '(단일한) 국가권력(주권) 작용의 한 현상'으로 본 데 반하여, 행태론에서는 '정치사회를 구성하는 제 집단의 다원적 권력과 그 권력을 행사하는 집단간의 상호작용 과정'으로 보게 된다. 이러한 행태주의 정치학이 특징에 대해 이스턴의 견해를 살펴보고, 행태주의의 전반적인 특징을 요약해 보면 다음과 같다.

   (1) 이스턴의 행태주의 정치학의 득징17)
① 정치행태 속에서 규칙성(regularity of uniformity)을 발견하여 정치학의 과학화를 도모하고, 정치행동에 대한 설명과 예측을 시도한다.
② 발견된 정치행태의 규칙성을 실제의 관찰에 근거하여 검증한다.
③ 행태의 관찰·기록·분석은 엄밀한 방법론에 따른다.
④ 자료의 기록과 발견된 결과는 대개 정확성을 기하기 위해 계량화된다.
⑤ 측정·계량화가 곤란한 가치판단(윤리적 평가)은 가능한 한 배제한다. 다만, 이러한 가치들과 관련된 개인이나 집단의 행태가 경험적 사건으로 취급될 수 있을 때에는 예외적으로, 가치를 사실로써 조작화하여 연구할 수 있다.
⑥ 이론과 조사가 조화된 체계적인 연구를 지향한다. "이론에 인도

---

17) David Easton, *A Frame for Political Analysis* (Englewood Cliffs, N. J.: Prentice-Hall, 1965), p. 7~8.

되지 않은 조사는 무익하고, 자료에 뒷받침되지 않은 이론은 메마르다(무의미하다)"고 본다.

⑦ 순수과학을 지향한다. 그러므로 행태주의자들은 순수연구를 매우 중시하며, 비록 그것이 특정 사회문제 해결에 적용될 수 없다고 해도 그 자체로써 만족한다.

⑧ 학제적(學際的, interdisciplinary) 연구를 한다. 국가의 법률·제도가 아니라 인간의 정치 행태를 연구하기 위해서는 심리학·사회학·문화인류학, 통계학 등 여러 관련된 학문 분야와 협동적인 연구를 수행한다.

(2) 행태주의 정치학의 특징: 요약

① 연구 대상: 전통적 정치학, 즉 제도학파는 국가, 법률, 제도 중심의 정태적 연구를 추구한 데 반해, 행태주의 정치학은 인간의 행태를 중심으로 제도의 활동, 제도내의 인간의 행태, 개인의 태도·개성·욕구·견해가 어떻게 정책결정에 영향을 미치는가 등을 연구한다.

② 연구 방법:
　ⅰ) 정치 행태(행동) 속에서 규칙성을 발견하고자 한다. 즉, 정치학의 과학화를 추구한다.
　ⅱ) 발견된 규칙성을 실제의 관찰에 의해 검증한다. 통계학의 표본조사 방법 등을 이용하여 실증적·경험적인 방법으로 검증한다.
　ⅲ) 자료의 기록과 발견된 결과는 대개 정확성을 기하기 위해 계량화(수량화) 한다.
　ⅳ) 측정·계량화가 곤란한 가치판단적인 것은 가능한 한 배제한다. 그리하여 실제로 관측 가능한 현상(행동, 행태)의 분석에 치중한다.

ⅴ) 학제적(interdisciplinary) 연구를 한다. 정치행태는 그 자체가 사회적 행태의 일종이므로 다른 사회과학의 연구결과나 연구방법을 원용하여 연구한다.

5) 후기행태주의 (탈행태주의) (1960년대 후반)

후기행태주의는 1960년대 말에 이르러 행태주의 정치학에 대한 비판·반성에서 비롯되었다. 이러한 비판과 반성은 특히 1960년대의 미국사회의 위기에 미국의 행태주의 정치학이 대처할 능력을 갖지 못한 채, 중대한 사회적·정치적 문제들을 제쳐놓고 무익하고 메마른 정치연구를 계속해온 사실에 대한 많은 사람들의 불만과 비판이 촉발시킨 것이었다. 먼저 행태주의에 대한 비판과 1960년대의 미국 사회의 문제를 살펴보고, 이어서 후기행태주의의 특징에 대해 살펴보기로 하자.

(1) 행태주의에 대한 비판

① 현실 적합성(relevance)의 결여: 현실도피의 경향, 현실문제의 해결 외면. 1950~60년대를 휩쓸었던 행태주의자들의 지나친 현실도피와 지나친 과학적 방법에의 몰두에 대한 비판, 즉 현실의 중요한 정치문제를 회피하고 이론수립에 몰두하는 것에 대한 비판이 행태주의에 대한 가장 큰 비판이었다.

정치학은 본래 "부족한 사회적 자원(가치)을 둘러싼 갈등·투쟁을 해결하여 사회를 통합시켜 질서를 이루고자 하는 정치현상"을 다루는 학문이므로 가치판단 문제와 분리시킬 수 없는 데도, 현실에서 절실한 정책문제의 해결이나 정치의 본질적인 측면(정치권력, 제도적 장치)을 경시하고 있다는 것이다.[18]

---

18) 예를 들면, David Easton의 `APSR′(1958-1968)에 대한 조사를 살펴보면, 과거 10년간 그 논문집에 실린 논문 가운데 현실문제에 관한 논문은 극소수였다. 다시 말하면, 인종분쟁에 관해서는 4편, 도시위기·폭력·시민들의 불복종에 관해서는 각각 2편, 빈곤에 관해서는 1편밖에 실

② 연구방법이 연구대상을 결정함으로써 실제 정치상의 중요한 문제, 가치판단 문제를 경시하고 있다. 즉, 연구대상에 따라 연구방법이 정해져야 하는데, 연구방법에 따라 연구대상이 선택됨으로써 주객이 전도되었다.
③ 학제적 연구방법의 지나친 도입은 정치학의 고유성 내지 독자성을 말살시킬 위험이 있다.

(2) 1960년대 미국사회의 혼란과 정치학의 무관심

당시의 정치학자들은 지나친 과학적 방법에의 몰두한 결과, 현실의 중요한 정치문제를 회피하고 이론수립에 몰두하고 있었다.

그러나 현실 사회에서는 월남전에 대한 반전운동이 격화되었다. 즉, 강제징집에 대한 저항 운동, 월남전에 투입되는 인적·물적 자원을 흑인 등 하류층의 복지향상에 돌리라는 비판의 목소리가 컸다. 다른 한편으로는 인종차별로 인해 대도시에서 흑인폭동이 일어나 군대를 동원하여 진압해야 할 만큼 심각한 사회문제로 대두되었다. 이러한 상황에서 존슨(Johnson) 대통령은 '위대한 사회'라는 슬로건 하에 폭동의 원인 규명과 이를 극복할 대책 강구할 것을 여러 학자들에게 요청하였다.

(3) 후기행태주의의 특징

행태주의의 장점을 인정하면서도 현실의 급박한 사회문제 해결에 관심을 갖고 연구할 것을 주장하였다. 그리하여 사회 내의 문제를 발견하고, 그러한 문제에 대한 해결책을 제시하는 정책학의 발전을 촉진하였다.

리지 않았다고 한다. 이것은 당시의 정치학자들이 방관자로서 얼마나 현실도피적이고, 사회적 책임을 회피하고 있는가를 보여준다고 하였다. David Easton, *The Political System: An Inquiry into the State of the Political Science*, 2nd ed. (New York: Alfred A. Knopf, 1971), p. 338.

　현실의 위기적 상황을 극복하기 위해 현실적·실용적인 연구에 발벗고 나서는 것이 정치학자의 사회적 책임·임무이며, 정치학자는 정치현상에 대한 기초지식의 추구(＝행태주의)뿐만 아니라, 가치중립을 포기하고 사회문제에 대한 해결책을 제시하고 바람직한 사회변화에 주도적 역할을 해야한다고 주장하였다.

2. 행태주의적 접근방법

　지금까지 정치학의 연구방법에 대해 개괄해 보았다. 이 가운데 현대 정치학의 연구방법으로서 가장 널리 활용되는 행태주의적 접근방법에 대해 좀 더 부연하고자 한다. 행태주의적 접근방법으로는 여러 가지가 있을 수 있는데, 그 중에서 정치체제론적 접근방법과 구조기능적 접근방법에 대해 간략히 살펴보기로 한다.

1) 정치체제론적 방법

　체제란 상호관련성을 가지고 서로 상호작용을 하는 일련의 요소들의 통일적·유기체적 집합체를 말한다. 이것은 생물학의 유기체에 대응하는 사회과학의 개념이다. 그러면 어떤 대상을 체제론적으로 인식한다는 것은 무엇을 의미할까? 그것은 다음과 같은 다섯 가지로 요약할 수 있다.

　첫째, 생물학에서 살아있는 생명체인 유기체(organism)의 내부구조와 그 기능들을 연구하듯이, 정치·사회의 연구에 있어서도 연구대상인 정치현상이나 사회를 마치 하나의 살아있는 생물체인 것처럼 생각하고 그 내부구조와 기능들을 연구한다는 것을 의미한다. 이때 정치·사회 연구에 있어서의 연구대상인 정치현상이나 사회를 생물의 유기체 개념과 대응되는 개념으로서 체제(system)라고 부른다.

　둘째, 체제란 각기 고유한 기능을 하는 여러 하위체제로 구성되어 있는 것으로 보고, 그 하위체제의 기능들을 연구한다는 것을 의미한다. 이것은 마치 생물학에서 인체를 연구할 때, 인체가 각기 고유한 기능을 하는 소화계, 순환계, 호흡계, 신경계 등으로 구성되는 것으로 보고 각 분야를 연구하는 것과 같다.

셋째, 하위체제의 기능들이 모여 특정한 목적을 갖는 하나의 전체로서의 체제를 이루는 것으로 본다는 것을 의미한다. 다시 말하면, 체제는 하나의 전체성(wholeness, holism)을 갖는다는 것이다.

넷째, 모든 체제는 보다 복잡한 상위체제에 속하며, 또한 자신은 여러 개의 상호관련된 하위체제로 구성된 것으로 본다는 것이다. 다시 말하면, 하나의 체제는 여러 하위체제로 구성되고, 그 하위체제는 또 다른 하위체제들로 이루어지며, 역으로 하위체제들은 특정한 목적을 갖는 하나의 상위체제를 구성하며, 그 체제들은 또 다른 하나의 상위체제를 구성한다는 것이다.

다섯째, 어떤 하나의 대상을 환경과 구분되는 경계를 가진 것으로 본다는 것을 의미한다. 그리하여 체제와 환경과의 상호작용을 고려하게 된다.

이러한 관점에서 볼 때, 정치체제란 정치를 둘러싸고 상호작용을 하는 여러 집단들의 집합체라고 정의할 수 있을 것이다. 그런데 정치체제의 이론을 고찰하려면 먼저 사회체제론을 검토해 볼 필요가 있다. 정치제제론이나 구조기능론 모두 사회체제론과 관련이 있기 때문이다. 아래에서는 먼저 파슨스(Talcott Parsons)의 사회체제론을 살펴보고, 이스턴의 정치체제론을 고찰하기로 한다.

(1) 파슨스의 사회체제론
파슨스는 생물학의 분석방법을 사회체제의 분석에 적용하여 사회를 연구하였다. 그는 모든 사회 조직체는 하나의 사회체제(social

system)이며, 그 사회체제가 존속하기 위해서는 4가지 필수적인 기능이 있다고 하였다.

첫째, 적응(Adaptation) 기능이다. 적응 기능은 체제를 둘러싸고 있는 자연적, 사회적, 문화적 환경에 적응해 나가는 기능을 말한다. 정치체제도 어느 정도 이러한 기능을 수행하지만, 주로 경제·과학·기술 체제가 이러한 기능을 수행한다.

둘째, 목표달성(Goal Attainment) 기능이다. 이 기능은 한 사회체제의 공동목표를 설정하고 달성하기 위한 활동으로서, 정치·행정 체제가 이를 담당한다.

셋째, 통합(Integration) 기능이다. 이 기능은 사회 내 여러 구성요소들의 통합하고 일탈행위를 방지하는 기능을 말하는데, 정치행정체제, 사법기관, 정당, 압력단체 등이 이러한 기능을 담당한다.

넷째, 잠재적 가치형태의 유지(Latent Pattern Maintenance) 기능이다. 이것은 문화가치 (예컨대, 사회규범, 도덕)의 유지와 전승을 위한 사회화과정을 말하는데, 교육기관이나 문화기관이 이를 담당한다.

(2) 이스턴의 정치체제론

체제이론을 정치학에 최초로 도입한 이스턴은 정치체제를 '가치를 권위적으로 배분하는 상호작용 관계의 전체'로 보고, 정치체제와 환경과의 상호작용을 투입-산출 모형으로 설명하였다. 즉, 모든 체제는 그 체제가 놓여있는 환경에 의해 영향을 받는 동시에 그 환경에 영향을 미친다고 보고, 환경과 정치체제의 상호작용을 3가지 측면(투입, 산출, 전환)에서 고찰하였다. 이것을 그림으로 나타내면 다음과 같다.

〈그림 2-1〉 정치체제 모형

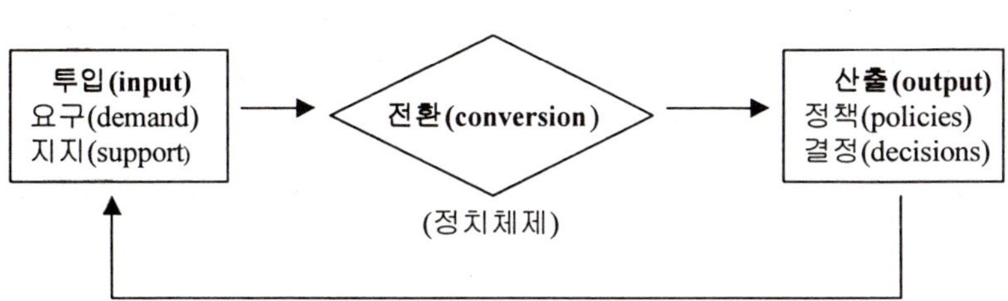

이 그림의 각 요소에 대해 좀 더 자세히 설명하면 다음과 같다. 먼저 환경이란 정치체제를 둘러싸고 있는 모든 것을 말하는데, 여기에는 생태계(자연환경), 생물계(동식물), 인성체계(personality system), 사회체제 등의 사회 내적 환경과 국제정치체제, 국제생태계, 국제사회체제 등과 같은 사회 외적 환경이 있다.

투입이란 환경으로부터 정치체제로 흘러 들어가서 정치체제로 하여금 활동하게 하는 힘으로서, 사회적 가치가 특정한 방식으로 배분되기를 바라는 욕망의 표현인 요구(demands)와 요구가 정책으로 전환되는 데 필요한 지지(support)가 있다. 전환이란 요구와 지지가 정치체제 속으로 흘러 들어가 산출로 바뀌는 과정을 말하는데, 이것을 정책결정과정이라고도 한다. 산출이란 전환과정을 거쳐 정치체제가 산출해 낸 것으로서, 권위적인 결정이나 정책 등을 말한다.

이스턴의 이론에서 중요한 것이 환류(feedback)인데, 이것은 산출에 의해 야기된 환경의 변화, 즉 정책결과(policy outcome)가 정치체제의 투입에 다시 영향을 미치는 것을 말하는데, 이를 위해서는 처음의 요구와 결과로서의 정책의 비교 과정이 필요하고, 또한 정책결과에 대한 분석이 필요하다.

이러한 투입-산출 모형을 예를 들어보면 더 쉽게 이해할 수 있다. 한 이익집단이 특정 법안의 통과를 국회에 요구했는데(투입),

국회에서 그 법을 폐기했다면(산출), 그 이익집단의 반발, 지지 철회 등의 환류가 있게 되고, 그것이 투입의 변화를 가져와 의회의 정책결정과정에 영향을 미쳐 그 행태를 수정하게 된다.

이러한 이스턴의 투입-산출 모형은 동태적인 정치과정을 총체적이고 체계적으로 설명할 수 있다는 장점 때문에 이후의 정치학 연구에서 많이 이용되는 모형이다.

2) 구조기능주의적 방법: 알몬드(Almond)의 체제기능론적 방법

알몬드는 모든 정치체제가 공통으로 수행하는 기능(function = activity)으로서 일곱 가지를 제시하였다.[19] 그 일곱 가지를 살펴보면 다음과 같다.

① 정치적 사회화 (political socialization)

정치적 사회화란 정치체제의 존속을 위해 정치 사회의 구성원들이 정치문화를 '학습'해 나가는 과정을 말한다. 여기서 정치문화란 정치과정과 관련된 가치관, 신념, 태도, 행동양식 등의 복합체를 말한다. 이러한 기능은 공식적 교육기관 혹은 가족, 동료, 소속집단과 같은 비공식 집단에 의해 이루어진다.

② 정치적 충원 (political recruitment)

정치적 충원이란 정치사회의 구성원들로 하여금 정치체제 내의 여러 가지 역할(role)을 담당하게 하는 것을 말한다. 여기서 역할이란 대통령, 국회의원, 지방의회 의원, 지방자치단체장 등 정치적 역할을 하는 직위를 말한다.

---

19) Gabriel A. Almond and G. Bingham Powell, Jr., *Comparative Politics: System, Process, and Policy*, 2nd ed., (New York: Little, Brown and Co., 1978.)

③ 정치적 의사전달 (political communication)

정치적 의사전달이란 정치적 성격을 지닌, 즉 정치와 관련된 정보를 국민에게 전달하고, 또 국민으로부터 통치자에게로 전달하는 과정을 말한다. 예컨대, 신문, 방송, TV를 통해 널리 국민들에게 정치의 쟁점이나 내용을 전달하는 것 등이 여기에 속한다.

이러한 기능은 인체에 있어서의 영양분을 전달하고, 노폐물을 회수하는 혈액순환과 같은 기능으로서, 정치체제의 원활한 작동, 정치적 사회화, 국민의 요구의 표출·집약에 있어서 대단히 중요하다.

④ 이익표출 (interest articulation)

이익표출이란 개인이나 집단이 정책결정자들에게 그들의 정치적 요구를 명확하게 제기하는 것을 말한다. 다시 말하면, 개인적인 의견이나 요구가 이익집단이나 정당에 의해서 문제로 부각되고 표출되는 과정을 말한다. 예를 들면, 농민단체가 국회 앞에서 수매가 인상을 요구하거나, 노동조합에서 근로조건의 개선을 요구하는 경우, 또는 소비자단체에서 불량식품의 규제를 요구하는 등의 경우를 말한다. 현대사회에서는 각종 이익집단이 등장하여 이익표출기능을 활발히 수행하고 있다.

⑤ 이익집약 (interest aggregation)

이익집약이란 표출된 요구(이익)를 집약시켜 정책대안으로 바꾸는 기능을 말하는데, 이것은 여론 수렴 과정이라고도 할 수 있다. 예를 들면, 불량식품에 대한 규제 요구가 다수 국민의 지지를 얻어 여론화되면, 이것을 국회의원들이 보건 정책의 대안으로 마련하는 것이다. 이러한 기능은 정당, 입법기관, 대통령, 장관, 정부의 관료 등이 담당한다.

⑥ 정책결정 (policy making)

정책결정이란 주요한 정치적 요구를 전환시켜 권위적인 결정이나 정책으로 만들어 내는 과정을 말한다. 이러한 기능은 입법부, 행정부 및 사법부에서 담당한다.

⑦ 정책집행 (policy implementation)

정책집행이란 결정된 정책을 집행하는 것을 말한다. 이러한 기능은 주로 행정부에서 담당한다.

제3장 정치권력론

제1절 정치권력의 본질

1. 권력과 정치권력

권력을 자신의 의지대로 타인을 움직여 원하는 결과를 가져오게 하는 능력이라고 할 때, 권력(power)에 대한 추구는 인간이 사회적 존재로서 가지는 욕구중에 가장 근본적인 것의 하나가 될 것이다. 일찍이 토마스 홉스(Thomas Hobbes)는 인간의 권력욕에 대해 "인간은 원래 자기 보존의 본능과 예견능력을 가지고 있으므로, 오직 죽음에 이르러서야 비로소 소멸되게 되는 권력 추구욕, 즉 끊임없이 권력을 추구해 가려는 영구적인 욕구를 가지고 있다"라고 파악하였다.

라스웰(H. D. Lasswell)은 권력과 정치권력을 연관시켜, "권력 개념은 아마도 정치학의 전반에 걸쳐서 가장 기본적인 개념이며, 정치과정은 권력의 형성, 분배, 행사"라고 주장하였다. 또한 현실주의의 국제정치학자로 유명한 한스 모겐스(Hans J. Morgenthau)는 "모든 정치는 권력투쟁(struggle for power)"이라고 단정지었다.1)

---

1) 홍득표, 『정치과정론』, (서울: 학문사, 1999년), p. 67.

인간이란 사회적 활동을 하는 그 순간부터 권력이라는 것으로부 터 분리될 수 없다는 경험적 정의에 따라, 도대체 권력이 무엇인가 에 대해서는 많은 학자들이 자신의 의견을 주장하고 있다. 이들이 주장하는 권력에 대한 정의의 공통분모를 추출해보면, 결국 권력이 란 어떤 의사가 다른 의사를 지배할 수 있는 힘, 즉 다른 사람을 복종시킬 수 있는 힘이라는 것을 알 수 있다.[2] 특히 정치권력은 사회권력의 일종이나 정치적 기능을 수행하기 위하여 인간의 권력 관계를 조직화한 것으로 계량적이며, 타산적 그리고 목적적인 본질 을 가지고 있다.

정치권력과 사회권력의 차이점은 일반성, 영속성, 통합성, 강제 성이라는 4가지 측면에서 살펴볼 수 있다.

1) 일반성

정치권력은 다른 사회권력에 비하여 권력의 행사범위가 일반적이 다. 사회권력의 범위는 그 제한된 사회목적에 의하여 제한되어 있 는데 반해, 정치권력의 행사범위는 정치사회 또는 국가의 목적의 포괄성에 비추어 일반적 성격을 가지고 있다. 이러한 정치권력의 일반성은 첫째로 국가가 지역단체라는 점, 둘째로 국가의 목적이 질서유지, 생존확보, 대외적 방위에 있다는 점에서 기인한다.

---

2) 정치학자들의 권력에 대한 다양한 정의를 보면 아래와 같다.
① 막스베버(Max Weber)의 견해에 따르면, "권력이란 어떤 사회관계 내에서 자기의 의사를 타인의 행동에 대해 강제시키는 가능성"을 의 미한다.
② 프리드리히(C. J. Friedrich)는 "권력이란 지배자와 피지배자가 어떤 공동목표의 달성을 위해서 일부는 강제에 의해, 일부는 동의에 의해 결합된 인간관계"라고 규정한다.
③ 러셀(Russell)은 "권력이란 의도된 효과를 산출하는 것"이라고 보고 있다.
④ 이스턴(D. Easton)은 "권력은 어떤 사람이 제제에 의하여 타자의 결 정과 행동을 통제하는 정도에 따라 다르게 나타난다"라고 정의하고 있다.

2) 영속성(잔존성)

모든 사회에는 개인 상호간 또는 집단 상호간에 대립과 분쟁이 있게 마련이며 이를 해결하기 위해서는 정치권력이 요구된다. 비록 사회가 자연적 혹은 인위적 위기상황에 직면하여 정치권력의 형태와 방법이 변경되는 일이 있다 하더라도 정치권력 자체는 일반적인 경찰력 또는 다른 물리적 강제력의 형태로 잔존하는 것이다. 사회의 개인은 위기에 직면할수록 질서를 회복하고 사회의 발전을 지향하고자 하는 욕망이 오히려 커지므로, 정치권력은 어떠한 위기상황에서도 없어지지 않고 영속하는 특징을 가진다.

3) 통합성

인간생활의 내면적 발전과 충실을 기하고 개인과 집단의 풍부한 발전을 이룩하기 위하여, 또한 경쟁적인 다양한 이념과 이해관계를 조절하여 균형과 안정을 유지하기 위해서는 구심적인 통합력이 필요하다. 따라서 정치권력은 사회생활과정에서 야기되는 모순과 갈등을 해결하기 위하여 사회력을 구심적으로 통합하는 기능을 담당하는 특징을 가진다.

4) 강제성

정치권력은 처벌과 형벌에 있어서 다른 집단들보다 한층 더 광범위하고 포괄적으로 허용되어있다. 이러한 강제력은 개인의 신체나 재산에 대한 지배나 제한등을 포함하여 생명자체의 손실을 가져오기도 한다. 이러한 강제력은 항상 발동되는 것은 아니지만 명령에 따르지 않을 때는 복종 또는 복종과 같은 사태를 유도할 수 있는 가장 효과적인 수단이 될 수 있다.

2. 정치권력의 발생

정치권력의 발생에 관해서는 많은 사람들이 국가의 기원을 설명하면서 연구하기 시작하였다. 정치권력의 발생은 단순한 한 측면만으로는 접근될 수 없으며 복합적인 요인과 계기를 통해서 형성된다.

권력을 발생케 하는 상황에 관해서는 크게 두 가지의 지배적인 관점이 존재한다. 하나는 심리적 측면으로 사회를 구성하는 인간 자체의 성질에서 권력발생의 근거를 찾는 입장이다. 이것은 인간은 누구나 보편적인 권력에 대한 욕구가 있다는 점에서 권력욕을 인간 본능의 하나로 보거나 또는 필연적 속성으로 보고 있다.

또 다른 하나의 입장은 특정사회의 집단현상에서 권력발생의 상황을 찾는 것이다. 사회 내에 존재하는 각종의 종족적, 종교적, 경제적, 문화적 제 집단들의 관계를 조정하고 통합한다는 것이다. 이상의 관계에서 야기되는 긴장과 대립을 억제하여 질서를 유지하며 또 한편으로는 외적의 침입을 방지하여 그 사회의 존립을 공고히 할 필요가 있다. 이러한 사회적 필요성의 존재야말로 권력발생의 근거가 되는 것이다.

3. 권력, 권위, 영향력

현대 정치학에 있어서 권력과 유사한 개념으로 권위와 영향력이 있다. 여기서는 이들 용어 사이에 어떤 차이가 있는가를 살펴보기로 한다.

1) 권력과 권위

매키버(R. M. Maciver)는 "권위라 함은 어떠한 사회 질서속에서 정책을 결정하고 투쟁문제에 관해 판결을 내리고 분쟁을 조정하는 권리, 좀더 광의적으로 말한다면 다른 사람들의 지도자로서 행동하는 확립된 권리를 의미한다"라고 주장하였다. 왜냐하면 권위란 말은 권위자라는 말처럼 권리를 가진 개인이나 단체를 의미하는 경우도 있고, 권력의 종류의 하나인 형식적 권력으로 보여지기도 한다.3)

권력과 권위는 모두 인간의 소질상의 차이의 존재를 그 전제로 한다. 그런데 권력은 그 자체가 의사력의 우세라고 하는 힘의 차이로서 나타나는데 대하여, 권위에 있어서의 그것은 단지 힘의 관계에 있어서의 차이로서 나타나는 것이 아니라 가치상의 차이로 나타난다. 권력은 사회적 지위에 관한 상하적 대립관계에서 작용하게 되므로, 권력에 의한 통일은 타율적이며 외면적일 수밖에 없다. 이것에 대하여 권위는 오직 가치상의 상하관계에서만 작용하게 되므로 권위에 의한 통일은 자율적이며 내면적으로 되는 것이다. 또한 권력은 조직을 매개로 함으로써 비로소 통용될 수 있는 성질을 가졌으므로 뚜렷이 합목적적 성격을 보이고 있는데 대하여, 권위는 억지로 만들어지는 것이 아니며, 인간 본연의 결합관계에 내재하는 자발적 성격을 보이고 있다. 또한 권력은 규범의식이니, 외면적 위엄이니 통용성이니 하는 것과 관련되고 있는데 대하여 권위에는 가치의식과 내면적 존엄과 타당성 등이 따른다. 그러나 현실적으로 볼 때 권위를 결하는 권력은 올바른 정당성을 얻기 어려울 것이며, 권력을 결한 권위도 유력하다고 말할 수 없을 것이다.4)

2) 권력과 영향력

영향이란 '작용이 미치는 일'을 의미하지만 정치학 용어로 영향은 '어떤 사람의 행위와 관련해서 생기는 다른 사람의 행위의 변경'을

---

3) R. M. Maciver, *The Web of Government* (N.Y The Macmillan Co. 1947), p. 63.
4) 이극찬, 「정치학」,(서울: 법문사, 1996), p. 197.

의미한다. 따라서 영향력이라 함은 이와같은 영향을 미칠 잠재능력을 의미한다. 타인의 행위를 통제하는 능력과 타인의 행위를 복종시키는 능력은 권력이라 할 수 있으나 타인의 행위를 변경시키는 능력은 권력과 구별되는 영향력이다.

영향력이란 개인 또는 집단 상호간의 관계로서 나타나, 어떤 한 쪽이 다른 쪽에 영향을 미치는 것이다. 영향력은 넓은 영역에 걸쳐서 여러 가지 형태로서 나타나고 있다. 이를테면 각부 장관, 국회의원 등과 같은 직접 정치권력에 관련되어 있는 직함, 귀족과 명문가족과 같은 전통적 영예, 은행장과 회사 사장 등의 경제적인 지배력, 전문적인 지식과 기능을 가지는데서 생기는 무시못할 발언권, 인격적인 우월로써 얻어진 사회적인 신임과 존경, 목사와 승려등에서 보여지는 종교적 위력 등 여러 가지 형태를 취하고 나타나는데, 바로 이와 같은 요소가 결합되어 하나의 영향력을 구성한다. 그러므로 영향력이 있는 사람은 정계를 위시한 재계, 학계, 예능계, 출판계 등의 각 세력범위에서 세력권을 형성한다. 그런데 그 세력단위는 비단 개인뿐만이 아니라 각종단체로서 나타난다.

권력과 영향력의 차이를 알아보면, 첫째 권력이 강제적인데 비해 영향력은 설득적이다. 우리가 영향을 받아들이는 것은 자발적이라 하겠으나 권력은 굴복을 요구한다. 영향력과 권력은 서로 상대적으로 독립해서 성립될 수 있으므로 이 양자는 상대적으로 별개의 변수이다. 둘째, 영향력은 사상 및 주의와 신조에 결부되어 이데올로기적 영역에서 그 소재를 찾는데 반해 권력은 인간, 집단, 조직과 결부되어있고 사회학적 영역에서 그 소재를 찾는다.

제2절 정치권력의 구조와 수단

1. 정치권력의 구조

1) 권력의 주체 - 통치자층

일반적으로 통치자층은 권력의 핵심과 이것에 봉사하는 장치로써 구성된다. 즉 소수의 통치자층에 속하는 사람들은 그 중심부에 위치하는 권력의 핵심이라고 부를 수 있는 존재와 그것에 봉사하는 장치의 부분으로 나누어진다.5)

권력의 핵심은 시대와 나라의 정치형태가 다름에 따라 다르게 나타나고 있다. 이를테면 근대국가의 형성기에 있어서 절대군주가 수행한 역할은 권력의 핵심이라는 이름에 부합되는 것으로 간주할 수 있고, 군국주의에 기울어지는 나라에서는 정치권력의 핵심이 군부로 옮아가기도 한다. 권력의 핵심적 범위는 분명하지 않으나 현대의 국가에서 말한다면 대통령, 국무총리 및 각료등을 지칭할 것이다.

권력의 장치는 이러한 권력의 핵심을 보조하며, 그것에 봉사하는 기관이다. 이러한 권력의 장치는 전문적인 기능을 갖는 오로지 한 가지 일에만 종사하는 사람들로써 구성된다. 이것을 크게 나누면 관료제와 경찰 및 군대이다. 관료제는 정치적 결정의 일상적인 준비나 결정사항을 집행하는 기관이며, 경찰과 군대는 물리적 강제수단을 전문적으로 관장하는 기관이다. 즉 경찰과 군대는 권력의 핵심을 유지하기 위한 직접적인 물리적 강제력이며 전형적인 권력의 장치라고 할 수 있다.

---

5) Hermann Heller, *Staatslehre* (Leiden: A.W. Sijthoff, 1934), S. 240, 이극찬, 앞의 책 p.201.

2) 권력의 객체 - 피지배계층

권력의 객체란 권력주체에 의해 지배되는 피치자 대중을 의미하며 아래와 같은 세가지 층으로 나눌 수 있다. 즉 치자에 대한 지지자층, 반항자층, 그리고 지지자도 반항자도 아닌 중립자층 및 무관심층의 세 계층이다. 중립자층은 호의적 중립을 취하기도 하고 적대적 중립을 취하기도 하나 가장 많은 부분은 정치적으로 무관심한 태도를 취하는 것이 보통이다.6)

(1) 통치자에 대한 지지자층

현 체제의 변동이 자신의 이해와 자신이 갖고 있는 위치에 위협을 가져오게 되는 경우, 사람들은 통치자층을 지지하게 된다. 따라서 지지자는 흔히 권력의 주변이나 그 혜택을 입고 있는 보수세력, 또는 행정관료 가운데서 이를 찾아 볼 수 있다. 그러나 이러한 지지자층에 있어서도 마음속으로부터 믿고 지지하는 계층이 있는 반면, 어떤 공리적 또는 개성적 이유에 의해 지지하는 경우도 있다. 이들 적극적 지지자층은 수적으로 별로 많지 않으며 정치권력에 대한 태도가 고정적이므로 설득이나 강제등의 수단에 별로 영향을 받지 않는 특징을 나타낸다.

(2) 통치자에 대한 반항자층

일반적으로 체계가 추구하는 가치와 개인이 추구하는 가치가 상반될 때 사람들은 체계에 대한 반대자가 되기 쉽다. 물론 반항자층은 여러 가지 욕망과 좌절에서 생기는 단순한 반대, 반체제적 이데올로기를 가지고 적극적으로 반항하는 태도 등 다양한 반항 요인이 있을 수 있다. 특히 피압박민족이나 피압박계급은 반항자가 되기 쉽다. 이들 반항자층은 대항대중이라 불리우고 그들 가운데 지도자들을 대항 엘리트라고 한다. 대체로 대항 엘리트는 지배계급출신의

---

6) Hermann Heller, S.240.

지식인에 의해 형성되는 경우가 많다. 적극적인 반항자층도 지지자층과 마찬가지로 수적으로 적고 권력에 대한 태도가 잘 변하지 않는 것이 특징이다.

(3) 중립자층과 무관심자층

중립자란 정치권력에 대해 호의적 또는 적대적 중립태도를 취하는 자를 말한다. 지지자와 호의적 중립자간의 경계는 매우 유동적이며 적대적 중립자와 반항자간의 경계도 유동적이다. 따라서 호의적 중립자는 소극적 지지자, 적대적 중립자는 소극적 반항자라고 부를 수 있다. 중립자층의 지지 및 반대의 태도는 지지자나 반항자보다 고정적이 아니며 변화가능성이 크다.

무관심자층은 사회성원의 대부분을 차지하며 여론조사에서 '모른다'라고 응답하는 이른바 'D.K.그룹'(Don't Know Group)이 이에 속한다. 일반적으로 남성보다 여성, 교육정도가 높은 사람보다 낮은 사람, 도시민보다 농민이 정치에 더 무관심하다고 볼 수 있다.

2. 권력의 지배수단

어떠한 지배자도 일단 권력을 장악하게 되면 그것을 계속 유지하거나 증대시키려고 한다. 이와 같이 권력의 획득, 유지, 증대를 위하여 취해지는 방법은 일반적으로 정치기술로 불리운다. 이러한 권력의 유지 및 확대 재생산은 지배의 안정화 과정을 통해서 가능하다. 이러한 지배의 안정화과정을 위한 수단으로는 여러 가지가 있다. 그 대표적인 것은 사탕과자와 채찍으로 불리운다. 먼저 사탕과자를 주어 유혹하고 이것이 효과가 없을 때는 채찍으로 강제한다는 것이다. 이는 정치권력의 지배수단인 설득과 강제를 상징적으로 나타낸 말이라 볼 수 있다.

1) 설득

물리적 강제력을 사용하지 않고 설득의 방법으로 상대방을 이해시켜서 합의에 의한 지배를 하는 것은 지배의 가장 이상적인 방법이라 할 수 있다. 그러나 설득이나 상대방의 이성에 호소하는 방법에는 일정한 한계가 있다. 이러한 설득의 방법은 세 가지로 나누어 볼 수 있다.

(1) 합리적 설득

이것은 피지배자층의 동의를 구하는 것으로 지배수단으로서는 가장 이상적인 것이다. 합리적 설득이 유효하자면 정치권력의 목적이 공공생활의 안전과 복지를 위한 것이며, 피지배자층의 정치교육 및 의식의 수준이 높아야 한다. 정치적 무관심자나 반체제적인 사람, 맹목적 지지자등은 합리적 설득의 대상이 되기 어렵다. 합리적 설득의 방법으로는 정치기구의 합리성, 정부 발행의 백서, 정당 발행의 선전문서, 조사보고서 등이 있다.

(2) 상징적 설득

일반적으로 사람의 행동을 통제하는 방법에는 직접적으로 행동을 지시, 명령하는 수도 있으나 간접적 암시 내지 조정으로 그러한 행동을 하게 만들 수 있다. 피치자의 심리적 구속이나 불쾌감을 갖지 않게 하고 같은 결과를 얻는다는 점에서 후자의 방법은 전자의 방법보다 훨씬 나을 수 있다. 특히 대중사회에서는 이러한 지배방법이 많은 발달을 보여왔다. 이때 이용되는 수단은 전통과 관습의 이용, 새로운 신화 상징의 창조 등을 들 수 있다. 의식이나 국기, 제복, 노래, 시위행진 등은 모두 이러한 상징으로서 작용하는 것이다.

(3) 보상적 설득

이는 인간의 이기심, 명예심, 허영심 등에 호소하는 방법으로서 지배수단으로는 가장 원시적이면서도 또한 가장 효과적인 수단이다. 토지개혁, 영농자금의 지급 등의 경제적 가치는 물론 인간의 명예심과 허영심에 호소하는 각종 훈장과 표창 등의 사회적 가치는 매우 효과적인 지배수단이다. 특히 훈장과 표창장은 그 값에 비해 효과가 매우 크다. 가치부여정책에서 주의할 것은 비록 현실적으로 가치부여를 행하지 않더라도 이것을 약속하는 것만으로도 상당한 효과를 거두는 경우가 있다. 선거공약, 예를 들면 감세, 봉급인상, 보조금의 지불 등의 공약은 상당한 효과를 거둘 수 있다.

특히 가치부여 정책에서 가장 중요한 것은 권력배분이다. 권력이야말로 모든 시대와 사회를 통해서 가장 중요한 가치의 하나이다. 따라서 이러한 권력배분이 잘 되느냐 또는 못 되느냐는 지배자의 운명을 결정하는 중요한 요인이다.

2) 강제

설득에 의한 지배가 피지배자의 동의에 의하여 지배자의 뜻을 따르게 하는 방법이기는 하지만 그것이 어떤 경우에나 적용되는 것은 아니다. 설득에 의해 복종시킬 수 없는 경우, 또는 가장 짧은 시간에 피지배자의 행동을 일정한 방향으로 규제해야 할 긴급한 경우에는 강제의 수단에 의존하는 수 밖에 없다. 특히 적극적인 반항자나 적대적 중립자들에 대한 지배수단으로서는 물리적 강제력, 즉 폭력의 발동이 요청된다. 그러나 처음부터 물리적, 폭력적 강제의 방법에 의존해서는 안되며 이것은 어디까지나 최종적 수단으로 행사되어야 한다. 강제는 그 정도와 방법에 따라 아래와 같은 세가지로 나누어진다.

(1) 가치의 박탈

이것은 특정 인간 또는 문화양식이 가지고 있는 가치를 감소시키는 것으로 설득중의 보상혹은 가치부여와는 반대되는 방법이다. 이것은 반항자나 적대적 중립자에 대해 어떤 불이익을 줌으로써 경제적 고통을 가하거나 이미 준 훈장이나 명예를 취소하는 방법이다. 가치박탈의 방법에는 생명의 박탈, 부의 박탈, 명예 및 안전의 박탈 등이 있을 수 있으나 실제 정치상 중요한 것은 고용의 거부, 승급 및 승진의 정지, 과중한 과세, 면직, 파면 등의 방법이다. 이러한 방법은 정치권력 그 자체에 의해 행사되는 경우도 있고, 또 간접적으로 각종 집단이나 고용주에 압력을 가해 실시하는 방법도 있다.

(2) 심리적 폭력

심리적 폭력은 인간의 육체에 직접 물리적 폭력을 가하지 않고 조건반사를 이용하여 인간의 심리에 폭력을 가하는 방법이다. 예를 들어, 히틀러 정권은 선거 때마다 투표소의 질서유지라는 구실하에 수많은 돌격대와 친위대원들을 투표장 둘레에 배치했다. 이것은 투표자들에게 심리적으로 공포를 느끼게 하여 나치당에 찬성표를 던지게 하려는 수단이었다. 이와 같은 심리적 폭력의 방법은 주로 전체주의 국가에서 자주 사용되어왔다. 이러한 전체주의 국가에서는 막연하지만 항상 존재하는 공포 분위기를 조성해 나가지 않으면 안 되므로 심리적 폭력에 의한 강제가 지속적인 지배수단이 된다.

과장과 위협은 심리적 폭력의 상투수단이다. 대중을 공포의 도가니 속에 몰아 넣음으로써 도리어 일종의 흥분과 황홀감을 불러 일으키는 것 역시 심리적 폭력의 또 하나의 특징이다. 이러한 심리적 폭력은 전통적 신념체계의 붕괴에 의해 무질서적 혼란에 빠진 무관심자에 대해서 효과적인 수단이며, 이것이 반복적으로 사용될 때 적대적 중립자나 반항자에 대해서 상당한 성과를 거둘 수 있다.

(3) 물리적 폭력

물리적 폭력에 의한 강제는 정치권력의 본질적인 특징으로 언제나 중시되어왔고, 군대나 경찰, 교도소를 정치권력의 실체로 생각할 정도로 되어 있다. 확실히 정치권력은 최후수단으로서 반항자들에 대하여 물리적 폭력을 발동시킨다. 그러나 정치권력이 오로지 물리적 강제력에만 의존하는 것으로서는 결코 안정된 권력이라 할 수 없다. 오직 극소수의 극단적 반항자에게만 물리적 강제력을 행사하는 일은 불가피하다 하더라도 다수의 피통치자에게 물리적 강제력을 행사하는 것은 그 정치권력 자체가 매우 위태로운 처지에 놓여 있다고 볼 수 있다. 메리암(Charles E. Merriam)은 물리적 강제력의 자의적 행사에 관해 "폭력행사는 근래에 와서는 결코 권위의 최고의 표시가 아니라, 최대의 실정(失政)에 대한 고백으로 보여져야 할 것이다"라고 기술하고 있다.

제3절 정치권력의 정당성

정치권력의 정당성 문제에 관해서는 많은 학자들이 분석하고 있으나 특히 막스베버의 견해가 주로 받아들여지고 있다. 베버(Weber)는 지배의 정당성에 관해 매우 함축적으로 설명하고 있는데, 지배자가 그 지배를 공고히 하기 위하여서는 그 지배적 권위에 대한 정당성을 획득하여야 한다는 것이다.

정치권력의 정당성의 문제는 지배관계에 있어 계속적이며 안정적인 복종의 근거를 확보하는 문제로서, 이는 사회적 타당성과 윤리적 정당성의 문제가 포함되어 있다. 전자는 특정의 권력자가 실정법을 제정하고 적용하고 집행하는 것이 사회적으로 타당하다고 인정받고 있는가를 규명하는 문제인 데 대하여, 후자는 정치권력이 윤리적으로 정당하게 행사되는가, 즉 부당한 지배를 하고 있지 않은가의 여부와 피치자의 반항권이 어떠한 경우에 시인될 것인가를 규명하는 문제이다.

1. 사회적 타당성

정치권력의 사회적 타당성과 정당성을 가지는 방법으로 베버는 아래의 세가지의 지배형태를 제시하고 있다.

1) 전통적 정당성의 지배유형

이전부터 관습적으로 내려오는 세습을 의미하며, 이를 통해 정당성이 부여된 권위를 말한다. 즉 전통적 정당성은 그 지배가 오랜 시일에 걸친 전통과 관습을 기초로 오랜 역사적 전통에 대한 신뢰가 지배자의 지배에 정통성의 근거를 부여하는 것과 같은 것이다. 이러한 전통적 정당성의 지배유형은 가부장적 지배와 군주제 지배가 전형적인 형태의 것이다.

이와 같은 전통적 지배하에서 그 자체가 최고의 권위를 가지고 피치자뿐만 아니라 통치자도 구속하고 있다는 사실이다. 통치자도 함부로 전통의 테두리에서 벗어날 수 없는 제약이 존재한다.

2) 합법적 정당성의 지배유형

합법적 지배는 지배의 타당성의 근거가 성문화된 합리적 규칙에 있는 것으로, 그 권위의 기초가 이 규칙에 따라 복종을 요구하는한 구속력을 가진 규범으로 준수된다는 사실에 있다. 따라서 통치자는 이러한 합리적 규칙에 의하여 권위가 부여되며, 또 이 규칙에 의거하여 집행이 이루어지는 한 정당한 권위를 가지게 된다.

이러한 지배의 정당성을 획득할 수 있는 전형적인 예는 바로 '법에 의한 지배'의 현대국가의 지배체제이다. 그런데 베버의 합리적 지배는 법의 제정과정을 문제시하지 않으나 실제 현대의 합리적 지배는 국민대중의 합의와 민주적 절차에 의해 제정된 법률에 의한 지배를 의미한다.

3) 카리스마적 정당성의 지배유형

이는 어떤 특정한 인격자의 영웅적 능력과 초인적 능력 등 개인에 대한 복종을 통해 이루어진 지배유형이다. 카리스마란 말 자체가 원래 초자연적인 힘을 가진 초인적 능력의 소유자를 의미한다. 그러므로 카리스마적 지배는 본래 원시사회나 고대사회에서 나타나는 것으로 비합리적인 것, 또는 이성의 판단을 초월한 것이다. 현대에서도 이러한 카리스마적 권위가 나타나는데 주로 사회의 불안과 전쟁 등의 합법적 체제가 붕괴 내지 위기를 맞고 있을 때 등장한다. 예를 들어 히틀러, 모택동, 이승만 등의 지도자를 그 대표적인 인물로 꼽을 수 있다. 그러나 카리스마적 권위는 시간이 갈수록 개인에게 의존하는 정당성이 약화되며 합법적 정당성으로 대체되어야 한다. 그렇지 못할 경우 대부분 독재의 길로 빠져든다.

2. 윤리적 정당성

지배체제의 정당성과 아울러 다루어야 할 것은 윤리적 정당성이다. 즉 그 권력이 과연 윤리적이고 부당한 지배를 하고 있지 않은지, 또 어떤 경우에 저항권이 인정되어야 하는가는 윤리적 정당성에서 다루어진다. 일반적으로 정치권력이 안정과 질서, 정의와 법치, 일반복지의 세 가지를 충족시켜주지 못할 경우에는 피지배자의 저항권이 인정되어야 한다.

1) 안정과 질서

안정과 질서는 사회적 타당성과 관련되는 윤리적 정당성의 가장 우선적인 변수이다. 전통적으로 정치권력의 1차 목표는 안정의 유지와 질서의 확립으로, 대외적으로는 다른 집단의 공격과 침략을 막아내고 대내적으로는 사회질서를 확보하는 것이다. 따라서 대외적으로 국가의 안전을 보장할 수 없거나 국내의 질서를 확립할 수 없는 무정부적 권력상태는 국민의 복종과 지지를 요구할 수 있는 윤리적 정당성을 확보할 수 없다.

2) 정의와 법원칙

법에는 실정법과 자연법의 두가지가 있다. 전자는 지배자의 권력행사가 사회의 관습에 의하여 확립된 법원칙과 의회를 통과한 실정법에 적합한가의 문제이다. 이에 대하여 자연법 원칙은 지배자의 권력행사가 자연법사상에 근거하는 자유, 평등, 정의 등의 원칙에 어긋나지 않는가의 문제이다. 결국 권력의 행사방법이 아무리 합법적이라 하더라고 그 권력이 실현하고자 하는 목표와 이념이 윤리적 원칙과 일치하지 못한다면 윤리적 정당성은 상실된다.

3) 일반복지

정치권력의 지배에서 공통적인 전제조건은 통치자가 피지배자에 대해 최소한의 생활보장을 해주어야 한다는 것이다. 현대의 대중사회에서 개인이나 집단의 힘은 미약하므로 개인의 힘으로 해결하지 못하는 것은 정부가 부담해야한다. 즉 국민의 복종의무는 정부가 국민의 일반복지 또는 생활보장의 의무를 이행하는데서 성립될 수 있으며, 이러한 의무를 이행하지 않으면 그 정부의 윤리적 정당성은 확보될 수 없다.

제4장 정치체제론

제1절 정치체제의 정의와 분류

1. 정치체제의 정의

일반적으로 정치체제란 '어떤 특정한 정치원리에 기인하여 지배, 복종관계가 편성되어 있는 상태'[1]이다. 즉 정치체제라는 것은 정치권력이 어떤 특정한 정치원리에 입각하여 사회내에서 광범위한 복종을 확보함으로써 안정된 지배질서를 계속해 나갈 때 이를 형성하는 여러 가지 제도나 정치조직의 총체를 지칭한다.

정치체제에는 다양한 유형이 존재한다. 동일한 제도라 할지라도 그 역할과 수행능력에 있어서 커다란 차이점들을 발견할 수 있다. 예를 들면 정당 또는 입법부는 다른 정치체제 내에서는 다른 역할을 수행하고 있다. 각 정치체제는 통치자와 피치자 모두의 정치행동과 태도를 결정짓는 상이한 역사적, 문화적, 경제적, 사회적, 그리고 국제적 결정요인에 의해 변화하게 된다. 정치체제들은 안정성, 정통성, 제도화의 정도, 발전 그리고 통치자와 피치자간의 관계를 조직화하고 있는 규칙의 내용에 있어서 현저하게 서로 다르다. 정치체제들은 정치권력구조, 정치참여형태, 이익단체와 이익표

---

1) 김우태외, 『정치학의 이해』, (서울: 형설출판사, 1998), p. 205.

출 그리고 정치적 권리의 형태에 있어서 서로 다르다.

정치체제의 구성을 체계이론으로 살펴보면 정치체제는 기능과 구조로 이루어져있다. 기능은 행해져야 할 일과 관련되어 있고, 구조는 제도, 기구, 장치 및 이러한 것들이 행해지는 절차와 관련되어 있다. 체계이론은 정치체계의 주요 기능 그리고 그 기능간의 상호관계와 상호의존을 시사해 주지만, 단지 일반적인 견지에서 시사해 줄 뿐이다. 한편 정치체제는 이러한 기능들이 제도, 절차 및 구체적인 관계로 조직화, 형체화되는 개별적인 방식과 수단을 의미한다. 그 정치체계의 주요기능과 제도를 살펴보면 아래와 같다.

우선 정치체제는,

① 공동목표를 산출해야 하고, 그리고 이를 위해서는 사회화, 목표의 공동수락 및 이러한 목표가 실현될 수 있는 제도를 규정해야 한다. 이러한 개념은 공통적인 사상 즉 널리 보급되어 있는 이데올로기의 중요성을 강조한다.

② 정치체제는 정책결정기구를 마련해야 한다.

③ 정책을 결정짓는 이익표출 및 이익집약을 위한 기구를 수립해야 한다.

④ 정책결정자의 후임규정과 더불어 이들의 선출방식과 수단을 규정해야 한다.

⑤ 분열을 초래하는 행위에 대한 효율적인 통제를 규정함으로써 정서를 유지해야 한다.

⑥ 자체보존능력을 가지고 있어야 한다.

모든 정치체제는 그들이 수립하는 제도를 통하여 이러한 기능을 수행하기 위해 다양한 시도를 하고 있으며, 또한 그 정치체제들이 일반적으로 심판을 받게되는 것은 그 기능을 수행할 수 있는 능력의 견지에서이다.[2]

---

2) R. C. 매크리디스, 『현대정치체제론』, (서울: 인간사랑, 1990), p. 19.

정치체제의 기능의 성격을 나타내는 것으로서 각기 다른 제도와 관련을 맺고 있는 네 가지 주요한 상호작용과정이 존재하는데 이들은 통치조직, 동의조직, 이익조직, 권리조직을 의미한다.

2. 정치체제의 분류

현대에는 학자들의 다양한 분류 기준에 따라 정치체제에 대한 여러 가지 분류방법이 시도되었지만, 대체로는 민주주의 정치체제와 전체주의 정치체제로 크게 양분하고 있다. 민주주의 정치체제는 개인의 자유와 권리를 이념으로 하는 자유민주주의를 '이념형'으로 하고, 전체주의 정치체제는 관제 이데올로기, 지도자의 우상화, 단일 정당제, 매스컴의 독점 등을 특징으로 하고 있다. 그리고 모든 정치체제는 이러한 양극의 두 가지 형태의 유형중의 한쪽으로 구분할 수 있다. 그러나 현실적으로는 특정국가의 통치형태가 민주주의 체제와 전체주의 체제의 연계선상의 어느점에 위치하게 될 것이다. 그리고 이념과는 다른 통치형태적 구분을 통해서 권위주의 정치체제를 다루기도 한다.

현대적 의미의 정치체제 분류에는 많은 학자의 분류법이 있으나 여기서는 대표적인 학자의 몇 가지 분류를 소개한다.

1) 매키버(R. M. Maciver)의 분류

맥키버는 정치에 영향을 미치는 사회, 경제, 문화의 관점에서 종합적이고 입체적으로 정치체제를 분류하였다. 그는 구성상의 기초, 경제상의 기초, 사회상의 기초 및 주권의 구조라는 4개의 기초 위에서 정치체제를 구분하였다.

〈표 3-1〉 맥키버의 분류법

구성상의 기초	경제상의 기초	사회상의 기초	주권상의 기초
과두제	씨족경제 원시정부	씨족정부	단일정부
군주제	봉건정부	도시정부	제국, 식민지, 속국 연방정부
독재제	자본주의 정부	지방정부	
승려제	사회주의 정부	민족정부	
복두제		복합민족 정부	
민주제		세계정부	
입헌군주제			
공화제			

2) 뢰벤스타인의 분류

뢰벤스타인은 정치체제 내의 권력구조와 통치과정의 분석을 통하여 현실적이고 입체적인 정치체제 분류를 하였다. 그는 통치과정내지 국가기능을 정책형성, 정책집행 및 정책통제로 구분하고 여기에 있어 권력의 분할과 집중을 기준으로 하고 있다. 이를 통해 정치체제를 입헌주의와 전체주의, 혼합형태를 1차분류로 삼고 2차적 분류를 도출하였다.

〈표 3-2〉 뢰벤스타인의 분류

제 1 차 분류	제 2 차 분류		
입헌주의	직접민주제	의회제	대통령제
	회의제	재각통치제	집정부제
전제주의	절대군주제	인민투표적 황제제	신대통령제
혼합형태	(입헌주의와 전제주의의 각종 중간형)		

3) 알몬드(Almond)의 분류

알몬드는 베버(Weber)의 방식을 이용하여 정치체제의 구조적 분화와 문화적 세속화의 정도에 따라 정치체제의 유형을 나누고, 하위체제의 자율성 정도에 따라 이들 각 체제를 세분화하였다.

<표 3-3> 알몬드의 분류법

구조적 분화와 문화적 세속화의 정도에 따른 분류	하위체제의 자율성 정도		
	하	중	상
원시체제	단속적 원시체제	피라밋체제	분절체제
전통체제	세습체제	관료제국	봉건체제
근대적 비동원체제	비동원 권위체제		비동원 민주체제
근대적 동원체제	근대적 권위주의 체제 보수적 권위주의 체제	자율성이 낮은 민주체제	
근대적 침투체제	급진적 권위주의 침투체제 보수적 권위주의 침투체제	자율성이 높은 민주체제 자율성이 제한된 민주체제	

제2절 민주주의 정치체제

1. 민주주의의 개념

민주주의에 관한 학자들의 개념에는 상호차이가 있으나. 그 공통된 특징은 자유·평등·박애·인간존엄성 등의 민주주의적인 가치와 규범의 절대성을 인정하면서도 정치현실의 실제적 요소에 대한 체계적 분석과 설명에도 똑같이 관심을 가지고 있다. 이들은 고전적 혹은 이상주의적 민주주의에 대한 독단론에 빠지지 않고 경험적·현실주의적 민주정치의 개념 요소인 다원론, 경쟁, 반대, 통제, 대표, 다수결, 대체정부 등과 관련된 경험적 명제를 흡수하고자 노력한다.3)

그리고 민주주의는 두 가지 개념 속에서 논하는 것이 중요하다. 첫 번째 민주주의의 개념은 과정과 산물 혹은 절차적 민주주의와 실제적 민주주의를 포함한다. 시민이 경쟁적 후보자들 사이에서 선택하는 과정에 참여하는 것이 허용되고 그러한 다른 절차들을 따른다면 민주주의가 존재한다는 것이다. 이처럼 민주주의를 절차와 동일시 하는 경향이 있다. 대조적으로 민주주의를 평등과 관련된 실제적 산물로서도 본다. 민주주의가 생활수준의 차이를 주장한다면 절차적 필요조건을 충족시키더라도 평등에의 실제적 인권을 부인하는 것은 민주주의가 아니다. 두 번째 개념은 민주주의에서 가장 중요한 다양한 기준을 내포한다. 개인주의는 개인의 권리와 자유가 가장 중요하다고 주장하며, 공동체주의는 집단의 복지가 어떠한 개인의 편익보다 더 가치가 있다고 주장한다.

결론적으로 민주주의에 대한 다양한 접근과 의견이 있을 수 있으나 이를 종합해보면 아래와 같이 정의할 수 있다. 즉 민주주의란 '인간의 존엄성과 자유, 평등의 원리를 실현하기 위하여 국민주권, 국민자치, 입헌정치, 다수결제도 등의 원칙에 입각하여, 정규적인 선거로써 국민의 실질적인 통제를 받는 그들의 대표가 공공정책을 결정, 집행하는 정치원리'라고 할 수 있다.4)

---

3) David L. Sills, *International Encyclopedia of social Science*, Vol. 4 (New York: The Macmillan Co & Free Press, 1968), p.112.
4) 김우태외, 『정치학의 이해』, pp.231~232.

2. 민주주의의 이념과 원리

1) 민주주의의 이념

민주주의는 기본 이념, 즉 목표와 이러한 이념을 효과적으로 실현할 수 있는 기본원리, 즉 제도를 가지고 있다. 민주주의의 기본 이념은 인간의 존엄과 가치의 존중, 인간의 존엄성을 실현하기 위한 자유와 평등의 보장이다. 인간의 존엄과 가치의 존중은 인간의 윤리적 인격의 존중은 물론 정치적·경제적·사회적 문화적 생활의 모든 영역에서 개인의 자유와 평등이 보장되고 인간다운 생활이 보장됨을 의미한다. 따라서 인간의 존엄성과 자유·평등의 이념은 불가분의 관계를 맺고 있다.

자유·평등의 보장과 인간다운 생활의 보장없이 인간의 존엄과 가치가 실현될 수 없으며, 인격의 존엄성이 전제되지 않는 자유와 평등은 무의미하다. 그러므로 자유와 평등은 그 자체가 민주주의의 목적적 가치라고 볼 수 있다. 한편, 자유와 평등은 인간의 존엄성을 실현하기 위한 필수 불가결의 조건이므로 이를 민주주의의 수단적 가치로 볼 수도 있다.

(1) 자유

민주정치는 국민주권과 국민자치의 원리에 입각하여 사회의 모든 구성원이 결정작성 과정에 참여하는 정치체제이므로 모든 개인은 참여와 선택의 자유를 가져야 한다. 강제사회에서의 참여는 참여라 할 수 없고 실은 동원에 불과하며, 공포분위기 속의 타율적 참여는 참다운 참여일 수 없다. 따라서 자유는 민주정치를 위한 필수조건이다.

자유는 어떤 개인이나 집단이 다른 개인, 집단, 정부 등의 제약조건에 의해서 가해지는 외적 규제로부터 벗어남을 의미한다. 그러나 조직화된 사회에서의 자유는 절대적일 수 없고 상대적이다. 민주주의체제하에서의 자유는 사회의 안전의 보장, 질서의 유지 및 공공복리를 위해 필요한 경우에는 제약을 받는다. 이는 자유가 개인적, 집단적 책임을 내포하고 있음을 뜻한다. 현대적 자유의 개념 속에는 정치적, 시민적 자유, 문화적, 종교적 자유 및 사회적, 경제적 자유의 개념이 포함되어 있다. 또한 현대적 자유는 '국가로부터의 자유'가아니고 '국가안에서의 자유'를 의미하는 적극적인 개념으로 이해되고 있다.

(2) 평등

고대 그리스 시대의 평등사상은 정의관념과 결부되어 있었고, 중세의 평등은 신앞의 평등으로 종교적 평등이었다. 정치적 평등의 의미로 평등의 개념이 발전한 것은 근대에 들어와서였다. 그것은 국가권력에 대한 만인의 평등 내지 권능을 확보하는 형식적 평등이다. 이에반해 현대적인 평등사상은 경제적·사회적·실질적 평등을 말하는데, 평등권도 정치적 평등에서 경제적 평등으로 변화하였다고 볼 수 있다. 그러므로 평등권은 정치적인 면에서는 참정권의 절대적인 평등을 보장받을 권리를 의미하는 것으로 이에 대해서는 논란이 없으나 경제적 조건에 있어서 평등5)을 어떻게 사회의 모든 구성원에게 보장하는가하는 것이 문제가 되고 있다.

자유와 평등의 관계는 그 실천에서 서로 상충될 수도 있다. 자유에 너무 치중하면 불평등이 발생하고 평등을 지나치게 따르면 자유가 파괴된다. 즉 근대에 있어서 시민계급의 자유의 과도한 확대가 경제적 불평등을 초래하였고, 절대적 평등주의를 주장한 공산주의는 자유의 파괴를 가져왔던 것이다. 그러나 오늘날 민주주의에 있어서 자유와 평등은 서로 대립되기보다는 조화와 균형 위에 성립하는 것이다. 한 국가사회를 전제로 할 때 인간은 자유를 가지는 동

---

5) 경제적 평등에 대한 극단적인 주장은 사회주의, 공산주의, 파시즘 등의 이념에서 찾아볼 수 있다.

시에 그 자유는 평등한 입장에서 실현되어야 한다. 오늘날 복지정책을 취하고, 개인의 사유재산권에 대해서 많은 제한을 가하고 있음에도 민주주의 체제에 본질적인 손상을 가져오는 경우는 없었다. 예를 들어 영국과 유럽의 후생민주주의 정책이 이를 증명하고 있다.

2) 민주주의의 기본원리

(1) 국민주권주의

주권이란 개념은 국가권력 내지 통치권을 의미하는 경우와 국가권력의 성질, 즉 대내적 최고성과 대외적 독립성을 뜻하는 경우의 두 가지 의미를 포함하고 있다. 국민주권론은 이와 같은 국가주권의 원동력이 군주나 귀족과 같은 특정 계급에 속하는 것이 아니고 사회의 모든 구성원에게 있다는 원리에 근거한다.

그리고 주권을 행사할 수 있는 국민의 자격요건은 그가 국가사회에 대해 법규의 준수와 충성의 의무를 충실히 이행할 능력과 의사를 갖고 있는지의 여부를 국가사회가 판단함에 따라 결정된다. 일정한 연령에 이르지 아니한 연소자나 정신병자는 준법과 충성의 의무를 완수할 능력이 없다고 간주되기 때문에 투표권이나 공직 취임권 등의 권한 행사에서 제외된다. 또한 외국인이나 실형이 확정된 복역자는 그러한 의무를 받아들일 의사가 없다고 간주되어 권한 행사를 할 수 없다. 즉 오늘날의 민주국가에 있어서 주권자로서의 국민의 자격은 일정한 공적 의무를 수행할 수 있는 능력과 의사를 기준으로 하여 결정된다고 할 수 있다.[6]

(2) 국민자치

국가의 주권이 국민에게 있는 이상 모든 국민은 직접적이건 간접적이건 정치에 참여하여 국민이 스스로 자기자신을 다스리는 국민

---

6) 김우태, 앞의 책, pp.240~241.

자치의 권리를 가지는 것은 당연하다. 따라서 국민자치의 원리는 국민주권의 원리의 당연한 귀결이다. 민주주의는 개성을 자각한 근대적 인간을 그 주체로 한 정치원리이자 생활원리이다. 민주주의란 자각적인 개인을 전제로 하고 자신의 완성을 목적으로 하고 있으며, 이를 위해서는 주체적으로 수행하는 것이 가장 합리적이고 바람직하다. 의사의 자율성, 행위의 자기 결정성 및 행위결과에 대한 자기책임성은 민주주의의 3요소라 할 수 있다.7)

　국민자치의 현실적 제도로는 직접민주제와 간접민주제가 있다. 전체로서 국민이 대표자를 통하지 않고 직접 국가의사의 결정에 참여하는 제도가 직접민주제이다. 고대 그리스의 민회나 현대 스위스에서 실시되는 민주정이 직접민주제이다. 그러나 오늘날의 거대국가에서는 기술상 직접민주제를 실시할 수 없으므로 간접민주제를 원칙으로 하고 직접민주제를 그 보조수단으로 채용하는 혼합민주제를 채택하고 있다.

(3) 입헌주의

　입헌주의는 민주적 내용을 가진 헌법에 의거하여 통치를 한다는 의미이다. 따라서 헌법을 제정하고 권력분립제를 채택하더라고 군주권의 보존을 위해 사용된 경우에는 이를 진정한 입헌주의라고 할 수 없다.

　원래 입헌주의는 봉건제나 절대왕제 등과의 투쟁을 통하여 획득된 근대국가의 원리이고 제도적 이념으로는 국민주권, 권력분립, 대의제, 기본적 인권 등 제도적 이념이 포함된 헌법에 따라 통치한다는 것이다. 입헌주의의 기초를 이루는 민주적 제도의 이념 내지 원칙으로는 아래의 5가지를 들 수 있다.

　① 성문헌법의 제정

---

7) 이극찬, 『정치학』, (서울; 법문사, 1996), p.69.

② 권리의 선과 이에 따른 정부활동의 제약
③ 다수결의 원칙
④ 선거에 입각한 입법부에 의한 정부 통제
⑤ 권력분립에 의한 견제와 균형

(4) 권력분립제도

권력분립이란 국가권력의 작용을 입법, 행정 및 사법으로 분리 독립시켜 그들 상호간에 견제와 균형의 원칙으로 국가기관이 권력을 행사하게 하려는 제도이다. 권력분립론은 국가의 정치적 능률을 촉진하는 것이 아니고 국민의 자유와 권리를 보장하려는 목적으로 전개된 주장이다.

권력의 3권분립의 이론적 기초는 몽테스키외가 제창한 것으로 그는 권력을 장악한 자는 권력을 남용하는 경향이 있으므로 국가의 권력은 입법권, 행정권 및 사법권으로 분리되어야 한다고 주장하였다. 그의 3권분립론은 미국 연방정부의 권력구조에 커다란 영향을 미쳐 대통령 중심제를 가져왔다.

그러나 현대화와 산업화에 따른 행정의 거대화는 3권중에서 행정부가 강화되는 현상을 초래하였다. 권력분립의 입장에서 보면 행정권의 지나친 강화는 있을 수 없으나 현실적으로는 행정권이 확대, 강화되고 있다.

(5) 다수결제도

다수결제도는 민주정치의 실현에 있어서 주권자인 국민의 의사를 통합하는 방법으로 사용되고 있다. 즉 다수결의 원리는 질보다 양을 기초로 하여 수의 계산으로 문제를 해결하려는 것이다. 이는 이해관계가 복잡, 다양하게 분화 대립되고 있는 민주사회에서 이들을 조정, 통합하여 주권자로서의 국민의 통일적인 의사를 형성하는 최선의 방법으로 사용되고 있다.

다수결제도가 가장 최선의 방법으로 사용되고 있으나 이의 성공을 위해서는 그 제도의 운영방법이 중요하다. 아무리 전제조건과 상대주의 가치관을 인정한다고 해도 제도의 운영방법이 민주적으로 원만하지 못할 경우에는 정당성이 손상될 것이다. 다수의 견해가 항상 옳고 소수의 의견은 틀렸다고 할 수 없으므로 다수는 소수와의 타협과 양보의 과정을 통하여 소수의 의사까지 관용을 가지고 흡수함으로써 사회전체의 복리와 정의를 실현해야한다.

3. 민주주의 정치체제의 종류

1) 의회제

의회제는 내각책임제라고도 한다. 이는 실질적인 행정권을 담당하는 내각이 의회의 다수당으로 조직되며 의회의 신임에 따라 행정부가 존속되는 의회중심주의 내지는 의회와 행정부의 권력융합 형태의 정치제도이다.

의원내각제의 본질은 의회 특히 하원의 신임이 행정부 존립의 요건이며, 의회의 행정부에 대한 불신임 결의권과 행정부의 의회에 대한 해산권이 두 기관의 평등과 균형을 유지하는 핵심이다. 의원내각제의 특징은 아래의 3가지로 요약된다.

첫째, 의회와 행정부는 서로 밀접한 융화관계 또는 협조관계를 유지하고 있으며, 행정권을 담당하는 내각은 그 성립과 존속이 의회에 달려있다. 따라서 내각수반은 의회에서 선출되고 의회는 내각을 불신임할 수 있으며 이러한 불신임결의가 있으면 내각은 총사퇴하거나 의회를 해산하여야 한다. 따라서 두 기관은 신임과 해산에 의하여 평등과 균형을 유지하고 있다.

둘째, 행정권의 이원적 구조를 의원내각제의 두 번째 특징으로 지적할 수 있다. 즉 국가의 원수직과 정부의 수반직은 구별되므로 국왕 또는 대통령은 국가의 대표자로서 형식적 권한만 가지고 행정권으로부터 초연한 중립적 지위에 서게되고 행정의 실권은 의결기관인 내각에 속하고 내각의 결의로 행정권은 행사된다.

셋째, 의원내각제의 특징은 행정부와 의회의 기능상의 협동에 있다. 행정부의 성립과 존속이 의회에 의존하므로 행정부와 의회는 동질이고 행정부는 의회에 대하여 연대책임을 진다. 따라서 수상은 반드시 의회 의원중에서 임명한다. 내각은 법률안 제출권을 가지며 수상과 각료는 의회에 출석하여 발언할 권리가 있고 의회도 수상과 각료의 출석과 발언을 요구할 권리가 있다.

반면 의원내각제의 단점으로는 첫째, 양당제가 확립되어 있지 않고 군소정당이 난립해 있을 때에는 정국의 혼란을 가져오기 쉽다. 둘째, 의회는 정권획득을 위한 정쟁의 마당이 되기 쉽다. 셋째, 의회와 내각이 일체가 되지 못할 때에는 내각이 의회의 눈치를 봄으로써 강력한 정책을 실시하기 어렵다. 또한 한 정당이 의회와 내각을 독점할 경우 다수당의 횡포를 막을 견제장치가 없다.

2) 대통령제

대통령제는 권력분립의 원칙을 기초로 상호 견제와 균형의 관계를 유지하는 정치제도로서 권력집중으로 인한 자의적 전제를 방지하고 국민의 자유와 권리를 최대한으로 보장하는 것을 목적으로 하는 정부형태를 말한다.

대통령제의 본질은 대통령이 의회와 법원으로부터 독립하여 행정의 실권을 행사한다는 점에 있다. 그리고 이제도의 특징은 아래의 4가지를 들 수 있다.

첫째, 행정부와 의회는 성립과 책임에서 상호 독립성을 가지고 있다. 대통령과 국회의원은 국민이 직접 선거하고 임기중 대통령은 국회로부터 국정에 대한 책임추궁을 받지 않으며, 국회도 대통령에 의해 해산당하지 않는다. 또한 각료도 국회에 대하여 책임을 지지 않는다. 대통령과 국회는 국민에 대해서만 책임이 있으며 임기동안의 직위는 보장된다.

둘째, 행정권의 일원성을 대통령제의 특징으로 볼 수 있다. 대통령은 국가의 원수이자 행정권의 수반이다. 그리고 각료로 구성되는 내각은 대통령을 보좌하는 자문기관에 불과하고 따라서 내각은 편의에 의하여 관례적으로 두는 기관에 지나지 않는다.

셋째, 대통령제의 특징은 행정부와 의회가 기능적으로 독립되어 있다는 점이다. 행정부의 성립과 존속이 의회에 의존하지 않으므로 대통령과 각료의 의원 겸직은 금지되고 행정부는 법률안 제출권이 없다. 대통령이나 각료의 국회출석 및 발언권도 없고 국회도 그들의 출석과 발언을 요구할 권한이 없다.

넷째, 대통령제의 특징은 3부가 상호견제와 균형을 취하고 있다는 것이다. 대통령은 법률안 거부권, 법률안 공포권을 통해서 입법에 참여하며 상원은 조약비준권과 고급공무원 임명동의권을 가지며 법원은 위헌심사권을 포함하여 사법심사권을 가지고 있다.

반면 대통령제는 아래의 장단점을 가지고 있다. 우선 그 장점은 첫째, 대통령은 임기중 국회로부터 책임추궁을 당하지 않기 때문에 정국의 안정을 기할 수 있어 강력한 정책을 실천할 수 있다. 둘째, 대통령은 법률안 거부권등을 행사하여 국회 다수당의 횡포를 막고 소수자의 이익을 보호할 수 있다. 그러나 단점으로는 첫째, 대통령의 독재화 경향을 들 수 있다. 민도가 낮은 국가에서 헌법상의 여러 규정에도 불구하고 선거부정 등을 통하여 사실상 독재정치를 감행하는 이른바 신대통령제로 될 우려가 있다. 둘째, 엄격한 권력분립의 기능상의 독립 때문에 의회와 행정부 간의 협조가 원만하지 못할 경우에는 국정의 통일적이고 능률적인 기능수행이 어렵게 된다. 셋째, 의회와 행정부가 대립 충돌하였을 때 이를 해결하는 법적인 방법이나 장치가 없다.

3) 한국의 정치체제

한국은 순수한 대통령제에 내각제적 요소가 가미된 변형된 대통령제이다. 즉 대통령제에서 대통령의 전횡이나 독주를 정부차원에서 견제하고, 다시 국회를 통해 견제함으로써 정책결정의 신중성을 기하고자 한다.

그러나 대통령의 권력집중에 의한 독재화와 의회와의 심각한 갈등으로 인한 국정의 파행적 운영을 초래할 수 있다. 그 가능성을 살펴보면 첫째, 한국의 대통령은 정당의 과두제화와 엄격한 규율하에 통제되는 상황에서 집권당 총재로서, 집권당이 의회에서 절대다수의석을 차지할 경우 '제왕적 대통령직'으로 항상 독재화할 가능성이 있다. 둘째, 국무위원들의 국회출석 발언은 정부의 이러한 독단과 전횡을 합리화하는 기회로 될 수 있다. 셋째, 의원의 각료 겸직제도는 정부 여당의 융합적 관계의 고리로써 의회와 정부간의 견제와 균형이 아니라 의회가 행정부의 시녀로 전락 할 수 있다. 넷째, 의회에서 여당은 대통령의 강력한 통제 속에서 정부의 옹호 및 야당의 공격에 대한 수비의 역할을 담당하게 된다. 그리고 '여소야대'의 상황에서는 국정운영이 마비될 가능성이 있다. 국회가 국정감사권과 재적과반수의 찬성으로 총리와 국무위원 해임건의 및 탄핵소추를 할 수 있게 되어 야당과 정부가 대립되면 대통령의 국정운영에 제동이 걸리게 된다. 8)

---

8) 김우태, 앞의 책, p. 269.

제3절 전체주의 정치체제

1. 전체주의의 개념

전체주의는 전체주의 독재, 전체주의 지배, 전체주의 국가등으로 불리운다. 전체주의의 개념은 다양하게 사용되어 어떤 경우에는 소련을 포함한 일당체제 국가에 적용하였고, 소련·독일·이탈리아의 세 국가 모두에 적용하였으며, 또 다른 경우에는 소련형의 지배와 파시즘형의 지배를 명확히 구별하여 전체주의라는 용어를 후자에 국한시켜 사용하기도 하였다.

전체주의는 단순한 정치체제라기 보다는 오히려 생활양식으로서 모든 인간관계를 지배하는 정치체제라는데 그 특징이 있다. 사회내의 모든 권력을 독점하고 대중의 지지를 강요하는 전체주의 세계관은 개인으로부터 출발하지 않고 초개인적인 '전체'로부터 출발한다. 특정의 공동체를 초개인적 생명을 가진 전체로 간주하고 그 전체에 최고 절대의 가치를 부여함과 동시에 개인들로 하여금 전체를 위해 봉사하도록 강요한다. 개인은 전체의 한 부분에 지나지 않고 전체를 위해 존재하므로 전체에 봉사하여 전체의 발전에 도움이 되는 한에서만 그 존재가치를 지니게 되며 인간으로서 존중된다. 그러므로 전체의 존속을 위하여 필요하면 개인은 그 이익이나 생명마저 전체를 위하여 희생해야 한다.

결론적으로 말한다면, 전체주의는 개인 혹은 개별 집단보다 사회 또는 국가전체의 이익이 우선되는 사상운동이며 그 원리를 바탕으로 하는 정치체제를 의미한다.

2. 전체주의의 요소와 특징

전체주의의 정치체제가 가지고 이는 공통적인 특징은 주로 정부

여당의 존재만을 인정하는 일당독재이고, 입법부는 그 정부당을 지지하는 국민대표로 구성된다. 그러나 실제의 입법부는 행정부의 의사를 합리화하고 전국민에게 그 의사를 전달하는 기구에 불과하다. 그리고 정권의 기초는 국민여론에 주어진 것이 아니라 독재자 혹은 독재집단에 있으며, 반정부활동은 모두 탄압을 받는다.

프리드리히와 브르진스키는 대중민주주의와 현대적 기술이라는 관념 속에서 출현할 수 있는 현대 공업사회에 있어서의 독재를 '전체주의적 독재'라 부르고 이것을 6가지의 특징으로 대별하였다.

1) 관제 이데올로기

관제이데올로기는 과거의 사회형태와 정치형태를 부인하고 전적으로 새로운 사회질서와 새로운 인간이 만들어질 천년왕국을 제시한다. 지배자들은 자신과 정권의 모든 행위를 이 이데올로기에 의해 정당화하거나 합리화한다. 이러한 이념은 정치에서 뿐만 아니라 도덕, 예술, 과학, 인간관계까지 모든 것을 규정한다.

2) 단일대중정당

단일대중정당은 전체주의적 지배자들이 그들의 의지를 사회에 부과하며 리더십을 제공해주는 주요 도구이다. 당은 주민들을 정치엘리트로 충원하는 수단이 되며 이를 위해 당 학교를 운영한다. 당은 국가를 완전히 자신의 것으로 간주하고 국가는 당의 목적을 달성하기 위한 하나의 도구로 전락한다.

3) 폭력적 경찰통제 제도

경찰은 독재자를 위해 당을 지원하고 감시하며, 정부의 명백한 적 뿐만 아니라 일반 민중까지도 억압한다. 그리고 이 경찰체계는 '폭력기술의 전문가'로 구성된 강압장치를 유지한다. 이 기구는 방대하며 현대과학기술로 무장된다.

4) 매스콤의 독점

전체주의는 그 체제에 순응하는 인간형을 만들기 위해 관제 이데올로기만을 주입시키고 외부사상을 엄격히 통제하는 폐쇄사회다. 이러한 폐쇄사회를 유지하기 위해 매스 미디어를 독점한다.

매스미디어의 독점과 통제는 이념과 정책에 대한 반대되는 내용을 매스미디어로부터 삭제하고 반복을 통하여 주민의 사고와 태도를 정권이 바라는 방향으로 강화하기 위하여 필수적이다.

5) 일체의 유효한 무기의 독점

당과 당간부들이 군부와 모든 무기를 독점한다. 여기서 말하는 '무기의 독점'이라는 것은 전체주의 체제하에서의 군대는 고도로 정치화되고 엄격히 당의 통제대상이 된다는 것을 의미한다.

6) 경제전반에 대한 중앙집권적 통제

전체주의 체제는 경제의 거의 전적인 계획을 통해 경제결정을 자신의 의지에 종속시킨다. 개인이 획득할 수 있는 재산의 양과 종류를 제한함으로써 전체주의는 '물질적 충족'을 이루어 주거나 보류하는 유리한 입장에 서게되며, 정치권력을 강화하는 방향으로 이를 행한다.

사회생활의 중요한 측면이 주로 시장 및 소유자 또는 관리자들의 요인에 의하여 결정되도록 허락하는 전체주의 정권은 없다. 통제메커니즘은 생산 및 교환수단에 대한 공공 소유로서 모든 것은 정부가 소유하고, 정부에 의하여 운영되며, 강력한 중앙계획으로 이루어진다.

3. 전체주의 정치체제의 사례 : 중국

1) 중국 공산주의 체제의 이념 및 권력구조

(1) 이념

중국 공산체제의 이념은 마르크스·레닌의 이론과 모택동 사상으로 구성되어 있다. 모택동사상에는 그 개인적인 요소와 중국적 요소, 마르크스·레닌주의적 요소가 복합되어 있다. 모택동은 활동주의적 성격을 가지고 있었고, 결정주의를 반대하고 인간의 무한한 잠재력을 믿는 주의주의자였다. 모택동 이후의 등소평은 비록 모택동과 모택동사상을 분리하였으나 여전히 공산당의 모든 면에서의 지도적 역할을 유지해야한다는 전체주의적 이데올로기에서 벗어나지 못하였다.

(2) 권력구조

대부분의 전체주의 국가와 같이 중국에서도 공산당이 정치권력의 정점이다. 형식적인 중국의 모든 권력은 인민에 속한다. 그리고 인민이 국가권력을 행사하는 기관은 전국인민대표대회와 지방 각급 인민대표대회이다. 당은 계급조직의 최고형태로서 전체 국민생활에서 지도적이고 핵심적인 역할을 수행한다. 당은 정부기구 이외의 조직으로 존재하나 국가 권력중에서 최고의 영향력을 발휘한다.

당 조직은 중앙위원회와 정치국으로 분류된다. 중앙위원회는 당 기구상의 최고지도기관이며, 이 위원회의 주요 직책은 국가주석, 최고국무회의 의장, 국무원 총리 및 부총리, 각군 참모총장 외의 주요 보직자들을 말한다. 중앙정치국은 중국 정책결정과정의 핵심적 기구이며 7인으로 구성되는 중앙정치국 상무위원회는 중국권력의 핵심중의 핵심이다.

2) 중국의 정부조직

전국인민대표회의는 국가최고의 권력기관 또는 국가 유일의 입법기관이다. 이 대회는 성, 자치구, 직할시, 군부와 소수민족이 선출한 대표에 의해서 구성된 대의기관이다. 전국인민대표대회의 임기는 5년이고 대회는 중앙의 지도급 인사들의 행동을 인준하고 지원하는 역할을 한다. 국가기관의 특징으로 전국인민대표대회는 구소련의 최고회의에 해당하며 일원제이다. 그러나 이 대회는 실질적 정치권력을 소유하지 못한다.

중국의 국가형태는 프롤레타리아 계급독재의 사회주의국가였다가 최근의 헌법에서는 프롤레타리아 계급독재를 폐지하고 있으나 정치체제는 여전히 중국공산당에 의한 일당지배체제를 유지하고 있다.

중국의 주석은 5년마다 전국인민대표대회에 의해서 선출되고 파면되는 의례적인 직능을 보유한 국가의 원수이다. 주석은 독립적인 헌법적 권력이 과거에 비하여 약화되기는 하였으나 헌법과 법률이 규정하고 있는 권한을 행사하는 영향력 있는 위치이다.

주요 행정기관은 국무원으로 국무원은 최고의 국가권력기관의 집행기관이며 최고의 국가행정기관이다. 또한 국무원은 전체행정기구를 지휘 통솔하며 당에 대하여 행정에 대한 궁극적인 책임을 진다.

사법기관으로는 최고 인민법원과 최고 인민검찰원과 같은 중앙의 통치기구를 갖추고 있다. 최고 인민법원장 및 지방의 각급 인민법원장, 최고 인민검찰원장의 임기는 5년이다.

4. 전체주의와 권위주의

일반적으로 정치체제를 분류하는데 있어서는 민주주의 체제와 전체주의 체제로 양분하는 이분법이 보편적으로 사용되고 있다. 이러한 이분법을 따르게 될 경우, 이른바 '신대통령제'·'개발독재'·'독재통령제'등과 나치즘체제·파시즘체제·공산주의체제 등의 전형적인 전체주의 체제를 동일시하게 되어 그들 사이에 존재하는 차이점을 간과하게 된다. 이러한 문제점에 착안하여 민주주의체제와 전체주의 체제사이에 권위주의 체제를 끼워넣어 세가지 형태로 구분하는 삼분법이 사용되기도 한다.

권위주의와 전체주의의 차이점에 대해 뢰벤스타인은 권위주의체제는 단일권력보유자가 정치권력을 독점하고, 국민들로 하여금 정책결정과정에 효과적으로 참여할 수 없도록 권력을 독점·행사하는 정치체제이다. 프리드리히와 브리진스키의 전체주의 요소와 관련하여 그 차이를 살펴보면 다음과 같다.

첫째, 권위주의체제도 이데올로기를 가지고 있으나 정치생활에 결정적인 역할을 수행하지 않는다. 정당을 가지지 않은 권위주의 정권은 경찰과 군대 또는 관료에 의존하고 있다.

둘째, 권위주의체제도 일당에 의하여 운영되는 경우가 많으나 전체주의처럼 단일 정당제를 고수하여 다른 정당의 생성을 금지하는 것은 아니다.

셋째, 권위주의체제는 전국민을 동원하거나 특정의 이데올로기를 사회의 모든 부분에 획일적으로 빈틈없이 침투시키려고 하지는 않는다. 어느 정도의 다원주의가 용인되므로 사회적단체에 대해 정치문제에만 직접적으로 관련되지 않을 경우 어느 정도의 자율성이 부여되며, 언론도 정부의 통제는 받지만 사유도 가능하다.

넷째, 권위주의 체제는 통제경제 혹은 계획경제를 채택하는 경우가 많으나 반드시 그러한 것은 아니며, 설령 채택한다 하더라도 사기업의 존재가 허용된다.

제5장 정치과정론

제1절 정치과정과 정치참여

1. 정치과정의 개념

정치과정이란 "개인이나 집단이 그들의 목표를 달성하기 위하여 권력을 획득·유지하려는 정치행위자(political actors)들의 연속적인 행동,"[1] 또는 "개인이나 집단이 정치권력을 획득하고 정부의 정책결정과 집행에 영향력을 행사하려고 상호 작용하는 과정"을 의미한다.[2]

정치과정이 정치학의 주요과제로 등장하게 된 원인은 지역주민을 전제로 하는 대의제(代議制)의 위기에서 비롯된다. 그러나 20세기에 들어와 자본주의의 고도 발전과 직업의 전문적 분업화는 다양한 종류의 이익집단을 양산하였다. 그러한 관계로 개인들은 집단에 소속하게 되었는데, 그것도 하나의 집단에만 소속된 것이 아니라 다른 직업·종교·문화 등의 여러 집단에 구성원으로 중복되는 수가 많았다. 그런데 지역 주민을 전제로 하는 대의제가 사회의 일반의사를 충분히 반영하지 못하고 많은 문제점을 노출하면서 개인들은

---

1) Gross, Betram M., *International Encyclopedia of Social Science,* (NY: Macmillan, 1968), 12: 265.
2) 이은호 외, 『정치학개론』, (교학연구사, 1985). pp. 125-126.

다른 집단들을 통한 '집단의 분출'을 시도하면서 정치참여의 확대를 초래하였다.

2. 현대 정치참여의 특징과 문제점

정치과정은 일반적으로 정책의 형성과 결정 및 집행과정을 의미한다. 이러한 정치과정에 참여하는 최하위의 기본단위는 개인이다. 개인은 개인자격(투표, 선거운동 등)으로 참여하기도하고, 집단(정당, 이익집단, 시위 등)을 통하여 참여하기도 한다. 오늘날의 정치참여는 다음과 같은 특징을 가지고 있다. 첫째, 재산과 학식이 있는 특권층이 배타적으로 참여하던 과거와는 달리 대중의 등장으로 말미암아 "대중민주주의"가 성립됨으로써 일반 대중이 참정권을 획득하고 정책의 입안과 계획 및 결정 과정에 참여하게 되었다. 둘째, 대중민주주의에서는 정책의 결정이 주로 집단들에 의하여 결정된다는 점이다. 특정 개인에 의하여 정책이 결정되는 것이 아니라 집단 대 집단, 집단 대 국가와의 관계에서 다양한 경제적 · 직업적 집단 세력에 의하여 정책이 결정되는 정치과정이 생기게 되었다.

그러나 이렇게 다원화된 대중민주사회도 간과할 수 없는 문제점을 내포하고 있다. 첫째, 대중의 등장으로 인하여 군중정치(mob politics)와 같은 비합리적인 정치형태가 나타날 수 있다. 둘째, 수많은 집단들이 발생하지만 조직이 잘 정비되어 있고 재정력 있는 조직들은 정치과정에 큰 영향력을 발휘할 수 있는 반면, 그렇지 못한 집단들은 큰 힘을 발휘할 수 없어 정책과정에의 동일한 기회를 얻지 못한다. 셋째, 집단조직의 거대화에 따라 조직 내 민주주의적 운영이 어렵게 되고, "과두제의 철칙" 또는 "소수지배의 원리"가 한층 강하게 작용되어 인간의 소외현상이 문제시되고 있다.

오늘날 개인이나 집단은 여론을 형성하거나 대중운동을 통하여, 또는 선거, 정당, 이익집단 등을 통하여 이익을 표출하거나 정부정책결정과정에 영향력을 행사함으로써 정치과정에 참여한다.

제2절 여론과 대중매체

1. 여론(Public Opinion)

1) 여론의 의의와 특성

여론이란 국민들이 나라가 직면하는 문제들에 대하여 가지고 있는 입장이나 태도를 의미하는 것으로 역동적인(dynamic) 특성을 가지고 있다. 여론의 변화는 수십년이 걸릴 수도 있고 때로는 아주 빠르게 변화하기도 한다. 유권자들이 대통령의 업적을 어떻게 평가하느냐는 경기회복이나 외교정책의 성공 같은 사항에 극도로 민감하다. 그리고 여론은 전체로서의 국민이 정치권력을 가진 사람들에게 그들의 요구나 관심사를 전달하는 방법이라 할 수 있다. 그리고 이 전달(communication)은 여론을 측정하는 방법이 있다는 것을 전제로 하고 있다.

정치적 통합에 있어서는 사회 구성원간의 일체감을 만들어 낸다는 것은 아주 중요하다. 이 공통의식은 일반적으로 여론으로 표현되며, 이런 점에서 여론은 대중의 의견이다. 대중은 어떤 특정의 말이나 글로써 사리판단을 가지고 정책과정에 의견을 제시한다는 점에서 감정에 치우치고 때로는 폭력적인 군중과는 다르다. 대중은 사회 내에서 적절한 시기마다 합리적 행동과 사고(思考)의 기준으로서 공통의식, 즉 여론을 형성해 간다. 따라서 정치적 통합을 위한 여론을 만들어내는 과제는 일반 시민이 정치에 참여하는 중요한 과제이다. 그러므로 여론 형성에는 표현의 자유, 집회 결사의 자유와 같은 사회생활의 조건이 갖추어지고 활용되어야 하며 공개토론의 자유도 확보되어야 한다. 민주정치가 여론정치라고 하는 것은 이것에 바탕을 두고 있기 때문이다.

2) 여론의 측정

여론조사(polls)를 통하여 여론을 정확히 측정하게 된 것은 비교적 최근의 현상이다. 1930년대에 갤럽(Gallup)과 로퍼(Roper)는 아주 믿을만한 결과를 산출하는 통계적 방법에 근거한 기술들을 개발하였다. 그렇지만 100% 정확한 결론을 내릴 수 없는 것이 여론의 속성이다. 실례로, 미국의 갤럽조사는 1948년 대통령 선거에서 선거 2주일 전까지 수집된 자료를 바탕으로 토마스 듀이(Thomas Dewey)가 해리 트루만(Harry Truman)을 이길 것이라고 예상하였지만 결과는 트르만의 승리로 나타났는데, 이는 여론의 유동성과 선거 당일까지도 유권자에 대한 조사를 계속해야 할 필요성을 보여주었다.

(1) 여론조사기술(polling techniques)

한 TV 방송국이 시청자들에게 찬성과 반대를 나타내는 2대의 전화번호를 사용하여 사형제도 또는 농산물 시장개방에 대한 찬성과 반대를 표명하도록 요구하는 경우, 이러한 조사는 비공식 여론조사(straw poll)의 한 예이며 비과학적이다. 응답하는 사람들의 숫자는 상당히 많을지라도 이 여론조사는 전체로서 시청자들의 특성에 대해서는 나타내주고 있는 것이 없다. 과학적 여론조사의 중요한 요소의 하나는 "대표적 표본"(representative sample)이라 할 수 있는데, 이는 조사에 포함된 대상들이 전체 모집단(total population)의 특성을 대표할 수 있어야 한다는 것을 의미한다. 표본은 모든 사람들이 동등한 참여의 기회를 가질 수 있도록 무작위(randomly)로 선출되어야 한다. 오늘날 이것은 컴퓨터가 무작위로 전화번호를 선택하여 통화하는 방식으로 이루어진다. 여론조사기관에 따르면, 1,200명과 1,500명 사이의 숫자가 여론조사를 하기에 가장 적절한 숫자라고 할 수 있다. 그리고 어떠한 여론조사도 반드시 정확한 것은 아니며 언제나 오차(margin of error)는 발생할 수 있다. 예를 들어, 만약 여론조사를 통하여 유권자들의 54%가 후보자 "A"를 지지하고 이것이 3%의 오차를 가지고 있다면, 실제로 A에 대한 지지는 높게는 57%까지, 낮게는 51%까지의 지지도를 가질 수 있다는 것을 의미한다.

(2) 오차의 최소화(avoiding bias)

표본오차 외에도, 여론조사는 설문되는 문제나 조사가 수행되는 방법에 의해서 오류가 발생할 수가 있다. 한쪽으로 편향된 결과들을 피하기 위해서는 설문이 중립적이어야 한다. "연쇄살인범은 교수형에 처해야 한다고 생각하십니까?"와 "사형제도를 지지합니까?"라는 두 질문은 아마도 상당히 다른 응답을 유도해 낼 것이다. 인터뷰하는 사람들은 질문과정에서 자신의 견해가 개입되지 않도록 유의해야 한다. 그리고 여론조사는 사실상 응답자들의 마음을 조사한 것이라고 할 수 있는데, 이러한 응답의 타당성은 그들의 입장에 대해 사실을 명백히 밝히는 정도에 의존한다. 투표를 마치고 나오는 유권자와의 인터뷰를 통하여 그 결과를 예측하는 출구조사(exit polls)는 바로 이러한 경우에 해당된다고 볼 수 있다.

여론조사는 정치과정에 있어 필수적인 부분이다. 오랜 전통의 여론조사기관 외에도, 언론매체들은 정기적으로 여론조사를 수행하고 또 그 결과를 발표한다. 여론측정에 대한 이러한 관심은 여론이 국민들의 입장과 그들이 어떠한 정책을 지지하는 지를 이해하는데 유용하다는 것을 보여주고 있다.

2. 대중매체 (Mass Media)

1) 대중매체의 의의와 특성

대중매체의 두 가지 형태로는 크게 신문과 잡지 등의 출판매체와 라디오와 TV 등의 방송매체를 들 수 있다. 적어도 선진국에서는 19세기와 20세기초에는 신문과 잡지로부터 뉴스를 얻는 반면, 전자 저널리즘 특히 TV 저널리즘이 지난 50년간 지배적인 매스 미디어가 되었다. 그리고 정보화사회로 접어들면서 널리 확산되고 있는 인터넷(the Internet)은 신문과 잡지에서 보도된 또는 라디오와 TV로 방송된 정보들을 이용 가능하도록 하고 있다. 더욱이 오늘날 기술의 진보는 출판매체와 방송매체 간의 구별을 어렵게 하고 있다.

대중매체는 그 자체의 상업성과는 직접적인 관계가 없는 광범위한 정책문제들을 보도하기도 한다. 신문은 사설을 통해 공직자에게 제언이나 충고를 하며, 공직자 후보 인재를 간접적으로 추천하기도 한다. 이러한 활동을 수행하는데 있어 TV와 라디오는 신문·잡지 등의 인쇄매체보다 훨씬 더 제한을 받는다. 이러한 대중매체들은 대개가 일방향적으로 정보를 제공하기 때문에 이에 대한 저항을 어떻게 배제하느냐가 중요한 문제로 대두될 수 있다. 한편 대중매체에 대한 검열·보도 통제 등의 압력은 국가의 중앙통제를 확립함으로써 전체주의적 체제를 만들기 쉽다.

2) 대중매체의 기능

거의 대부분의 사람들은 세계, 나라, 지역 문제에 관한 정보를 대중매체를 통해 얻는다. 따라서 대중매체는 여론형성에 영향을 미치고, 정치적 협의사항을 결정하며, 정부와 국민 사이의 연결고리를 제공하며, 정부의 감시인으로서 역할하고 사회화의 영향을 미치는 것 등 많은 중요한 기능들을 수행한다.

(1) 여론형성(public opinion-building) 기능

대중매체는 외부조직에 의해 행하여진 여론조사의 결과를 보도할 뿐 아니라, 그들 자신의 여론조사 결과를 뉴스의 범위 속에 포함시키는 사례가 늘어나고 있다. 뿐만 아니라 더욱 중요한 것은 신문과 TV가 여론 형성에 도움을 준다는 것이다. 국민들이 중요한 문제에 대하여 취하는 입장은 대중매체에 의하여 영향을 받는데, 특히 이들 매체가 다양한 의견과 심도 있는 분석을 제공할 때에 더 큰 영향을 받는다.

(2) 정치적 의제(political agenda)형성 기능

"정치적 의제"란 "여론"보다 더 구체적으로 정치적 논의의 대상이 되는 이슈들에 관한 용어로, 정부는 이에 대하여 해결을 필요로 하는 이슈를 의미한다. 범죄, 시민적 권리, 경제, 교육, 복지와 같은 문제들에 대한 우리의 인식은 대중매체가 다루는 방법과 정도에 의하여 영향을 받는다. 많은 연구들은 사람들이 어떤 문제에 비중을 두는 중요성과 신문, 잡지, 그리고 TV가 이 문제를 다루는 공간과 시간의 빈도 및 양 사이에는 상관관계가 있음을 보여 주고 있다.

(3) 정부와 국민과의 연계(linkage) 기능

대중매체는 정부가 추진 사업과 정책에 대하여 알리고 설명하며 지지를 얻기 위한 의사전달 수단이다. 실례로, 1930년대 루즈벨트 대통령은 이러한 목적으로 라디오 대담방법을 많이 사용하였다. 오늘날, 주요 방송사들은 대통령의 담화내용을 위하여 어느 정도의 방송시간을 부여한다. 또한 야당에게도 대통령이 언급한 것에 대하여 반박하거나 대통령이 발언한 주제에 대해 정당의 견해를 표출할 기회를 제공한다.

(4) 정부에 대한 감시(government watchdog) 기능

대중매체의 중요한 기능 중의 하나는 부패의 증거, 권력 남용, 그리고 비효과적인 정책과 추진사업에 대하여 국민들의 관심을 불러일으키는 것이다. 실례로, 미국의 민주당사 도청사건으로 끝내는 닉슨(Nixon) 대통령이 사임하게된 워터게이트(Watergate)사건은 칼 번스타인(Carl Bernstein)과 밥 우드워드(Bob Woodward) 기자가 이 사건의 전말을 캐내지 않았다면 이 이야기는 워싱톤 포스트(Washington Post)지 뒤쪽에 파 묻혀진 하나의 좀도둑 이야기로서 남아 있었을 것이다.

(5) 사회화(socialization) 기능

대중매체는 뉴스 보도와 분석을 통하여 우리가 정치에 관해 무엇을 어떻게 배우는지에 대하여, 또한 우리 자신의 정치적 견해에 대하여 가장 중요하게 영향을 미친다. 가족, 학교, 그리고 종교조직과 함께 TV 역시 사람들로 하여금 사회내의 가치를 배우고 사회가 그들로부터 기대하는 것을 이해하게 하는 과정의 일부분을 담당한다. 국민의 생활 가운데에 여성, 가족관계, 종교, 직장, 학교 등에서 인간관계에 대한 TV의 묘사는 우리의 태도 형성에 강한 영향을 미친다. 이것은 사회에서의 폭력의 양과 TV에서의 폭력의 양 사이에 상관관계가 있다는 사실로도 알 수 있다.

제3절 선거

1. 선거의 의의

참정권(suffrage) 혹은 선거권(franchise)은 투표할 수 있는 권리를 의미하며, 공직을 담당할 사람을 투표로 선출하는 방법을 선

거라고 한다. 민주주의 체제에서 대통령을 비롯한 많은 중요한 공직자들이 선거에 의하여 선출되는데, 이러한 절차에 의해 그들의 권한이 정당화된다. 우리 나라는 1948년의 대한민국정부 수립과 더불어 선거권에 대한 극한적인 투쟁 없이 모든 국민이 투표에 참여할 수 있었지만, 사실 선거제도의 발전은 19세기와 20세기에 걸친 민주정치 발전의 역사와 맥을 같이 한다.

민주사회의 선거에서 투표에 참여하는 것은 시민의 책임이다. 거리 청소부의 한 표는 백만장자의 한 표와 똑같은 중요성을 지닌다. 투표할 권리는 누가 지배할 것인가를 결정하는 권리이다. 오랜 세월 동안 각국의 수많은 국민들에게 이 권리가 인정되지 않았지만, 투표권 획득을 위하여 선거권 제한 철폐를 위한 투쟁을 거쳐 대부분의 민주국가에서는 직접, 비밀, 평등, 보통, 자유선거를 허용하고 있다. 그러나 이렇게 어렵게 획득한 투표권임에도 불구하고, 공직자에 대한 정치적 불신이나 정치적 무관심으로 인하여 유권자의 선거참여율은 1970년대 이래로 점차 감소되고 있는 것이 많은 나라의 일반적인 현상이다.

2. 선거구제의 유형

선거구는 선거인이 선거직 공무원을 선출하는데 필요한 집단을 구성하는 기초가 되는 일정한 지역이다. 대통령 선거의 경우 국가의 전 영역을 하나의 선거구로 간주하여 선출하기 때문에 선거구의 유형에 관한 논의가 필요 없지만, 의회의 경우 지역을 대표하는 수많은 의원들을 선출하기 위해서는 선거구에 관한 논의가 필요하다. 1개 주에서 6년 임기의 상원의원 2명을 선출하는 미국의 경우 2명을 동시에 선출하지 않고 임기의 시작을 달리하여 임기가 끝나는 의원 1명에 대하여 주 전체를 1선거구로 간주하기 때문에 선거구의 논의가 중요하게 대두되지 않는다. 그러나 미국의 하원이나 우리 나라도 마찬가지로 지역을 대표하는 의원을 선출하는 경우 선거구제도의 논의는 매우 중요하다.

1) 소선거구제

하나의 지역선거구에서 1인의 대표를 선출하는 것을 소선거구제라고 한다. 소선거구제에서는 당연히 다수의 투표를 얻은 사람이 당선되는 까닭에 단기(單記)투표제 다수결주의가 채택된다. 소선거구제의 장점으로는 다수당의 출현으로 정국의 안정을 가져올 수 있고, 유권자가 후보자를 잘 알아 투표할 수 있다. 또한 지역적으로 협소하여 선거비가 비교적 적게 들고 선거운영이 비교적 쉽다. 그러나 단점으로는 지방 세력가에게 유리하고 전국적 인물이나 신인들에게는 불리하며, 유권자의 후보자 선택범위가 좁아지고 비교적 군소 정당에는 불리하다. 그리고 관권의 간섭이 용이하며 게리맨더링(소속 정당에 우리하게 선거구를 획정하는 것)의 염려가 있다.

2) 중·대선거구제

1개 선거구에서 복수의 대표를 선출하는 것을 중선거구제 또는 대선거구제라고 한다. 중선거구제는 이론적으로는 대선거구제이다. 대개 2-3인의 대표자를 선출할 때에 중선거구제를 붙이기도 하지만 이것은 소선거구제나 대선거구제의 폐해가 클 때에 그 중간을 채택해 보는 정도에 불과하다. 대선거구제의 장점으로는 전국적 인물이나 신인의 당선도 가능하다. 그리고 사표를 감소시키고, 후보자와의 지역유대보다 인물식견이 중시되며, 후보자 선택의 범위가 넓다. 관권의 간섭을 어느 정도 완화할 수 있으며 선거운동이 과도하게 과열되는 것을 완화할 수 있다. 그러나 이 대선거구제는 군소 정당들의 출현을 야기하며, 직업적·선동가적 인물이 당선되기 쉽다. 지역성의 유대관계가 적음으로 말미암아 유권자들이 선거에 냉담하여 기권의 수가 증가할 가능성이 높으며, 동일 정당 내 후보자끼리 경쟁하는 폐해가 발생할 수 있다. 그리고 광역성으로 말미암아 선거의 관리가 어렵게 되는 단점이 있다.

3. 선거의 기본원칙

1) 보통선거

보통선거는 제한선거와 대립하는 제도이며, 사회적 신분·재산·납세·교육·신앙·인종·성별 등에 의한 자격요건을 배제하고, 특별한 결격사유가 없는 한 일정한 연령 이상의 전 국민에게 원칙상 다 같이 선거권을 부여하는 선거제도이다.

2) 평등선거

이것은 복수투표·등급선거·직업선거 등의 불평등선거제와 대립하는 제도이며, 1인 1표, 1표 등가(等價)원칙에 서서 각 선거인에게 다 같이 한 표의 투표권을 주고 그 한 표의 가치를 평등하게 인정하는 선거제도이다.

3) 직접선거

이것은 2중 선거 또는 단계선거와 같은 간접선거와 대립하는 제도로서, 유권자가직접 국회의원을 선거하는 제도이다. 간접선거 하에서는 국민과 대표자와의 관계가 멀어지고 정치에 대한 국민의 통제력을 약화시킬 우려가 있다.

4) 비밀투표

이것은 투표자가 어떤 후보자에게 투표했는가를 일반에게 알게 하는 이른바 공개투표와 대립하는 제도이며, 투표자가 누구에게 투표했는지를 전혀 알지 못하도록 하는 제도이다. 아무리 민주적 방식을 채용해서 보통, 평등, 직접선거 원칙 하에 선거를 실시해도 공개투표제도를 채용하게 된다면, 선거인의 자유로운 투표의사를 보장하지 못하게 되고, 금력과 폭력과 권력의 위협을 받게 되어, 결국 비민주적 현상이 나타나게 된다. 그러므로 민주주의 나라에서는 반드시 비밀투표제를 채택한다.

5) 자유선거

자유선거라 함은 선거인의 자유선택을 보장하는 한편, 피선거인에게도 표현·결사·집회의 자유 등을 보장하고, 반대파나 소수파도 다수파 세력과 평등한 입장에서 자유로이 경합할 수 있는 조건을 만들어주는 데 큰 의의가 있다. 자유선거는 선거부패나 선거간섭에 의해서 선거인의 올바른 선택을 방해받지 않도록 하기 위해 필요한 원칙이다.

4. 선거의 기능

1) 정치적 신임 부여 기능

국민 사이에 여러 가지 모습으로 세분되어 특수화되어 있는 가치관·의견·이익 등을 대표하는 정치적 대표자를 정치과정에 보내는 일이다. 이는 유권자들의 신임을 피선거권자(후보자)에게 결집시켜 전달하는 것이다.

2) 정치참여를 통한 통제 기능

선거란 것은 국민에게 있어서 거의 유일한 정치참여의 과정이며, 모든 국민에게 평등하고 공정한 참여의 기회를 제공한다. 선거를 통하여 국민은 정치적 대표자들의 정치행위의 잘잘못을 판단하여 그들을 통제하는 기능을 한다.

3) 정치적 사회화 기능

국민 유권자는 선거과정에서 정당이나 후보자에 의한 선거운동이나 매스 미디어에 의한 정보제공을 통하여 정치에 관한 지식을 배워서 정책이나 정부에 대한 의견 또는 태도를 형성하게 한다.

4) 정치권력의 정당화 기능

선거는 정치의 활성화를 가져오며 사회의 안정성과 정당성을 강화하는 데 도움이 된다. 선거의 결과로 다수의 투표를 획득하고 정부를 형성한 세력은 국민의 지지를 획득하는 과정과 획득한 정치권력에 대하여 정당성을 부여받는다.

5) 정치적 통합 기능

국민은 선거에 참여함으로써 자기가 소속되어 있는 정치체제의 대중적 성격이나 합법성에 대하여 신뢰를 나타내게 된다. 그 결과 집권세력은 정치체제 전체의 통합을 확보할 수 있다. 특히 선거는 현대적 의미에서 '정치적 통합'의 수단이라고 간주된다. 반면, 상징조작에 의한 '이미지 선거'나 금권선거·폭력선거는 인물·식견·정책 등을 등한시하며, 유권자들의 올바른 선택을 흐리게 하고 결과적으로는 국민통합을 가로막는다.

제4절 정당

1. 정당의 의의

정당(political party)은 공익의 실현을 내세우며 일정한 정치적 지향을 가진 사람들이 권력획득을 목적으로 결성한 집단을 의미한다. 즉, 정당은 국민의 이익을 결집하여 대표하고, 선거구민의 지지를 배경으로 정권을 담당하거나 또는 정권획득을 목표로 하는 정치집단을 말한다. 그러나 공익의 실현 없이 권력의 획득만을 목표로 하는 집단은 파당(faction)이라 하며, 또한 권력획득의 목표 없이 공익 실현만을 추구하는 사람들의 집단은 단순한 공익단체에 불과하다.

정당은 정부에 매우 중요한 영향을 미친다. 정당에 이익을 주거나 정당을 지지하는 집단에 호의적인 정책을 개발하며, 정당에 소속된 후보자를 당선시키기 위하여 유권자들을 조직하고 설득하기도 한다. 이렇게 정당은 다양한 차원에서 정부운영에 적극적으로 개입하여 궁극적으로는 국정운영에 상당한 영향을 미치지만 정부의 공식조직이 아닌 사조직에 불과하다.

2. 정당의 기능

1) 국민의 정치참여 유도와 정부의 조직

공직을 위한 선거에 후보자를 지명하고 가능한 그들 중에 많은 사람들이 선출되도록 한다. 왜냐하면 정당의 1차 존립 목적은 자신들이 선호하는 정권의 창출이기 때문이다. 일단 선출되면, 이들 선거직 공직자들은 입법과 정책프로그램의 주도를 통하여 많은 국민들의 지지를 얻으며 이를 통하여 정권획득이라는 정당의 목표를 성취하려고 노력한다.

2) 선거구민의 의견 취합 및 이익의 대표

선거직 공직자를 투표로 선출하는 주민들을 선거구민이라 부른다. 정당은 선거구민의 여러 가지 의견과 이익을 최대한으로 집약하고 그것을 정강(party platform)으로 내세워 다른 정당들과 선거를 통해 권력획득 경쟁을 한다. 선거에서 승리하면 자기 정당의 정강뿐만 아니라 다른 정당의 정강도 반영하여 지역주민 전체의 지지를 얻으려고 노력한다.

3) 국민의 의사통로와 통합 기능

정당은 개인뿐만 아니라 집단들도 대표하면서 이들의 의사를 정부로 전달하는 의사통로로서 기능을 하고, 정치체계내의 긴장과 갈등을 처리하며 통합의 기능을 담당한다. 집단으로서의 이익집단들은 특정 정당과 특별한 관계를 형성하여 그 정당을 지지하거나 압력을 가한다. 이러한 경우 정당의 역할은 사회 내의 이해관계와 의견을 정치에 수렴시키고 당이나 정부의 정책을 사회에 전파시키는 역할을 하고 있다.

4) 정강(政綱)을 통한 사회적 선택의 간소화

정당은 정강정책을 명확히 함으로써 국민들의 선택을 용이하게 한다. 실례로, 미국의 주요 2대 정당인 공화당과 민주당은 가능한 많은 개인이나 집단에게 자기 당의 정강정책과 목표들을 공표함으로써 유권자들이 특정 문제나 이슈에 대하여 광범위한 철학적·논리적 근거를 바탕으로 선택을 유도한다. 공화당은 중산층을 위한 정책, 사회적 문제에 있어서 보수적 입장, 감세(減稅)와 예산절감에 의한 작은 정부 등에 목표를 두고 있는 반면, 민주당은 전통적으로 저소득 노동자와 소수인종, 복지 증대, 진보적 입장, 큰 정부 등 정부가 국가의 많은 문제를 해결할 수 있다는 믿음을 제공함으로써 선택을 용이하게 하고 있다.

5) 정책과정에 개입

정당은 자신들의 목표 실현을 위해 정부의 각종 정책에 관여한다. 여당은 정부의 공식적인 정책과정을 통하여 정책을 구현하고 정당과 정부가 하나가 되어 정책을 만들어 낸다. 야당도 비록 정권을 획득하지는 못했지만 정책과정에 적극적으로 관여한다. 국민들로부터 제기되는 각종 요구사항과 의견을 정책에 반영시켜 자신들의 역할을 인지하게 하고 다음 선거에서 권력획득을 목표로 한다.

3. 정당의 유형

1) 단일 정당체제

비경쟁적 정당체계로서 정당이 하나밖에 없는 경우이다. 히틀러 치하의 독일과 무솔리니 치하의 이탈리아, 구소련을 비롯한 공산국가들이 단일 정당체제를 가지고 있었으며, 북한은 현재도 이 공산당 일당 지배의 전통을 고수하고 있다. 단일 정당체제는 일부 통치집단에 의하여 정치가 독점되는 국가에서 국가형성의 초기나 국민들의 단합을 특별히 강조하는 분위기 속에서 유지된다. 이 일당제는 국론분열이 없고 상층부의 결정이 확실하게 밑으로 전달될 수 있다는 장점이 있지만, 국가의 중대사가 국민들의 의견이 수렴된 결정보다도 소수 당 간부의 의견대로 결정이 이루어질 가능성이 높아 비민주적인 정당운영을 막기 어렵다.

2) 복수 정당체제

① 일당 우위체제

일당 우위체제는 두 개 이상의 정당이 자유선거를 통하여 정권획득을 경쟁하지만 한 정당이 다른 정당을 압도하고 계속하여 집권하는 형태이다. 이 유형의 전형적인 나라로서는 일본을 들 수 있는데 자민당은 1955년 창당이래 1990년대 초까지 계속하여 집권하였으며 다른 당에 의한 정권교체가 발생하지 않았다. 자민당 이외에도 사회당, 민사당, 공명당, 공산당 등이 있었으나 자민당이 중의원의 과반수 이상을 차지해온 일당 우위체제를 유지하고 있었다.

② 양당 체제

양당 체제는 두 개의 정당이 자유선거를 통해 정권획득을 위한 경쟁을 하나 비슷한 힘의 경쟁상태를 이루어 양당간에 정권교체가 일어나는 경우로 미국(민주당과 공화당)이나 영국(보수당과 노동당)의 경우를 대표적으로 들 수 있다. 실제 정당의 수는 두 개 이상일지라도 두 개의 정당이 대립적인 경쟁을 한다면 양당 체제로 본다. 이 양당제의 장점은 국민의 판단을 흐리게 할 수 있는 군소정당의 난립을 어렵게 하기 때문에 정국이 안정된다는 점이다. 이러한 양대 정당체제는 사회경제적 이해관계들을 결집하여 세력을 형성하고 있다. 실례로, 영국의 보수당은 중도 우파적인 정강정책을 가지고 중산계급의 지지를 받는 반면, 노동당은 중도 좌파적인 정강정책으로 노동계급의 지지를 받고 있다.

③ 다수 정당체제

어느 한 정당이 정치를 독주하지 못하고 3-5개 정당이 자유선거를 통하여 정권획득을 위한 경쟁을 하고, 이 중에서 어느 한 정당도 정권획득에 필요한 과반수 이상의 득표를 하지 못하여 2개 이상의 정당이 연립하여 정권을 담당하고 정권교체는 연립정권의 교체라고 하는 형태를 띠고 있다. 이것이 진정한 복수정당제로 볼 수 있는데 이들이 적절히 경쟁할 경우 진정한 다원주의적 정치가 이루어질 수 있다.

4. 한국의 정당정치

우리 나라 헌법 제8조 1항은 "정당의 설립은 자유이며 복수정당제는 보장된다"라고 규정하여 복수 정당체제를 유지하고 있다. 1999년 8월 현재 5개의 정당이 있다. 현재 여당으로 김대중 대통령이 몸담고 있는 새정치국민회의와 김종필 총리가 실질적으로 이끌고 있는 자유민주연합(자민련)이 연립정부를 구성하고 있고, 원내 제1당으로 거대 야당인 한나라당, 그리고 군소 정당으로 국민승리21과 청년진보당이 있다.

현재 우리 나라 정당을 살펴보면 정책 내용상의 차이나 사상, 또는 직업적 이익을 대표하는 이해관계들의 결집이 아니고, 인물중심과 지역적 배경을 존립기반으로 삼고 있다.3) 정당들이 외적으로는 전국에 걸쳐 지구당과 당원을 확보하고 있지만, 각종 선거에서 지역별 지지 비율을 살펴보면, 가장 안정적인 지지를 확보할 수 있는 동일 지역사람들끼리 뭉쳐 정당을 형성하고 있는 것을 알 수 있다.

제5절 이익집단

1. 이익집단의 의의와 발생원인

1) 이익집단(interest group)의 의의

개인이 정치에 변화를 가져올 수 있다고 많은 사람들이 생각하지만, 선거당일 투표권을 행사하는 것에 불과한 것이 오늘날 간접민주주의의 현실이다. 정치제도는 개인적인 목소리보다는 집단적인 목소리에 더 쉽게 반응한다. 이익집단은 공통의 관심사를 공유하고 이의 실현을 위해 노력하는 집단을 말한다. 이익집단은 소속 구성원들의 이익과 관련된 정책과정에 영향을 미치기 위해 구성된 조직이지만, 정권획득을 목적으로 하지 않는다는 점에서 정당과는 구분된다.

정당은 국민들의 다양한 이익을 대변하기 위해 법률에 따라 창출된 정치적 조직이지만, 이익집단은 단지 구성원 자신들의 이익을 위해 자발적으로 결성된 사적(私的) 조직이다. 이 이익집단은 자기

---

3) 하태권 외, 『현대 한국정부론』, (법문사, 1998), pp. 355-361.

들에게 유리한 정책의 형성, 집행을 위하여 여러 형태로 활동하며 정책과정에 압력을 행사하는데, 이런 의미에서 압력단체(pressure group)로 불려지기도 한다. 따라서 단순히 동일 취미를 가진 사람들의 집단이나 친목단체와는 구분된다. 그리고 이익집단은 단순한 모임이 아니라 지속적으로 존재하면서 활동하는 조직이며, 구성원의 존재, 목표, 규칙, 임원, 활동 내용들이 명시되어야 한다. 시장에 있는 단순한 소비자들의 집합은 이익집단이 아니지만, 조직된 '소비자를 위한 시민의 모임'은 이익집단이다.

2) 이익집단의 발생원인

이익집단의 등장이유는 대략 다음과 같이 제시된다. 다원주의 사회의 대두와 이익의 다양화, 대의정치 제도의 발달과 대표제 원리의 변질, 정당의 과두제와 역할의 변질, 국가의 역할과 정부통제의 증대, 참여적 정치문화의 증대와 조직지도자의 출현, 민주화·자유화에 따른 정치체제의 변화 등을 들 수 있다.[4]

20세기에 자본주의가 고도로 발전함에 따라 대중사회가 등장하고, 복잡하게 세분되어 수많은 특수화된 집단적 이익이 분출되었다. 그리고 동질성과 지역대표 원리에 기초를 두는 의회정치만으로는 국민의 이익을 충분히 반영할 수 없게 되어 여기에 직능대표의 원리를 정치과정에 필연적으로 도입할 수밖에 없게 되었다.

대중민주주의가 발전함에 따라 대중의 의견과 이익을 대변하는 정당이 조직되었지만, 그 조직이 비대하여진 결과 정당이 과두제적 조직으로 변모하면서 정당조직이 경직되어 국민의 의사에 맞추어 행동을 취하지 못하게 되었다. 이러한 이유로 이익대변 기능을 제대로 수행하지 못하는 정당을 통하지 않고, 독자적으로 이익을 직접 정책과정에 전달하는 통로를 확립하기 위해 조직화된 것이 이익

---

4) 김영래 편, 『이익집단 정치와 이익 갈등』, (한울 아카데미, 1997). pp. 22-26.

집단(압력단체)이다. 1930년대의 대공황이래 국가권력이 경제 및 사회 등 모든 영역에 적극 개입하게 되었고, 다른 한편 국민복지의 확대를 요구하는 시대적 요청에 따라 국가가 결정한 공공정책은 직접 사회에 큰 영향력을 미치게 되었다. 이러한 행정권의 강화와 국가기능의 확대를 가져온 행정국가(administrative state)의 출현은 정책의 결정이나 집행과정에서 중대한 이해관계가 얽힌 사람들로 하여금 압력집단을 형성하여 집단적 압력으로 정책과정에서 유리한 결정을 이끌어 내려고 활동하게 되었다.

2. 이익집단의 기능

이익집단의 두 가지 본질적 기능은 대표(representation) 기능과 교육(education) 기능이라고 할 수 있다.

1) 대표 기능

대표 기능은 이익집단의 집단적인 행동을 통하여 정책형성과 정책의제를 대중들에게 호소하는 효과적인 방법이다. 이익집단은 법원과 행정부 활동을 감시하는 역할을 하며, 국회의원들의 투표를 기록하고 특정 문제에 대한 국회의 활동을 감시하며 평가하는 역할을 한다. 이러한 기능은 다음과 같이 세분화된다.

① 대의정치의 보충기능

20세기에 들어와 정치무대에 활발하게 등장한 이익집단은 기본적으로 기능이 불완전한 의회정치나 정당의 기능을 보충하여 완전하게 하는 기능을 담당하고 있다. 이익집단은 자기의 이익을 촉진하고 실현할 목적으로 공공정책의 의제선정 및 결정과정에 압력을 행사하거나 특정 법률에 대한 제정 또는 개정을 요구한다.

② 특수 이익 실현 기능

원래 이익집단이라는 것은 정치에 대하여 영향력을 행사하는 조직화된 특수이익을 실현하는 단체를 말한다. 아무리 소규모 집단이라 하더라도 공통 목적이나 이익을 실현하기 위하여 정치에 영향을 미치려하면 이익집단이라고 할 수 있다.

③ 의사 표출 및 전달 기능

이 기능은 다수 국민(소비자 등)의 일반적·개별적 요구나 의견(당해 조직구성원의 이익이나 목표 등)을 정책결정과정에 전달하는 이익표출 기능이다.

④ 정치적 대표자 보충 기능

정책결정과정에 연계되는 통로를 확보하기 위하여 적극적으로 인재를 길러내고 충원하는 정치적 보충기능이 있다. 또한 정책에 대한 지지를 창출해내고 그 지지를 실현하기 위하여 구성원을 동원하는 기능도 한다.

2) 교육 기능

이익집단은 구성원과 일반 대중을 직접 교육하거나, 출판물을 통해 그들이 관련된 정책이슈의 정보를 제공함으로써 간접적인 교육효과를 창출하는 기능을 한다. 무역협회와 같은 경제적 이익집단은 경제부문의 자료나 보고서를 발간하여 국민들에게 정보를 알려준다. 실례로, 미국석유협회(the American Petroleum Institute)가 3년에 한번씩 발간하는 기본석유자료집(Basic Petroleum Data Book)은 세계 전역의 원유 가격과 생산에 관한 필수 불가결한 자료이다. 미국의 여성유권자연맹(The League of Women Voters)은 투표 법안과 후보자들이 차지하는 위치와 이 연합이 주최하는 토론회와 정책의제 포럼 등에 대한 정보를 항시 제공하고 있다.

3. 이익집단의 유형

이익집단은 특정 이익의 증진을 위하여 정부의 정치적 결정에 영향력을 미치려고 하는 단체를 의미하기 때문에, 사람들이 조직하여 얻고자 하는 이익의 종류도 매우 다양하다. 따라서 이익집단의 유형도 다양하게 분류될 수 있지만 추구하는 이익이 공익이냐 또는 사익이냐의 구분은 매우 중요한 의미를 부여한다. 공익집단의 경우에는 많은 사람들에게 집합적 편익을 주지만, 사익집단에 경우에는 추구하는 선택적 편익이 소수의 구성원에게만 미치는데 대부분의 사람은 집합적 편익보다는 선택적 편익에 관여하는 경우가 많다.5) 이익집단들은 다음과 같은 범주로 구분되는데, 여기서는 이익집단들에 대한 논의에 비교적 앞선 미국의 경우를 주로 살펴본다.

1) 경제단체

미국의 경우 경제단체는 '미상공회의소'(the U.S. Chamber of Commerce), '전국제조업자협회'(National Association of Manufacturers)와 같은 대기업 조직과 '미국노동자연맹산업조직협회'(AFL-CIO)와 같은 대규모의 노동조합이 포함한다. 한국의 경우에도 무역협회, 경제인연합회, 농어민단체, 노동조합 등이 있다.

2) 공익단체

공익단체는 소비자보호단체와 환경보호단체와 같은 단체들이 이 범주에 속한다. 미국의 '여성유권자연맹'(the League of Women Voters)은 투표절차의 간소화와 선거인단의 교육에 공헌하며, '커먼코스'(Common Cause)는 좀 더 효율적인 정부 창출을 지원하기 위하여 이익집단들의 지나친 선거운동 모금을 비판하며 선거운동 재정개혁을 위한 로비활동을 펼친다. 우리 나라에도 공익이익집단으로 '경제정의실천연합'(경실련), '참여연대' 등이 있다.

---

5) Frantzich, S. E. & S. Percy, *American Government: the Political Game*, (Madison, WI: Brown & Benchmark, 1994), pp. 257-258.

3) 정부이익집단

미국의 정부이익집단으로는 '전국도시연맹'(National League of Cities), '전국시장협의회'(National Conference of Mayors), '전국주지사협회'(National Governors Associations) 등이 있다.

4) 종교이익집단

종교단체들도 때때로 정책과정에 로비활동을 펼친다. 실례로, 보수적인 개신교들로부터 강한 지지를 받고 있는 미국의 '기독교연합'(Christian Coalition)은 학교기도에 대해서는 지지, 동성연애자의 권리에 대해서는 반대, 낙태에 대해서는 반대하고 있다. 우리나라의 경우 종교단체들은 법적으로는 정치에 관여할 수 없지만 각종 정책에 관여하면서 공익을 위해 노력한다.

5) 인권단체

미국의 경우, '전국유색인종협회'(the National Association for the Advancement of Colored People), '멕시칸 미국인의 법적 보호 및 교육기금'(Mexican-American Legal Defense and Educational Fund), '전국여성협회'(National Organization for Women) 등의 단체는 역사적으로 법적 차별에 맞서왔으며 동등한 기회의 보장을 위해 노력해왔다. 그들의 관심사는 인권차원을 넘어서 사회복지, 이민정책, 인종차별 철폐, 그리고 다양한 성차별 이슈 등을 포괄한다.

6) 사상단체

사상단체는 진보적 또는 보수적 정치사상의 바탕 위에서 복지에 관한 정부지출, 세금, 외교정책, 교육정책 등 다양한 사회 문제들을 바라본다. 올바른 사상적 목소리를 내느냐에 따라서 입법이나 정책을 지지하기도 반대하기도 한다. 미국의 경우, 진보적인 '민주

행동을 위한 미국인'(Americans for Democratic Action, ADA)
과 보수적인 '미국보수연합'(American Conservation Union)은
진보 또는 보수와 같은 사상적 기준을 가지고 선거직 공직자들을
평가한다.

7) 단일 이슈 단체

'전국총기협회'(National Rifle Association)와 '전국총기반대위
원회'(National Coalition to Ban Handgun)는 단일의 정치적
이슈를 표방하면서 서로 대립한다. 낙태문제에서도 '생명의 권리를
위한 전국위원회'(National Right to Life Committee)와 '전국
낙태권리연맹'(National Abortion Rights Action League)는
단일 이슈로 대립한다. 단일 이슈 이익집단들이 항상 대립되는 이
익집단을 가지는 것은 아니며 또한 항상 단일 이슈로만 존재하는
것은 아니다. 우리 나라의 '경실련'은 처음에는 부동산 투기 등 왜
곡된 경제질서의 회복을 외치면서 나타났지만 시간이 흐르면서 다
양한 경제적 이슈를 다루는 단체로 발전하였다.

4. 이익집단의 참여방법

이익집단은 관련 법안의 전개과정과 경향을 보고할 뿐만 아니라
회원이나 단체에 이익이 되도록 영향력을 행사한다. 이들의 참여는
로비 활동, 일반대중 캠페인, 법정 소송, 정보 제공, 직접 설득, 여
론 환기, 시위 등을 통하여 전개된다. 여기서는 주요 방법만 살펴
본다.

1) 로비(lobbying)

많은 이익집단들은 로비 능력이 뛰어난 인재들을 끌어 들여 국회
및 정책담당 기관에 대해 적극적인 로비를 펼친다. 이러한 로비 활

동은 입법을 고려하는 국회의 해당 위원회나 규제안을 작성하고 집행하는 행정부의 집행부처를 대상으로 이루어진다. 로비스트는 계속적이고 정기적인 접촉을 통해 국회 및 행정부의 구성원과의 인간관계를 형성하여 이를 자신들의 목적에 이용한다.

2) 일반대중 캠페인 (grassroots campaign)

이익집단은 구성원들의 집회를 통하거나 또는 일반 대중에게 지지를 호소함으로서 정책과정에 영향력을 행사한다. 또한 이익집단들은 회원들로 하여금 국회의원에게 편지를 쓰거나 중요한 투표 전날에 전화를 걸도록 한다. 뿐만 아니라 우편을 통해 일반 대중에게 직접 호소하기도 하고 특정정책의 지원을 위하여 모금하기도 한다.

3) 법정 소송 (litigation)

국회와 행정부가 반응을 보이지 않으면, 이익집단은 다른 수단으로 법정 소송을 선택하기도 한다. 실례로 미국의 '전국유색인종협회'는 1950년대와 1960년대 획기적인 인권사건에서 주요한 역할을 하였다. 낙태 반대주의(Pro-life) 단체들은 주정부와 연방법원에 낙태금지 소송을 제기하기도 한다. 이익집단은 소송사건에서 원고가 되면 변호사를 선임하고 소송비용을 부담하며, 당사자 중의 한 편을 지원하는 법정조언 서류(amicus curiae brief)를 제출하기도 한다.

제6장 정치문화론

정치문화 · 정치사회화 · 정치적 무관심

제1절 정치문화

1. 정치문화의 의의와 구성요소

1) 정치문화의 의의

정치문화란 한 사회의 구성원이 정치적인 것에 대하여 공통적으로 가지고 있는 사고방식, 행동양식을 의미한다. 예를 들어, 정치현장에서 지역주민과 유권자를 대표하는 국회의원들에 대하여 우리 국민 다수가 공공복리보다는 당리당략에 치우쳐 행동한다는 생각을 공유하고 있다면 이것은 정치문화다. 또 우리 국민 다수가 정부와 국가 권력에 대하여 권한과 책임을 명백히 하고 감시해야 한다는 생각보다는 정부가 폭 넓은 재량권을 가지고 우리 사회를 이끌고 나가야 한다는 생각을 공유하고 있다면 이것 역시 정치문화다. 다시 말해, 정치인, 정당, 정부, 이익집단, 정치과정, 정책, 선거, 지방자치 등 정치와 관련된 다양한 제도와 현상, 사람들에 대하여 국민들이 어떤 생각이나 행동을 공유하고 있다면 이것이 바로 정치문화라는 것이다.[1]

---

1) 한편, 정치문화와 밀접히 관련되어 있으나 구별해야 할 개념 중에 정치의식이 있다. 정치의식이란 정치와의 관계에서 한 개인이 갖는 의식을 뜻한다. 각 개인은 정치에 대하여 자기나름대로의 의견과 판단, 요구를 가지고 있는데 이것이 정치의식이다. 반면, 정치문화란 다수의 개인이 집합적으로

2) 정치문화의 구성요소

비어(Beer)에 의하면 한 집단의 구성원들이 자기 집단의 정치에 대하여 갖는 사고에는 다음과 같은 것들이 포함되어 있다.2)

첫째, 정치에 대한 기대를 담고 있는 가치판단적인 선호이다. 예를 들면, "정부는 어떤 일을 해야 하며, 어떤 일은 수행해서는 안 되는가," "대통령이 소속정당이나 국회에 대하여 행사하는 영향력은 어느 정도가 적정한가," "정부 3부 중 대통령과 행정부의 역할과 권한이 강화되고 있는 것이 바람직한 현상인가" 와 같은 정치 전반에 대한 규범적이며 도덕적인 판단이 여기에 속한다.

둘째는 경험적인 신념, 또는 지식이다. 이것은 사람들이 현실정치에 대하여 어떻게 이해하고 있느냐는 것이다. 예를 들어, 국민들이 언론매체를 통하여 국회의원들의 행동을 지켜 본 다음 이들이 지역구민의 복지보다는 자기정당의 이해를 더 중시하고 있다는 생각을 갖게 되었다거나, 경제정책의 결정과 집행과정에서 나타나는 정치인들의 행태를 보면서 정책이 재벌기업들의 이해에 의하여 좌우된다고 다수 국민들이 믿게 되었다면, 이것은 현실정치에 대한 국민들의 경험에서 나오는 신념이라고 할 수 있을 것이다.

셋째는 정서적인 태도이다. 예를 들어, 기존 정치권에 대하여 실망을 거듭해 온 국민들이 가질 수 있는 정치인과 정당에 대한 혐오감이나 어떤 정치인, 정당 또는 정책 등에 대하여 '싫다' 또는 '좋다'는 감정적인 측면이 여기에 속한다.

공유한 사고방식이라는 점에서 다르다. 개인이 가진 의식의 단순한 집합과 그들이 속한 집단이 공유한 문화는 다를 수 있다.

2) Samuel H. Beer, "The Analysis of Political Systems," Samuel H. Beer and Adam B. Ulam(ed.), *Patterns of Government: The Major Political Systems of Europe* (New York: Random House, 1962), pp.32-34.

3) 정치문화의 중요성

정치문화는 사람들의 머리나 가슴속에만 갇혀 있는 것이 아니다. 정치문화 역시 인간의 행동에 가하여지는 비공식적인 제약수단이 된다. 다시 말해 정치문화는 개인이나 집단의 정치행동에 영향을 미칠 수 있으며, 따라서 정치현상에 중요한 변수로 작용할 수 있다는 것이다.

첫째, 정치문화가 다르면 동일한 정치제도라도 다르게 운영될 수 있다. 똑 같은 민주주의 정치제도라도 정치문화가 다른 곳에서는 다른 양태로 작동할 수 있다는 것이다. 민주주의가 인류가 개발한 최선의 정치제도라는 데는 정치학도나 사회과학도들 사이에 이견이 없다. 그러나 민주주의제도를 제대로 정착시켜 운영하고 있는 나라는 그리 많지 않다. 예를 들어, 전근대적인 권위주의 정치문화가 팽배해 있는 사회라면 강한 국민주권을 요구하는 민주주의제도를 받아들여 정착시키기가 쉽지 않을 것이다. 한국도 이러한 국가들 중 하나일 것이다.

둘째, 정치문화가 달라지면 정책도 달라진다. 예를 들어, 미국의 정부와 기업관계는 영국에 비하여 상대적으로 적대적인 경향이 강하다. 이는 정부권력에 대한 국민들의 견제의식이 높은 것도 이유이지만, 동시에 정부와 기업관계에 대한 국민들의 불신과 의혹이 영국에 비하여 상대적으로 높기 때문이다.

셋째, 정치문화는 잘 변화하지 않으며, 정치에 대한 영향력이 지속된다. 문화이론에 따르면 한 사회의 문화는 쉽게 변화하지 않는다. 한 사회의 법과 제도는 하루아침에 변화가 가능하나 그 사회구성원의 가치체계, 신념, 생활습관은 쉽게 변화하지 않는다[3]. 각 민족이 가진 자기만의 독특한 생활방식이나 가치관은 국제화, 산업

---

[3] 예를 들어, 공산국가의 정치엘리트들은 그 사회의 정치문화를 변경시키려고 학습, 세뇌, 강제 등 다양한 방법을 사용하였으나 부분적인 변화에 그쳤을 뿐이며, 지속적이고 대규모적인 노력에도 정치문화는 쉽게 변화하지 않았다.

화와 같은 환경변화에도 지속되고 있으며, 그래서 민족문화와 전통이 계승되고 지속된다. 또한 사회이론가들에 따르면 문화란 한 세대에서 다른 세대로 학습되고 전수되어 간다.4) 그래서 이데올로기의 갈등은 해소될 수 있어도 끈질긴 생명력을 가진 문화의 갈등은 해소하기가 쉽지 않다.5)

2. 정치문화의 유형

나라마다 다르고 또 같은 나라 내에서도 계층과 지역에 따라 다른 정치문화를 어떤 기준에 의하여 유형화하는 일은 결코 쉽지 않은 일이다. 그러나 몇몇 학자들이 나름의 기준에 따라 유형화를 시도하고 있는데, 여기에서는 가장 대표적이라 할 수 있는 알몬드와 버바의 연구결과를 중심으로 살펴보기로 한다.6)

---

4) Harry Eckstein, "A Cultural Theory of Political Change", *Americal Political Science Review*, 82(1988). 우리의 경우를 예로 들면, 이성계와 더불어 조선을 건국한 정도전은 조선건국 후 다양한 개혁 정책들을 제시하는데 이 때 정도전이 인식하고 있던 조선사회 특히 고려 말 사회의 가장 큰 문제점은 사회지도층의 도덕의식 결핍이었다. 그런데 현재 한국 지도층의 도덕의식은 어떤가? 이들의 '도덕적 해이(moral hazard)' 현상이 외환위기의 한 원인으로까지 지적되고 있다.

5) 1989년과 1990년에 베를린 장벽이 무너지고 공산주의가 붕괴되었을 때 동유럽과 구 소련에서는 하루 아침에 맑스 - 레닌주의에서 민주주의로 정치이념을 바꾸었다. 그러나 공산주의 사회에서 형성된 행동습관(예: 기업에 바치는 열의 부족, 타협하는 능력의 미흡)은 쉽게 달라지지 않았다. 또 한국의 경우를 예로 들면, 영남과 호남간의 지역갈등은 철기문화와 해상문화라는 문화적 차이에 기초하고 삼국시대 이후 지속되어 온 것으로 이를 해소하는 것은 영원히 불가능할 수도 있다는 주장을 하는 학자도 있다. 거칠고 열정적인 대장장이 문화와 해풍을 예측하고 돛을 만들고 키를 조절하던 해상문화는 근본적으로 다르다는 것이다. 김경일, 『공자가 죽어야 나라가 산다』(바다출판사, 1999), pp. 63-72.

6) Gabriel A. Almond and Sidney Verba, *The Civic Culture: Political Attitudes and Democracy in Five Nations*(Princeton: Princeton University Press, 1963).

1) 분석방법

알몬드(Almond)와 버바(Verba)는 정치문화를 연구하기 위한 대상을 네 가지로 나누었다.

첫째는 정치체제이다. 국민들이 자기 국가의 정치체제, 헌법제도, 역사, 영토의 크기와 위치, 국제정치에서 갖는 힘 등에 대하여 어떤 지식과 감정 그리고 판단을 가지고 있느냐는 것이다.

둘째는 정치체제에의 투입(input)이다. 이를 테면, 정치가, 정당, 압력단체, 대중운동, 대중매체 등의 활동이나 정책제안, 정책형성 등 투입과정에 대한 개인의 태도와 성향을 조사하는 것이다.

셋째는 정치체제의 산출(output)이다. 예를 들면, 각종 정책이나 경찰, 소방과 같은 공공서비스에 대하여 국민들이 어떤 지식이나 감정 또는 판단을 가지고 있느냐는 것이다.

넷째는 정치적 행위자로서의 자기(self)이다. 일반대중이 정치체제 속의 일원으로서 자신의 권리와 의무, 능력에 대하여 어떤 지식과 의견을 가지고 있는지를 분석하고자 하는 것이다.

그래서 정치문화에 대한 대상과 구성요소를 그림으로 표시하면 아래와 같은 정치문화의 차원이 된다.

2) 정치문화의 유형

어떤 사회의 정치문화의 유형은 앞서 설명한 정치적 대상에 대하여 특정한 정치적 성향(political orientation)을 가진 사람들의 분포에 따라 결정되는데, 알몬드와 버바는 다음과 같은 세가지 유형으로 분류하고 있다.

〈그림 6-1〉 정치문화의 이념성

	정치체제	투입과정	산출과정	정치적 자기
지방형 (patochial)	-	-	-	-
복종형 (subject)	+	-	+	-
참여형 (participant)	+	+	+	+

출처: Almond and Verba, *The Civic Culture*, p.17.

가. 지방형 정치문화

이것은 〈그림 6-1〉에서 보는 바와 같이, 네 가지 정치적 대상에 대하여 대중들이 모두 마이너스, 즉 정치적 성향을 갖지 않고 있는 형태이다. 아프리카의 부족사회와 같은 전근대적 사회에서 나타나는 정치문화로서, 부족내에서 이루어지는 지역적 자족성(自足性)으로 인해 사람들이 정치체제 자체의 존재에 대하여 뚜렷한 의식을 갖지 못하고 생활하며, 정치적 대상에 대하여 별 기대나 관심이 없다. 이런 사회에서는 정치적 역할이 종교와 미분화되어 있다.

나. 복종형 정치문화

이것은 정치체제 그 자체나 산출과정에 관해서는 반응을 보이지만, 투입과정이나 정치체제에 대한 참여에 관해서는 마이너스 반응을 보이는 사회이다. 정치체제에 대하여 관심도 있고 정치적·정책적 결정이나 지시·명령에 복종하지만, 정치과정에 참여하거나 자신들의 이해관계를 투입하려는 생각은 아직 갖지 못하는 단계다. 이러한 복종형 정치문화는 정치에 대한 투입구조가 다양화, 분화되지 못한 사회에서 나타나며, 정부와 시민과의 관계는 일방적이며 지시적이다.

다. 참여형 정치문화

이것은 모든 정치적 대상에 대하여 플러스 반응을 나타내는, 즉 모든 정치적 대상에 대하여 적극적이고 명확한 정향을 갖는 정치문화다. 사회 구성원들이 자신들의 정치체제의 구조와 기능에 대한 지식을 가지고 있고, 정책의 형성과 결정과정에 참여하려는 의식도 가지고 있는 민주주의 사회의 정치문화다.

그런데 알몬드와 버바가 제시한 이와 같은 세가지 유형의 정치문화는 어디까지나 이념형이다. 현실에 대한 관찰에 근거하고 있지만, 그것을 그대로 묘사한 것이 아니라 공통적이거나 유사한 현상들에 대해서 보다 상위의 개념을 부과하여 추상화하였다는 말이다. 따라서 특정 사회의 정치문화를 이 셋 중 하나의 유형만으로 설명하려 해서는 안 된다. 세가지 유형의 특성들이 한 사회에서 뒤섞이어 공존할 수 있다는 것이다.7)

예를 들어, 참여형 정치문화가 지배적이지만 복종형과 지방형의 문화도 공존하고 있다면 민주주의적 산업사회라 할 수 있을 것이며, 이와는 달리 권위에 대한 수동적 순응 성향이 강한 복종형의 정치문화가 가장 지배적인 상황에서 지방형과 참여형 문화도 발견되고 있다면 권위주의적 과도기 사회라 할 수 있을 것이다. 한편, 어느 정도의 지역적 자치성이 인정되는 지방형의 문화가 가장 비중이 높은 상황에서 복종형과 참여형의 문화도 발견된다면 민주주의적 前산업사회라 할 수 있을 것이다(〈그림 6-2〉 참고).

---

7) Gabriel A. Almond, ed., *Comparative Politics Today: A World View* (Boston: Little, Brown, 1974).

<그림 6-2> 정치문화와 정치체제

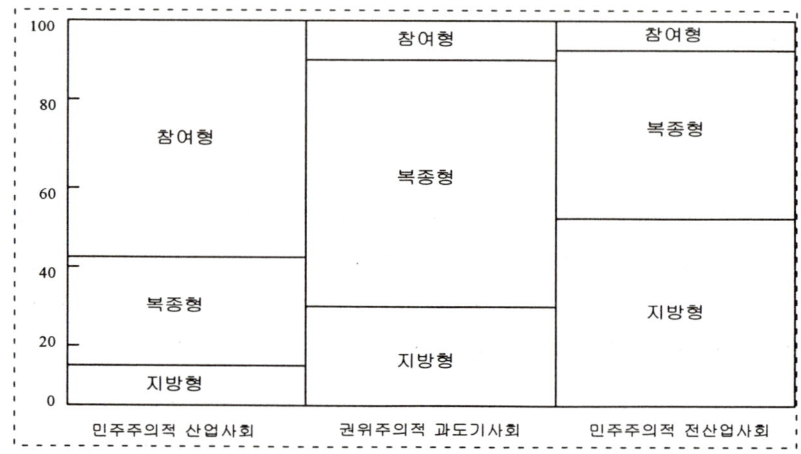

출처: Gabriel A. Almond, ed., *Comparative Politics Today: A World View* (Boston: Little, Brown, 1974), p. 50.

3. 한국의 정치문화

1) 한국 정치문화의 구성요소

한국인들은 정치적 대상에 대하여 어떤 가치나 신념을 가지고 있는가? 한국의 정치문화는 어떤 요소들로 구성되어 있는가? 학자들마다 자신의 관심에 따라 다양한 주장들을 제시하고 있다.

윤천주 교수는 한국의 정치문화를 「권위주의적 품성」이라 하였으며, 이영호 교수는 「복종형」의 정치적 정향이라 규정하였다. 또한 이지훈 교수는 한국 정치문화의 차원을 민족주체성, 권위주의, 공동체성, 분파성, 소외성, 저항성, 시민성이라는 일곱 개의 차원으로 제시하고 있다. 그런데 여기에서는 어수영·한배호 교수의 연구결과를 중심으로 한국의 정치문화를 간략히 살펴본다.

가. 묵종성, 권위주의

묵종성이란 첫째, 윗사람이나 높은 지위에 있는 사람에게 대하여는 복종하는 것을 마땅히 여기거나, 둘째, 대중의 의사보다 몇 사람의 훌륭한 지도자가 다스릴 때 잘된다고 생각하는 경향, 셋째, 정부가 하는 일은 잘못이 있더라도 너그럽게 그 지시에 따르는 것이 마땅하는 생각 등을 의미한다. 윗사람 또는 정부의 권위에 대한 응답자들의 의식을 나타내므로 권위주의적 성향에 대한 측정이라고 보아도 틀리지 않을 것이다.

그런데 이들의 연구에 의하면 1984년의 조사에서는 뚜렷하게 나타나던 묵종적 성향(권위주의적 성향)이 1995년의 조사에서는 뚜렷하게 관찰되지 않아 상당히 희석된 것으로 나타나고 있다.

나. 관용성

관용성이란 자기의 견해와 다른 견해를 가진 사람의 주장에 대하여 관용적이며 존중해 줄 수 있는 태도를 의미한다. 또한, 관용성이란 이견을 가진 사람의 견해를 관대하게 받아들이는 것이 아니라, 자기의 견해를 강요하지 않고 상대방의 입장을 인정하는 자세로서 민주주의의 발전에 매우 중요한 가치관이라 할 수 있다.

이와 같은 관용성 면에서는 1984년에는 젊은 층은 관용적이나 연령층이 올라갈수록 관용성이 급격히 낮아졌으나, 1995년의 조사에서는 연령층간의 관용성의 차이가 좁혀지면서 관용성이 개선된 것으로 나타나고 있다.

다. 신뢰성

여기서 신뢰성이란 정부·정치·정치인에 대한 신뢰가 아니라 동료시민에 대한 신뢰, 사람들 사이의 신뢰를 의미한다. 구성원간에 신뢰가 결여되어 있을 때, 시민사회가 대화와 타협에 의하여 자율적으로 문제를 해결할 수 있는 능력이 약화되어 정부에 대한 요구가 많아지고 행정의존성향이 커질 수 있다.

한국인들의 동료시민에 대한 신뢰성은 1984년 조사결과에 비해 1995년 조사에서는 젊은 층에서는 크게 향상된 반면, 장·노년층에서는 오히려 하락한 것으로 나타나고 있다.

라. 인물·인간관계 중시

제도보다 사람, 인물, 인간관계를 중시하는 경향이다. 어수영·한배호 교수의 연구에 의하면 이러한 성향은 1984년의 조사에서는 물론 1995년의 조사에서도 변함없이 관찰되고 있다. 즉, 한국인들의 정치적 정향속에 깊이 내재화되어 있는 것이다. 그리고 이러한 성향은 교육수준에 의하여 다소 약해지기는 하나 큰 차이가 없이 거의 비슷하게 나타나고 있다. 제도보다 사람을 중시하는 인물중심의 사고가 쉽게 변하지 않고 있는 것이다.

마. 형식주의: 명분에의 집착

형식주의란 「실리(實利)보다 명분(名分)」을 중시하는 성향, 즉 명분은 당당하고 명예롭지만 실리는 장사꾼의 실속과 같이 천하다고 생각하고 가벼이 여기는 태도를 의미한다. 1984년 조사에서 이러한 형식주의는 20대와 30대에서는 낮게 나타난 반면, 40대 이상에서는 점점 높은 형식주의 성향을 보이는 것으로 관찰되었다. 그리고 이러한 장·노년층의 형식주의 성향과 젊은 층과의 차이가 1995년의 조사에서도 그대로 나타나고 있으며, 특히 연령이 높아질수록 형식주의 성향이 크게 증폭되어 나타나고 있다.

바. 평등성: 기회의 균등

여기에서 평등성이란 성공을 위한 기회의 평등을 뜻한다. 공헌과 공적에 따라 분배가 이루어져야 한다는 뜻의 평등이다. 1984년 조사에서 의하면 20대는 한국사회의 평등성을 긍정적으로 평가하고 있는 반면 30대 이후는 평등하지 않다고 평가하였다. 특히 50대 이후는 30·40대에 비하여 평등성에 대해 훨씬 부정적으로 평가하였다. 그리고 1995년도의 조사결과에서는 20대와 30대가 한국사회의 평등성에 대하여 긍정적인 평가를 내리고 있으나 40대 이후부터는 연령층이 높아지면서 부정적인 견해가 급격히 증가하는 양상을 보이고 있다.

사. 권리의식

권리의식이란 자아에 대한 신념과 자율성 확립, 누구도 침해할 수 없는 자기권리에 대한 확고한 의식을 의미한다. 법이 권력 있는 사람들을 위한 것이 되어서는 안되며, 내게 불리한 법에 대해서는 당당하게 반대할 수 있어야 한다는 것이다. 우선 '법이 권력있는 사람들을 위한 것'이라는 생각은 1984년 조사에서는 연령이 증가할수록 높아지는 것으로 관찰되었으나, 1995년 조사에서는 일관성 있는 추세가 관찰되지 않았다. 그런데 법의 공정성과 형평성에 대해 의구심을 나타내는 응답자가 1984년에는 64.3%였으나 1995년 조사에서는 84.8%로 증가하였다.

2) 한국 정치문화의 특징

앞서 설명한 한국 정치문화의 구성요소 모두를 종합적으로 살펴보면 몇 가지 특징들을 발견할 수 있다.

첫째는 '신뢰'와 관련된 구성요소들이 여럿 있는데, 그 내용을 보면 불신경향이 강하게 나타나고 있다는 점이다. 동료시민에 대한 신뢰성 정도, 제도를 신뢰하고 중시하기보다는 사람을 중시하는 정도, 성공할 수 있는 기회의 공평한 배분에 대한 신뢰 여부, 법의

공정성과 형평성에 대한 신뢰 여부 등이다. 그런데 이러한 구성요
소들에서 공통적으로 나타나는 경향은 젊은 층에서 부분적으로 신
뢰성이 관찰되기는 하나 전체적으로는 불신 경향이 뚜렷하다는 것
이다. 장·노년층의 동료시민에 대한 불신은 오히려 심화되었고,
제도보다 사람을 중시하는 경향 역시 변치 않고 있으며, 기회의 균
등성에 대한 불신도 40대 이후에서는 급격히 높아지고 있고 법의
공정성과 형평성에 대한 불신도 심화되었다.[8] 한마디로 우리 사회
는 사람도 못 믿고, 제도도 믿을 수 없는 사회이며, 이런 사회에서
는 믿을 것이라고는 자기 자신과 자기가 속한 혈연·지연·학연집
단뿐이라는 극단적 집단이기주의가 팽배하게 된다.

둘째, 정부와 권력에 대한 국민들의 묵종성과 정부와 지배집단의
권위주의적 경향이 희석되고 있는 것으로 나타나고는 있다는 점이
다. 그러나 이와 같이 국민들의 묵종성이 쉽게 변할 수 있을 것인
가에 대해서는 의구심을 가질 필요가 있다. 문화이론의 시각에서
보면 그렇게 쉽게 달라질 수 있는 것이 아니기 때문이다.

또한 박종민의 연구결과에 따르면 조사대상자의 72.3%가 "국민
과 정부간의 이상적인 관계는 부모와 자식간의 관계와 같아야 한
다"는데 동의하고 있으며[9], 정부에 대하여 이와 같이 온정주의적인
권위관을 가질 때 국가권력의 집중화에 비판적이지 않으며, 국가
권력을 제한하고 통제하려는 의식이 약하여 권위주의적 국정운영을
용이하게 할 수 있음을 지적하고 있다.

셋째, 사회 구성원간의 불신과 권위주의문화간에 일정한 상관관

---

8) 그 외에도 '법과 질서를 지키면 오히려 손해를 본다(44%)', '정당한 노력
만으로는 성공하기 힘들다(71%)', '곧이 곧대로 일처리를 하다가는 손해
를 본다(84.2%)'(중앙일보, 1996. 12. 26; 한국경제신문, 1996. 11.
22)는 인식이 우리 국민들 사이에 팽배해 있으며, '有錢無罪 無錢有罪',
'有錢免除 無錢入隊'와 같이 특정제도의 불공정을 비아냥거리는 속어들이
난무하는 것도 우리 사회에 만연된 불신을 보여 주는 징표들이다.
9) 박종민, 1996, "온정주의 정치문화와 권위주의 통치의 정당성," 『한국정
치학회보』(제30권 3호), pp. 105-122.

계가 있다는 점이다.10) 구성원간의 불신은 시민사회의 자율적 문제해결능력을 약화시키며, 그 결과 강제력에 기초한 문제해결장치인 행정과 국가에 대한 시민사회의 의존성을 강화시킬 수 있다. 따라서 사회구성원간에 불신이 깊은 사회일수록 정부 권한이 확대되며, 시민사회에 대한 정책담당자들의 권위주의적 사고방식이 강화될 소지가 높다는 것이다.

제2절 정치사회화

1. 정치사회화의 의의

사회화(socialization)란 개인이 한 사회의 구성원으로서 원만하게 생활할 수 있도록 그 사회의 제도와 관습, 가치와 행동양식 등을 습득하는 과정이라 할 수 있다. 사람이 태어나서 가장 먼저 접하는 제도와 관습은 가족, 가정생활에 관한 것들이며, 이 관계의 특징은 사랑과 보살핌에 있다. 그런데 개인이 성장하여 학교에 들어가고 직장생활을 하게 되면 개인은 새로운 제도와 관습을 배워야 한다. 왜냐 하면 학교나 직장을 움직이는 제도와 관습들은 가정에서와 같은 사랑이나 보살핌이 아니라 경쟁원리에 기초하고 있기 때문이다. 이것이 사회화다. 가정이 아니라 사회의 구성원이 되기 위하여 사회에서 통용되고 있는 제도와 각종 관습을 학습하여 그 사

---

10) 이 점에 대하여 최근 공공선택론자들은 죄수의 딜레마를 예로 들어 지지하고 있다. 또 홉스(Hobbes)가 리바이어던(Leviathan)에서 자연상태의 개인은 만인의 만인에 대한 투쟁상태이며, 사회질서의 구현을 위해서는 덩치만 큰 괴물과 같은 존재이지만 정부가 필요하다고 주장하는 것도 구성원간의 신뢰와 권위주의적 정부가 무관하지 않음을 시사하는 것이다.

회의 구성원들과 동화되어 가는 과정이 사회화다. 정치사회화는 이와 같은 사회화 개념에 기초하고 있다. 한 사회를 구성하는 개인들이 그 사회에서 통용되고 있는 정치제도와 정치적 관습, 정치적 행동양식을 습득하는 과정이 정치사회화다.

정치사회화 과정에서 개인들은 선조들과 기존 세대가 형성해 놓은 정치제도와 정치적 신념, 가치를 배운다. 정치문화가 다음 세대로 이전되어 가는 것이다. 어린이와 이민자들은 이러한 정치사회화 과정을 통하여 그 사회의 정치제도와 관습을 학습한다.

기존의 전통적인 정치적 신념을 전수받게 되므로 기존 제도를 옹호하고 변혁에 대하여 부정적인 보수적 태도를 갖기 쉬우며, 과거부터 내려온 공통적인 가치체계의 테두리를 벗어나기 어려울 것이다.

정치사회화 과정은 일생을 통하여 계속된다. 어릴 때 형성된 태도는 그 후의 사회적 경험에 의하여 달라질 수 있으며, 성인이 된 후에도 전쟁이나 경제공황과 같은 사건 이후에는 정치적 태도가 달라질 수 있다. 이를 재사회화(resocialization)라 한다.

정치사회화는 직접적인 학습에 의해서도 이루어지지만, 간접적인 학습에 의해서도 훌륭하게 이루어진다. 정치에 관한 정보의 공식적 전달은 직접적인 사회화의 계기가 된다(예: 교과서, 언론매체를 통한 민주주의 원리 학습). 이와는 달리, 학교시절에 배운 순종적 태도는 정치인이나 권력자에 대한 태도에 영향을 줄 수 있는데, 이것은 간접적인 사회화다.

2. 정치사회화의 매체

1) 가정

가정은 거의 모든 사람에게 최초의 사회화 기구이다. '세 살 버릇 여든 간다'는 말처럼 어릴 때 습득한 사고나 행동방식의 영향은 강력하며 오래 동안 지속될 수 있다.

특히, 권위에 대한 태도가 가정에서부터 형성되기 시작한다는 점에서 정치사회화 매체로서 가정의 위치는 중요하다. 자녀의 의견을 존중하고, 집안 일을 결정하는 데 자녀들이 참여토록 하는 민주적 가정환경에서 자란 사람은 커서도 민주적 성향이 강하고, 정치에 적극적으로 참여할 가능성이 높다. 반대로 자식에게 일방적인 복종을 강요하는 가정에서 자란 사람은 성장한 후에도 정치사회에서 피동적이거나 권위적인 구성원이 될 가능성이 높다.

또 부모들의 정치적 신념이나 가치가 자녀들에게 그대로 전수될 수도 있다. 부부는 보통 처음에는 정당에 대한 선호가 동일하지 않더라도 점차 동일해지는 경향이 있으며, 이와 같은 정당에 대한 부모의 선호가 자녀들에게서도 동일하게 나타나며 오랫동안 지속될 수 있다.[11]

그러나 현대 핵가족 사회에서 자녀에 대한 부모의 영향력은 약화되고 있다. 부모와 자녀가 대화하고 함께 생활하는 시간과 기간이 점점 짧아지고 있다. 그러나 집안 어른을 존경하고 섬기는 한국적 전통은 아직도 그대로 남아 있으며, 혈연관계에서뿐 아니라 직무상의 관계나 정치적 관계에서도 윗사람의 권위에 대한 순종을 가르치는 가정의 정치사회화 기능도 계속되고 있다.

2) 학교

교육수준이 높을수록 정치에 대하여 잘 알고, 이해가 정확하며, 관심도 높다. 학교는 가정에서보다 훨씬 구체적이며 체계적으로 정치제도와 정치적 신념, 가치들에 관하여 교육한다. 뿐만 아니라 어린이들은 학교생활에서 정치사회의 일원으로서 필요한 인내, 관용, 민주성 등에 대한 태도와 판단기준을 배우기도 한다.

교사와 학생간의 관계는 정치사회화의 과정에서 특히 중요하다.

---

11) 이재영, 『현대정치학』(서울: 삼우사, 1997), p.277.

교사와 학생간의 관계에서 교사의 권위는 절대적이다. 한국의 경우 '스승의 그림자도 밟아서는 안 되며, 군사부일체(君師父一體)'라는 유교적 전통이 있어 더욱 그렇다. 학생들은 가정에 이어 다시 한번 권위자에 대한 태도와 행동방식을 익히게 된다. 오직 성적만을 기준으로 서열을 매겨 대부분의 학생을 열등자로 만드는 교육방식 역시 개인의 자신감과 자기존엄성에 대한 인식을 약화시키며, 결과적으로 권위에 대한 복종적 성향을 강화하는 요인이 될 수 있다.

3) 동료집단(peer group)

현대인에게 있어서 가족 못지 않게 중요한 인간관계를 형성하고 있는 대상이 동료집단이다. 청소년기 이후에는 학교의 친구나 동아리 모임, 직장동료 등 동료집단과 함께 하는 시간이 가족들과 함께 하는 시간보다 오히려 많아진다. 더구나 동료구성원들은 연령이나 신분, 직업 등이 비슷하기 때문에 이해관계도 유사하고 정서적 유대도 쉽게 심화된다. 동료와의 숨김없는 대화를 통하여 정치현상에 대한 이해를 넓히고, 정치세계에서 자신의 위치를 인식할 수 있다.

4) 대중매체

대중매체는 구체적인 정치 정보를 전달할 뿐 아니라, 정치적 사건에 대한 사회의 통념적 시각이나 정서도 함께 전달한다. 사회가 용인하는 정치적 가치가 어떤 것인지 대중매체를 통하여 학습할 수 있다. 만일 대중매체가 정부에 의하여 통제된다면 정부는 이를 통하여 개인의 정치적 행동이나 정치적 신념을 바꾸어 놓을 수도 있을 것이다.

5) 기타

우선 정치과정이나 정치현장에 직접 참여하고 경험할 경우 개인의 정치적 신념이나 가치관은 달라질 수 있을 것이다. 또 6.25와 같은 역사적 사태를 경험한 세대와 전후세대간에도 정치의식이 다를 수 있으며, 1987년의 민주화운동과 같은 정치운동에의 참여 여부도 정치사회화에 영향을 미칠 수 있다.

이상의 내용을 종합해 보면, 한국의 정치사회화 과정에는 권위에 대한 순종을 교육하여 결과적으로 복종형의 인간을 길러 낼 소지가 군데군데 발견되고 있다. 가정과 학교가 그러하며, 대중매체 역시 개인보다는 정부의 책임을 강조하여 행정의존적인 성향을 강화하는 데 일조하고 있다.

제3절 정치적 무관심

1. 정치적 무관심의 의의 : 정치적 인간의 유형

모든 사람을 정치적 동물로 볼 수는 없겠으나 누구도 정치의 영향을 피할 수는 없을 것이다. 그런데 다 같이 정치의 영향하에 있다고 하더라도 정치에 대한 각 개인의 관심이나 태도는 각각 다를 수밖에 없다. 달(Dahl)은 정치적 인간을 정치적 무관심층, 정치적 관심층, 권력추구자, 권력자 등 네가지 카테고리로 구별하고 있다.12)

1) 정치적 무관심층

대부분 국가에서 정치에 대하여 지대한 관심을 갖고 아주 적극적으로 정치적인 활동을 하는 사람은 대체로 소수에 지나지 않는다. 국민의 관심과 참여가 민주제도의 정상적인 작동과 발전에 중요하지만 많은 시민들은 정치에 대하여 냉담하다. 정치에 대하여 열정

---

12) Robert A. Dahl, *Modern Political Analysis*, 4th ed.
　　(Englewood Chiffs, N.J.: Prentice-Hall, 1984), pp. 94-111.

도 없고, 정치적 활동을 할만한 능력(competence)도 없다. 이들이 정치에 대하여 무관심한 계층이다.

〈그림6-3〉 정치적 인간의 카테고리

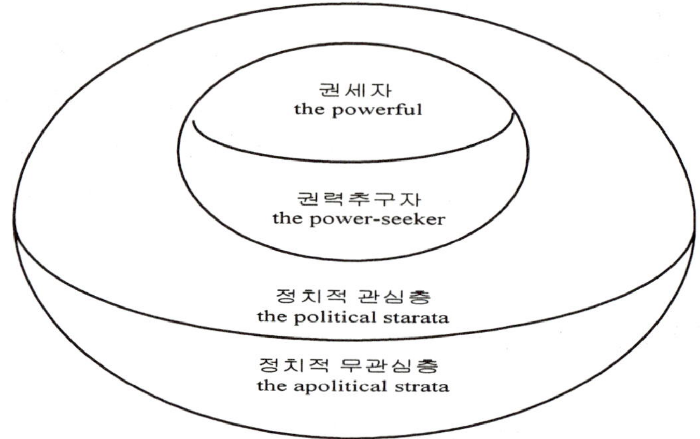

2) 정치적 관심층

정치적 무관심층과는 반대로 정치에 대하여 관심을 가지고 있고, 경우에 따라서는 참여하기도 하는 계층이다. 사람들이 정치에 대하여 관심을 갖게 되는 이유는 정치로부터 얻을 수 있는 보상이 크거나, 정치적 결과에 대하여 자신이 영향력을 행사할 수 있다고 생각할 때, 또는 정치에 관여하지 않으면 자신에게 불리한 결과가 생길 수 있다고 판단되거나, 또는 정치에 대하여 상당한 지식이 있을 때 등이다.

3) 권력추구자

정치적 관심층에 속하는 사람들 중에는 권력을 획득하고자 추구하는 사람들도 있다. 물론 권력추구자가 모두 권력을 획득할 수 있는 것은 아니다. 그러면 어떤 사람들이 권력을 추구하는가? 달은 사회·경제적 지위가 높은 사람일수록 권력에 대한 추구정도도 높다고 설명하고 있다.13) 그렇다면 권력을 추구하는 이유는 무엇인가? 공공적 또는 집합적 선의 실현, 자기이익의 추구, 유년시절 심리적 박탈에 대한 보상추구 등이 이유일 수 있다고 다알은 보고 있다.

4) 권력자

권력을 추구하여 권력을 획득한 사람이 권력자다. 그러면 여러 경쟁자를 어떻게 물리치고 승리할 수 있었는가? 여기에는 개인의 선천적 능력에서부터 선거에 투입한 인적, 물적 자원까지 다양한 변수가 영향을 미칠 수 있다.

2. 정치적 무관심의 원인

그러면 사람들은 왜 정치에 대하여 무관심한가?

첫째, 정치에 관여함으로써 얻을 수 있는 보상이 정치이외의 다른 활동에서 얻을 수 있는 보상보다 적을 수 있다. 인간은 누구나 어떤 행동을 선택하기에 앞서 그 행동의 결과로 자신에게 돌아올 이익을 계산해 보며, 이런 점에서 인간은 합리적인 존재다. 만일 정치적 관심과 행동의 결과로 자신에게 돌아 올 이익이 그러한 행동에 드는 시간 비용이나 물적 비용보다 적다면 차라리 정치에 대하여 무관심한 편이 자신에게 유리하다고 판단할 것이다. 즉 정치적 관심과 참여에 따른 비용과 편익을 합리적으로 계산, 비교해 보고 그 결과 비용이 크다고 판단하여 무관심할 수 있다는 것이다

둘째, 어떤 쪽을 선택하더라도 결과는 크게 달라질 것이 없으므로 무관심할 수 있다. 예를 들어, 어떤 정당의 후보자가 대통령이나 국회의원에 당선되더라도 기존의 정책에서 크게 달라지지 않을 것이라고 판단할 수 있다. 또 득표극대화를 추구하는 과정에서 정

---

13) Robert A. Dahl, *Modern Political Analysis*, 4th ed. (Englewood Cliffs, Prentice-Hall, 1984), p.95.

당의 정책들이 매우 유사해지는 경우에도 이런 현상이 발생할 수 있다.14)

셋째, 자기 한 사람이 정치에 관여하더라도 결과에는 별 영향을 미칠 수 없다고 판단할 수 있다. 예를 들어, 미국의 대통령 선거에서 1개인이 승패를 좌우할 확률은 1천만분의 1보다 낮으며, 선거에 참여함으로써 한 개인이 얻을 수 있는 기대수익 역시 어떤 선거에서도 1센트를 넘지 않을 것이라고 한다.15) 경제적으로만 따지면 구태여 선거에 참여할 이유가 없는 것이다.

그 밖에도 정치에 관여하든 않든 결과는 만족스럽다고 판단하거나, 효과적으로 영향력을 발휘하기에는 지식이 제한되어 있다고 판단하는 경우에도 정치에 대하여 무관심할 가능성이 높다.

---

14) 중위투표자이론에 의하면 하나의 정책을 놓고 두 개의 정당이 득표를 위하여 경쟁하는 상황에서 최대의 표를 얻는 방법은 해당정책에 대한 유권자들의 선호분포 중 중간에 위치한 유권자(중위투표자)의 선호와 일치하는 정강정책을 제시하는 것이다. 이런 상황에서는 두 정당의 정강정책은 중위투표자의 선호와 일치하는 방향으로 수렴하여 매우 유사해질 수 있다. 예를 들어, 영국 노동당은 전통적으로 빈곤퇴치와 부의 불공평성 해소를 우선 가치로 삼아왔으며, 이를 위하여 정부의 지출과 세금의 증액을 주장해 왔다. 그러나 토니 블레어 총리가 채택하고 있는 제3의 길이란 정부지출 및 사회복지제도의 축소와 노동시장의 유연화 등을 포함시킴으로서 노동당의 기존 정강정책과 비교할 때 훨씬 중도노선에 가까워졌으며, 이러한 정강정책의 변화가 그의 집권을 가능하게 해주었다. 한국의 경우도 상대적으로 개혁적이며 진보적이라는 평가를 받아 온 김대중 대통령이 대통령선거 당시 제시한 국정 기본과제들을 보면 한나라당의 그것과 분명한 차이를 발견하기가 쉽지 않다.

15) Gordon Tullock, *Rent Seeking*(The Shaftebury Paper Series, 1993). 또는 김일중, 『규제와 재산권』(자유기업센터, 1995) p.141-142.

3. 정치적 무관심의 부작용

정치에 대하여 무관심한 사람의 수가 증가할 때 정치에는 여러 가지 부작용이 나타날 수 있다.

첫째, 직업정치인들이 난무하게 됨으로써 정당정치와 의회정치의 침체현상을 가져올 수 있다. 국민들의 요구를 정치적으로 충족시켜 줄 수 있는 유능하고 참신한 인재들의 정치참여는 감소하고 정치를 권력획득의 수단이라고 보는 직업정치인들에 의하여 정치의 민주성이 훼손될 수 있다는 것이다.

둘째, 정치적 부패가 확산될 수 있다. 정치란 가치를 재배분하는 현상이기 때문에 적절한 견제가 이루어지지 않는다면 부정부패 문제가 발생하기 쉽다. 정치인의 뇌물스캔들이 근절되지 않는 것은 이들의 정책결정이 어떻게 이루어지는가에 따라 특정집단이나 기업이 얻을 수 있는 혜택이 엄청나기 때문이다. 더구나 국민과 언론이 정치에 대하여 무관심하고 권력의 행사를 감시하지 못한다면 정치의 부패는 피할 수 없을 것이다.

셋째, 민주주의의 반동화를 가져올 수 있다. 대중들이 정치에 대하여 무관심하다면 정치권력의 남용 및 독재화를 견제할 수도 없을 것이다.16)

---

16) 이극찬, 『정치학』 (법문사, 1999), p. 332.

제7장 정치발전론

제1절 정치발전의 개념

  발전(development)은 일종의 변화를 의미한다. 그러나 그것은 단순한 변화가 아니라 상향적인 변화, 즉 소망스러운 방향으로의 변화를 의미한다. 어떤 현상 또는 과정이 변화인지 아닌지는 합의에 도달하기 쉽지만 구체적으로 그것이 과연 소망스러운 변화(발전)인지는 관점에 따라 크게 달라진다.[1] 따라서 발전은 주관적인 의미를 상당한 부분 내포하고 있다고 할 수 있다.

  서구의 사회과학이 요구하는 발전의 의미, 특히 정치발전이 내포하고 있는 의미는 선진국의 정치체제를 발전된 체제로 설정하고 후진국의 정치체제를 선진국의 정치체제로 발전시키는 것을 의미한다. 즉 선진국의 체제를 발전된 체제로 판단하는 것이다.

  발전의 문제가 사회과학자들의 관심을 끌기 시작한 것은 1950년

---

[1] 한편 성장(growth)은 주로 양적인 측면의 변화를 의미하며, 따라서 그것을 측정·평가하는 데 비교적 객관성을 기할 수 있는 개념이다.
  근대화(modernization)는 근대(modern)가 갖는 특성 즉 정치체제의 민주화, 생산의 급격한 증대, 가치관 및 생활양식의 전환 등 여러 측면에서의 변화를 의미한다. 여기서 근대란 16-17세기 이후 서구에서 과거의 봉건적 질서가 타파되고 새로운 사회적 가치와 질서가 형성되었던 것을 의미하며 이는 현재 서구사회의 근본이 되고 있다.

대 이래의 일로서 처음에는 이 발전의 문제는 경제발전의 문제와 동일시되었으나 점차 경제발전은 경제적 요인에만 치중해서는 이룩되기 어렵다는 사실이 드러남에 따라 경제발전에 집중됐던 학자들의 관심이 비경제적 요인에도 주목하게 되었다. 특히 비교정치학자들이 주축이 되어 추진하고 있는 신생국 연구는 자연히 정치변화 및 발전에 대한 관심으로 그 초점을 돌리게 되었는데, 그것은 신생국이 무상한 변화를 겪고 있는 극히 유동적인 사회이며 빈번한 정변이 잇달아 일어나는 사회이기 때문이었다. 따라서 1960년대에 이르러 그들의 관심이 '정치발전'이라는 개념으로 집약된 것은 당연한 귀결이라 할 것이다.2)

1960년대 이후 여러 학자들에 의한 연구결과 정치발전에 관한 개념적 규정이 내려지고 있지만 통일성을 찾기 어려운 면이 있다. 여기서는 주요 학자들의 개념을 소개하고자 한다.

파이(Lucian W. Pye)는 다음과 같은 10개의 개념범주로써 이 말의 개념의 영역을 지적해 주고 있다.3)

(1) 경제발전의 정치적 필요조건으로서의 정치발전
(political development as the political prerequisite of economic development)
(2) 산업사회의 전형적인 정치로서의 정치발전
(political development as the typical politics of industrial societies)
(3) 정치적 근대화로서의 정치발전
(political development as political modernization)

---

2) 김운태, 『정치학원론』 (서울: 박영사, 1988), p.715.
3) Lucian W. Pye, *Aspects of Political Development*(Boston and Toronto: Little, Brown & Co., 1966), pp. 33-45. 이극찬, 『정치학』 (서울: 법문사, 1993), p.580.

(4) 국민국가의 운영으로서의 정치발전

(political development as the operation of a Nation-State)

(5) 행정적・법률적 발전으로서의 정치발전

(political development as administrative and legal development)

(6) 대중동원・참가로서의 정치발전

(political development as mobilization and participation)

(7) 민주주의 건설로서의 정치발전

(political development as the building of democracy)

(8) 안정과 질서있는 변화로서의 정치발전

(political development as stability and orderly change)

(9) 동원과 권력으로서의 정치발전

(political development as mobilization and power)

(10) 다원적인 사회변동과정의 한 측면으로서의 정치발전

(political development as one aspect of a multi-dimensional process of social change)

이와 같이 파이는 정치발전의 개념을 10개의 항목으로 나누어서 소개한 다음, 그 다양한 견해들 간에 공통되는 정치발전의 증후군 (syndrome)—발전증후군(development syndrome)—으로서 첫째는, 「평등화」(equality)를 지향하는 일반적인 정신 또는 태도, 둘째, 정치체계 「능력」(capacity)의 증대, 셋째, 「분화(differ-entiation)와 전문화」 등 세 가지를 들고 있다.4)

한편 정치문화(political culture)의 개념을 이용하여 신생국의 정치를 발전적 접근방법으로 동태적 비교・분석을 시도한 알몬드 (Almond)와 포웰(Powell)은 발전의 기준으로서 ① 구조기능상의

---

4) *Ibid.*, pp.45-47.

역할의 분화, ② 하위체계의 자율성, ③ 정치문화와 사회화에 있어서의 세속화 등을 들고 있다.5) 즉 상이한 정치기능이 상이한 조직에 의해서 수행되고, 합리적인 사고를 저해하는 문화적인 속성들이 제거 또는 약화되는 과정을 발전이라고 본 것이다.

세속화개념을 중요시한 애프터(Apter)도 정치발전을 '하나의 사회내에서의 기능역할의 증식과 통합의 결과로 발생하는 것'으로 보고 광의로는 '행위의 세속적 규범이 보편화하는 과정(the process by which secular norms of conduct are universalized)'이라고 하였다.6) 이와 같이 정치문화의 세속화는 세속적 규범의 보편화, 환언하면 법적용의 보편화를 의미하기도 하는 것이다.7)

또한 도이치(Deutsch)는 정치발전을 국민통합(national integration)으로 보며 사회적 동원과 문화적 동화(assimilation)를 그 중요한 구성요소로 지적하고 있다. 교육수준이 높고 통신매체와 교통수단이 잘 발달되어 있으며 언어나 종교나 인종의 갈등이 적을수록 잘 통합되어 있는 사회이며, 이러한 통합을 용이하게 해주는 변화가 곧 정치발전이라는 것이다.8)

정치발전은 정치체제의 역량이 신장되고 구조적인 변화를 가져오는 과정이라고 말할 수 있다.9) 정치체제의 역량이란 대외적으로

---

5) G.A. Almond & G. B. Powell, jr., *Comparative Politics : A Developmental Approach*(The Little, Brown and Company, 1966), p.299.

6) David E. Apter, *The Politics of Modernization*(Chicago: The University of Chicago Press, 1965), p.68.

7) 김운태, 전게서, p.717.

8) Karl W. Deutsch, "Social Mobilization and Political Development," *American Political Science Review*(March 1961), pp. 493-514. 김신복, 발전기획론(서울: 박영사, 1991), p.49.

9) 서구의 발전론은 다분히 C. Darwin의 진화론적 사고방식을 담고 있다. 즉 생명체가 단세포 생명체가 진화하여 복잡한 구조를 갖는 고등생물체로 진화한다는 개념과 같이 단순한 정치체제에서 분화되고 다양한 기능을 수행하는 체제로 변화하는 것을 정치발전으로 이해한다.

국가의 안전을 보장하고 외교적인 지원을 획득하며 대내적으로는 질서를 유지하고 국민의 정치적 수요를 충족시키면서 정책을 효과적으로 추진하는 제반 능력을 말한다. 구조적인 분화는 정치체제가 분화되고 전문화되는 현상을 가리키며 정당, 이익집단, 행정조직, 의회 등의 변화가 주요대상이 된다. 특히 개발도상국가의 정치발전 정도를 평가하는데 정치적 안정성, 국가의식의 신장, 정치적 참여 등이 기준으로 흔히 제시된다. 그러나 한 걸음 더 나아가 민주주의나 평등과 같은 이념적인 기준을 제기하게 되면 정치체제의 이데올로기나 교리문제와 연관되므로 가치판단적인 규정이 불가피해진다.[10]

따라서 서구적 관점만을 강조하는 정통발전이론을 비판하는 목소리도 나타나게 된다. 즉 1970년대 이후 저발전론, 종속이론 등은 기존의 발전이론을 비판하며 후진국의 발전이 더딘 이유는 후진국 자신의 책임보다는 외부적인 조건(선진국과의 관계 등)에 의해 영향을 받고 있으므로, 발전이론이 주장하는 단선적 발전보다는 후진국의 특성을 인정하는 다양한 발전방향을 주장하였다. 그러나 최근의 상황은 공산권의 몰락 등에서 보는 바와 같이 시장경제와 민주주의에 의한 서구적 발전관이 더 큰 힘을 얻고 있는 상황이다.

제2절 정치발전의 과정

1. 정치발전단계론

발전이란 개념은 성장에서 파악되는 양적인 확대나 증대 이외에 전술한 바와 같이 질적 변화를 포함하는 것이다. 이 경우 단순한

---

10) 김신복, 전게서, p.50.

양적인 변화는 연속적으로 파악될 수 있겠으나 질적 변화는—설사 많은 경우에 실제로 양적 변화와 더불어 연속적 과정이라 하더라도—어느 시점 내지 기간(이행기나 과도기)에 질적으로 변화했다고 볼 수 있겠으며, 이 시점 내지 기간을 경계선으로 해서 연속적인 시간을 구획하여 그 이전과 이후로 구분하여 소위 단계를 설정하게 되는 것이다. 따라서 발전론이 시간요인을 비연속적 내지 단계적으로 파악함으로써 동시에 발전단계론으로서 제시된 경우도 많다.11)

발전이란 개념은 바람직한 상태로 나아가는 것이다. 그 상태로 가는 과정이 어떤 것이 되어야 하는가에 대한 논쟁이 있을 수 있다. 정치발전론은 많은 경우 단선적 발전과정을 설명한다. 즉 후진국은 선진국이 걸어온 길을 그대로 따라오면 발전할 수 있다는 의도가 강하다고 할 수 있다. 따라서 정치발전론은 정치발전의 단계를 제시하며, 이 과정을 거쳐가면 발전할 수 있다는 것을 주장한다. 특히 이러한 발전론은 1960년대 이후 후진국의 국가발전전략을 채택하는 데 상당한 영향을 미쳤다.

로스토우(W. W. Rostow)의 '경제성장단계설'(the stages of economic growth)12)을 정치학에 응용한 오르간스키(A. F. K. Organski)는 정치발전을 ① 초기통일의 정치, ② 산업화의 정치, ③ 국민복지의 정치, ④ 풍요의 정치 등 네 단계로 구분하여, ①을 로스토우의 전통적 사회와 도약을 위한 선행조건기, ②를 도약기,

---

11) 김운태, 전게서, pp.723-724.
12) 로스토우는 그의 저서 "경제성장의 제단계"에서 인류의 전 역사는 1)전통사회, 2)도약을 위한 선행조건이 발전하는 시기, 3)도약기, 4)성숙기, 5)고도대중소비사회의 단계를 거쳐 성장하는 것으로 보았다. 저서의 부제(반공산당선언)에서 보는 바와 같이 자본주의 시장경제체제의 발전을 낙관적인 시각에서 서술하고 있으며 발전에 대한 신념을 나타내고 있다. 그의 발전론은 60년대에 우리나라의 경제개발계획에도 영향을 미쳤다. W. W. Rostow, *The Stages of Economic Growth: A Non-Communist Manifesto*(Cambridge: Cambridge University Press, 1960).

③을 성숙기, ④를 고도대중소비시대 등에 각기 대응시켰다.13) 제 단계를 살펴보면 다음과 같다.14)

1) 초기통일의 정치(the politics of primitive unification)

후진국 정치발전의 초기 단계는 국가내의 봉건적인 요소, 분열적인 요소를 탈피하는 것이다. 즉 국가발전의 초기단계에 있어서 정부의 주요 기능은 국가통일의 실현이었다. 이 단계에서는 국경 내의 모든 영토와 국민을 지배하는 통일된 중앙집권적 정치체계의 수립이 필요하다. 이 단계의 국가는 아직도 충분히 발전된 국가라고는 말할 수가 없다. 그러나 봉건적 요소를 탈피하고 정치적 통일을 달성함으로서 다음 발전단계를 위한 기초를 이루었다고 할 수 있다.

2) 산업화의 정치(the politics of industrialization)

산업화와 더불어 새로운 계급이 권력을 장악하고 새로운 경제질서가 수립되어 시민대중이 국가 속에 포함되는 것이다. 발전도상국가들이 이러한 과도기를 성공적으로 보내기 위해 선택한 체제는 부르조아 체제(서구민주주의체제), 스탈린 체제, 파시스트체제이다.

이 단계에서 정부의 주요 기능은 경제적 근대화를 성취하는 일이다. 각 체제는 차이점이 있으나 산업화를 시행하기 위해 다음과 같은 문제를 수용하였다.

첫째, 정치권력을 전통적인 엘리트의 수중으로부터 경제의 근대화를 이룩하려는 공업경영자의 수중으로 옮아가게 할 수 있었다는 것이다.

둘째, 어떠한 형태의 정부도 산업화에 필요한 자본축적을 허용하였으며, 이를 조장하였다. 이것은 주로 대중소비를 억제시킴으로써

---

13) A.F.K. Organski, *The Stages of Political Development*(New York: Alfred A. Knopf, 1967), p.7.
14) 이극찬, 전게서, pp.584-588.

단행되었다.

셋째, 어떠한 형태의 정부도 농촌으로부터 도시에로의 대규모적인 인구이동을 기도했다. 이와 같은 인구이동은 공업부문에다 노동력을 공급해 줌과 동시에 전통적인 농촌사회의 붕괴를 촉진시켰다.

3) 국민복지의 정치(the politics of national welfare)

국민복지의 정치는 완전히 산업화된 국가의 정치이다. 이 단계에서 정부의 임무는 공업사회가 초래하는 생활의 곤궁으로부터 국민을 보호하는 일이다. 대중민주주의 하에 있어서 일반대중은 노동조합운동을 통해서 획득한 새로운 경제적 권력이라든가, 참정권의 확대로써 획득한 새로운 정치권력을 행사하기 시작한다. 그들은 중앙정부의 보호를 받기 위하여 새로운 권력을 행사한다. 따라서 이들의 요구는 정부로 하여금 새로운 기능을 수행케 하는 것이다. 이 단계에서 정부는 일반시민의 경제적·사회적 복지에 대해서 주된 책임을 짊어지지 않으면 안 된다.

4) 풍요의 정치(the politics of abundance)

정치발전의 제4단계는 새로운 산업혁명, 즉 오토메이션혁명(the revolution of automation)이 활발히 진행되는 단계에서의 정치이다. 1960년대에 어떤 나라도 이 단계에 돌입하지 못하고 있고 단지 미국, 서구선진국이 대부분, 그리고 오스트레일리아만이 이 단계의 입구에 들어섰을 뿐이라고 오르간스키는 설명하고 있다.

풍요의 정치는 새로운 과학기술에 의해서 뒷받침된다. 이 단계에서의 새로운 계급구조는 경제와 정부를 운영하는 소수 엘리트 정책입안자를 정점으로 하고, 소수의 고도숙련노동자와 기술자에 의해서 뒷받침되어질 것이다. 이러한 새로운 시대에 정부의 주요한 기능은 오토메이션화된 경제에 대해서 책임을 지는 일이다.

2. 정치발전의 위기와 연속성

파이, 바인더(Binder), 라팔롬바라(J. LaPalombara) 등은 모든 사회가 정치발전을 이룩해 나가기 위해서는 그 과정에서 다음과 같은 여섯 가지의 위기를 맞게 되며, 이러한 위기를 성공적으로 극복해 나갈 때 그 사회는 정치발전을 달성할 수 있다고 설명하고 있다. 15)

1) 일체성 위기(The Identity Crisis):
가장 우선적이고 가장 근본적인 위기는 국민간의 공통된 일체성을 이룩하는 과정에서 나타나는 위기이다. 신생국의 국민들은 그들의 국가와 동일체감을 갖게 되어야 하며, 부족적·인종적·언어적 집단과 연결되었던 일체감은 고차적으로 국가와 연결되어져야 한다.

2) 정통성 위기(The Legitimacy Crisis):
권위의 정통성과 정부의 적절한 책임에 관한 국민적 합의를 확보하는 문제이다. 과도사회에서는 모든 지배의도가 국민들의 다양한 이해관계에 의해 도전 받기 때문에 어떤 지도자도 완전한 정통성을 갖춘 권위에 의한 지배를 할 수 없게 되고 이에 따라 심각한 정통성의 위기를 맞게 된다.

3) 침투위기(The Penetration Crisis):
신생국 행정에서 가장 심각한 문제는 정부가 사회 저변에까지 파고 들어가 국가의 기본정책을 효율적으로 수행하는 문제가 중요한데 이에 대한 도전이 침투위기이다. 중요한 개발정책을 수행하기 위해서 정부는 말단 지방수준까지 침투할 수 있어야 하며 국민의

---

15) L. Pye, *op. cit.*, pp.58-60, 62-67. 김운태, 전게서, pp.729-730.

일상생활을 보살필 수 있게까지 되어야 한다.

4) 참여위기(The Participation Crisis):

정부가 과거의 통제방법을 버리고 민의를 존중하고 효율화되면 정부의 정책에 보다 많은 영향력을 행사하기 위한 국민의 참여가 확대되고 광범위한 요구가 쇄도하게 된다. 이러한 새로운 참여자의 쇄도는 기존 기구에 심각한 긴장을 초래하는 참여위기를 낳게 된다.

5) 통합위기(The Integration Crisis):

과도사회에서는 상이한 이익집단이 많이 있지만 그들 상호간에 원활한 관계를 갖는 일은 거의 없으며 기껏해야 개별적으로 정부에 대해 그들의 이익을 주장하는 정도이다. 정부로서는 이런 모든 요구를 동시에 만족시켜 주어야 하는데 정부자체도 잘 통합되어 있지 못하기 때문에 결과적으로 전체 정치체제가 통합이 잘 이루어지지 않고 있다.

6) 분배위기(The Distribution Crisis):

정치발전 과정에서 마지막으로 야기되는 위기는 재화나 가치를 사회에 배분하는 데 있어 정치권력을 어떻게 행사해야 하는가의 문제이다. 사회의 어떤 부분에 우선적으로 이득을 줄 것인가? 또 사회의 각 부분에 더 많은 이익을 주기 위해 정부가 할 일은 무엇인가? 등의 문제는 후진국이 당면하는 심각한 과제이며 위기이다.

모든 국가의 발전형태의 특성은 이러한 위기가 야기되는 연속성과 이들 위기가 해결되는 방법에 의해 결정된다. 근대민주주의 전형적 모델인 영국의 역사에서 보면 위의 위기들이 개별적으로 야기되었고, 또 위의 순서에 따라 나타났기 때문에 순조로운 발전이 이루어졌다. 반면에 유럽 대륙국가들의 발전형태는 혼란된 상태를 나타냈었다. 현대의 아시아·아프리카 제국에서 나타나는 양상은 영국의 경우보다 유럽대륙의 경우와 더 유사한 양상을 보이고 있다. 대부분의 국가에 있어서 정치발전은 위의 여섯 가지 위기를 어떻게 잘 극복·해결해 나가는가에 그 성공 여부가 달려 있다고 하겠다.

제3절 발전도상국의 정치발전

1. 발전도상국 정치의 과제

2차 대전 이후 식민지상태에서 독립한 국가들은 국가발전을 위한 노력을 전개하여 오고 있다. 후진국의 입장에 있는 이들 나라들은 오랜 기간에 걸쳐 이민족의 제국주의적 식민지통치하에서 신음해 왔으나 2차 대전의 종결과 더불어 정치적 독립을 이룩하게 되었으며 특히 1960년대까지는 대부분의 국가들이 독립을 하게 되었다. 이와 같이 독립을 한 나라들은 제각기 발전된 나라를 건설하기 위하여 온갖 노력을 경주하고 있다.

이들 국가들은 신생국, 후진국 등 여러 가지 표현으로 설명할 수 있으나 일반적으로는 발전도상국으로 표현할 수 있을 것이다. 이러한 발전도상국은 국가별 특성이나 사회적 특성에 따라 여러 가지 문제를 갖고 있고 각 발전도상국이 놓여진 상황과 그것을 보는 시각이 다름에 따라서 그 강조점도 조금씩 달라질 수 있다. 이들 발전도상국들을 모두 설명할 수 있는 이론적인 체계를 정립하기는 어려우나 서구 선진국가와 비교하여 일반적으로 다음과 같은 문제점들을 지적할 수 있다. 16)

첫째는, '자주독립화'이다. 즉, 예속상태로부터 진정한 자주독립국가의 건설이다. 여기서 말하는 독립화라는 말은 단지 정치적인

---

16) 이극찬, 전게서, pp.595-596.

독립만을 의미하는 것이 아니라, 보다 더 넓게 경제적으로, 문화적으로, 정신적으로 자주독립한다는 것을 의미한다. 만일 경제적으로 자립하지 못하고 어떤 나라에 완전히 예속되게 된다면, 또는 국민의 상당수 내지 대다수가 정신적으로 자립하지 못하고 일종의 정신의 식민지화의 상태에 떨어지게 되다면, 그 나라를 진정한 자주독립국가로 부르기 어려울 것이다.

둘째는, '자유민주화'이다. 즉, 비민주적 국가로부터 진정한 자유민주국가의 건설이다. 자주독립은 물론 국가성립의 기본조건이다. 그러나 국가의 독립 즉, 정치적 독립과 더불어 자유도 언제나 자동적으로 따라오는 것은 아니다. 따라서 참된 민주국가의 건설을 통해 국민의 자유를 보장하여야 할 것이다.

셋째는, '산업·공업화'이다. 즉, 빈곤국가로부터 진정한 사회복지국가의 건설이다. 조속히 가난을 물리치고 모든 사람들이 인간다운 삶을 영위할 수 있는 터전을 마련해 주는 일이 필요한 것이다.

이러한 제 과제를 어떻게 해결하는가 하는 것은 국가별로 상당한 차이를 보이고 있다. 그러나 1960년대 이후의 발전론은 불균형성장전략을 채택하여 선산업화, 후민주화를 주장하는 측면이 많았다. 따라서 우선 경제개발을 시도하여 경제성장의 성과가 열매를 맺게 되고 경제적 안정이 유지되면 정치적 민주화를 추구한다는 것이다. 이는 우선 시장경제체제를 정착시켜 자본주의적 질서를 구축하고 이를 통해 시민의 실질적 자유를 확보한다는 것이다.

이러한 발전전략은 발전도상국내에서 정치발전의 중요성을 반감시켰다. 즉 발전도상국의 정치발전이 더딜 수 밖에 없었다는 것이다. 그러나 참된 국가발전을 위해서는 경제발전과 정치발전, 산업화와 민주화가 같이 이행되어야 한다.

2. 발전도상국의 특징

콜맨(J.S. Coleman)은 선진사회를 근대사회(modern society)로, 그리고 후진사회를 과도적 사회(transitional society)로 보고, 그 두 사회의 일반적 특징을 다음과 같이 설명하고 있다.

그에 의하면, 근대사회의 일반적 특징은

① 고도의 도시화(high degree of urbanization)

② 고도의 문자해득률(widespread literacy)

③ 높은 개인소득(high per capital income)

④ 광범한 지리적 및 사회적 유동성(extensive geographical and social mobility)

⑤ 경제의 고도의 상업화와 산업화 (high degree of commercialization and industrialization of the economy)

⑥ 광범하게 침투해 들어갈 수 있는 매스 미디어의 조직망 (an extensive and penetrative network of mass communication media)

⑦ 그리고 일반적으로 근대적인 사회적 및 경제적 과정에의 사회성원들의 광범한 참여 (widespread participation and involvement by members of the society in modern social and economic processes)등이다.[17]

이것에 대하여 그는 후진사회의 특징을 첫째, 사회적·경제적 및 정치적 과정에 있어서의 혼합적인 성격, 둘째, 통합성의 결여, 셋째, 전통적인 대중과 서구화된 엘리트와의 사이의 괴리 등 세 가지로 요약하고 있다.[18]

---

17) G.A. Almond & James S. Coleman(eds.), *The Politics of the Developing Areas*(Princeton: Princeton Univ. Press, 1964), p.532

18) *Ibid.*, pp.535-536. 이극찬, 전게서, pp.596-597.

이러한 특성을 갖는 발전도상국의 정치적 특성은 사회적 특성을 반영하고 있는 것이다. 즉 정치적으로 통치기구의 분화가 제대로 이루어지지 않았으며 정치적 기능도 근대적인 요소와 전통적인 요소가 혼재하여 권위주의적 현상을 띄는 것이다. 또한 지역, 종족, 종교, 집단 등의 이익을 우선시하는 현상으로 근대적인 국민통합이 제대로 이루어지지 않는 것이다. 우리 나라의 지역성도 이러한 측면에서 이해할 수 있다. 또한 엘리트의 충원과정에서 일반시민이 적극적인 역할을 수행하지 못하고 그 사회의 엘리트가 사회적 존경을 받지 못하고 엘리트와 일반 대중이 유리되는 것이다. 따라서 이러한 제 과정을 탈피하기 위한 노력이 있어야 한다.

구체적으로 어떠한 부분을 개선할 것인가 하는 측면에 있어서는 정치발전의 지표화를 위한 노력을 들 수 있다. 이러한 지표는 발전도상국의 정치적 특성을 현실적으로 표현하고 있다고 할 수 있다. 정치발전을 위해 개선되어야 할 지표를 예시하면 다음과 같다.19)

① 집단의 반대도(freedom of group opposition)
② 대중의 투표(popular voting)
③ 헌법(constitutional regime)
④ 국회의원의 임기(legislator's terms of office)
⑤ 의회의 구성방법(character of legislature in terms of election)
⑥ 정당의 존속도(long constitutional political parties)
⑦ 의회내의 정당의 수(number of parties in the legislature)
⑧ 의원의 수(number of legislators)
⑨ 의회를 지배하는 정당(dominant party in the legislature)
⑩ 정치엘리트의 채용기준(non-restrictive recruitment of

---

19) 김광웅, "정치발전", 김광웅외, 『발전행정론』 (서울: 법문사, 1980), pp.98-100.

political elites)
⑪ 국회의 기능적 효과성(functional effectiveness of the legislature)
⑫ 헌법정지(constitution suspended)

제4절 우리 나라 정치발전의 과제

정부수립이후 우리는 민주적 정치발전을 위해 많은 노력을 전개해 왔으나 현실은 그렇게 만족스럽지 못하다고 할 수 있다. 우리의 정치는 앞서 지적한 발전도상국의 특성을 상당한 부분을 지니고 있다. 여기서는 현실적으로 우리가 해결하여야 할 정치발전의 과제를 살펴보고자 한다.

1. 정치문화의 개혁

정치문화의 개혁이 매우 어려우며 시간도 오래 걸리는 일이지만 정치발전론의 많은 내용이 정치문화의 개선을 언급하고 있다. 이는 민주주의의 제도적 틀도 물론 중요하지만 이를 운영하는 사람들의 가치관, 태도 등이 역시 중요하다는 의미이다.

전통적인 우리나라의 정치문화는 수직적 계층을 전제로 한 권위주의(authoritarianism)의 사회질서를 기본으로 한다. 특히 유교문화는 한국인의 행동양식을 지배하여 왔고 권위주의적 인간관을 형성하여 왔다. 특히 유교의 계층적 권위의식, 집단적 인맥의식 등은 우리 정치의 발전을 저해하는 요인 가운데 하나이다.

따라서 개개인의 다양성을 인정하며, 이러한 다양성을 전제로 서로를 존중하고 대화와 타협을 통한 민주적 질서를 만들어 나가야 한다. 서구의 정치문화가 주장하는 시민문화는 시민의 자발적 참여를 전제로 시민 스스로가 정치과정을 주도해 나가는 것이다. 우리 정치의 지역성도 집단의식의 발로라고 할 수 있으므로 개인을 중시하는 정치문화를 형성해나가야 한다.

2. 정당의 개혁

정당은 동일한 정치적 이념을 전제로 모인 집단이 되어야 하나 우리의 현실은 정당의 파당성을 보여주고 있다.[20]

국민들이 정당을 불신하는 태도를 갖게 된 것은 정당정치의 경험이 짧다는 이유도 있지만 그보다는 한국의 정당들이 공적인 이해관계를 제도화하는 장점보다 부패와 분열이란 약점만을 드러내기 때문이다.

정당발전의 초기단계에서는 정당이 파벌로 나타나고 부패, 대립, 분열만 일삼는 것 같이 보이지만, 강력한 정당으로 발전하면 사회세력들을 규합하여 집단의 편협성을 배제하고 일체감과 사회유대의 바탕을 제공하게 된다. 이렇게 정당자체가 성장해야만 소극적이거나 부정적인 정당관이 불식되고 정당에 대한 신뢰감이 생겨 정당의 정책결정에의 참여가 촉진될 수 있다.[21]

한국정당의 개혁을 위해서는 첫째, 정당의 제도화가 이루어져야 한다. 정치발전의 척도가운데 하나로 정당의 존속도를 들 정도로 제도화되고 일상화된 정당이 존재하여야 한다.

둘째, 정당의 이념성이 있어야 한다. 인물 위주의, 당총재의 정당이 아닌 이념성을 띄어야 하고 여기에 다양한 사람들이 참여할 수 있어야 한다.

셋째, 정당의 민주화가 이루어져야 한다. 정당이 당원들의 뜻에

---

20) 안병영, "한국의 정당체제와 정당내의 파벌행태," 김운태외, 『한국정치행 정의 체계』 (서울: 박영사, 1982), pp 81-113.
21) 민준기, "한국정당과 정치발전에 관한 소고," 상게서, pp. 68-69.

의해 움직이어야 하며 당내의견이 민주적으로 수렴되고 의사결정이 분권화되어야 한다.

3. 의회의 기능 강화

후진국 정치발전의 주요한 과제 가운데 하나가 의회의 기능 강화이다. 주민대표성의 원리를 전제로 발전해 온 현대의회는 민주주의의 성장과 발전에 지대한 공헌을 한 것은 주지의 사실이다. 대표성, 공개성, 토의성을 바탕으로 주민의 대표기능을 수행하는 의회는 근대의 대의민주주의를 실현하는데 있어서 필수적인 것이다. 그러나 현대의 의회는 행정기능의 확대 및 관료제의 팽창으로 인한 행정감시기능의 어려움, 사회이익의 다원화로 인한 사회통합기능의 어려움 등 의회제도에 대한 위협이 끊임없이 증가하고 있다.

특히 후진국에 있어서는 행정권의 비대, 일당지배체제 등의 요인으로 의회의 기능확립은 물론 민주적 제도화가 제대로 이루어지지 못하고 있는 상황이다. 더구나 우리의 경우는 전통적으로 행정권 우위의 사고방식은 물론 경제발전을 정부가 주도하는 불균형성장전략으로 행정권은 더욱 확대되었고 상대적으로 의회의 기능은 매우 취약하다고 할 수 있다.

우리와 같이 대통령제를 채택하고 있는 경우 대통령의 권한이 강한 만큼 이를 견제하기 위해 의회의 기능이 강화되어야 하나 현실은 그렇지 못하다고 하겠다. 따라서 의회의 기능 강화가 필요하다고 하겠다.

권력구조상의 의회 강화를 위해서는 거시적인 차원의 조정이 이루어져야 한다. 즉 대통령에 대한 실질적인 견제수단(주요 인사에 대한 국회의 동의권, 회계감사기능 및 수단 등)을 확보하여야 하며 아울러 의회내에서도 상임위원회의 활성화, 전문위원 및 의원보좌관의 확충 및 교육, 옴부즈만(Ombudsman)제도의 도입 등이 필

요하다.22)

4. 정치부패의 청산

정치권력에 의한 부패는 민주주의의 발전을 위해 필연적으로 제거하여야 할 문제이다. 대부분의 후진국이 정치부패의 문제를 경험하고 있다. 우리 나라의 경우도 마찬가지라고 할 수 있다. 과거 집권세력에 의한 천문학적 부패를 우리사회도 익히 경험해온 바 있다. 정치발전을 더디게 하는 것은 정경유착에 의한 권력의 부패이다. 특히 우리의 경우는 급속한 경제발전과정을 겪어왔고 이 발전과정을 정부가 주도하였기 때문에 기업이 정치권력에 예속되는 현상이 발생하였다. 정부가 경제개발계획을 진두지휘하고 이 과정에 참여하여야만 기업이 생존·성장할 수 있는 상황에서 부패가 발생해 왔다고 할 수 있다.

물론 후진국의 발전과정에서 부패에 의한 발전(development by corruption), 즉 부패의 과정을 통해 여기서 이득을 얻는 사람들이 더 열심히 일하기 때문에 부패가 순기능을 수행할 수도 있으나 이는 일시적 현상일 뿐이다. 우리사회가 IMF의 지원을 받게되는 위기상황이 발생한 것도 이와 무관치 않다고 하겠다.

따라서 우리사회의 투명성을 확보하여야 하며, 공정한 경쟁을 통해 이익을 얻을 수 있는 시장경제 질서의 활성화를 통해 사회를 개혁해야 한다. 시장경제의 발전과 민주주의의 발전은 국가발전의 양날개인 것이다.

5. 시민의식의 개혁

참된 정치발전을 뒷받침하는 것은 시민사회에서 일정한 자기 기

---

22) 안병만, 『한국정부론』 (서울: 다산출판사, 1999), pp. 363-364.

능을 수행하는 민주적 시민이다. 서구 시민사회의 형성은 절대권력과 투쟁하는 과정에서 시민 스스로의 필요에 의해 이루어 졌다. 그러나 우리사회는 민주주의라는 제도적 틀이 주어진 가운데 시민사회의 형성이 요구되는 상황이다. 따라서 시민들의 민주적 의식이 약하다고 하겠다.

그러나 참된 민주주의는 시민 개개인의 참여를 통해 이루어진다. 현대 시민사회에서는 시민들의 자질이 빠른 속도로 향상되고 있다. 이러한 시민들의 자질향상이 정치발전과 연계되기 위해서는 시민들의 자발적인 참여와 감시기능이 필요하다. 선거과정에의 참여, 정당을 통한 활동, 시민단체의 결성을 통해 정치를 감시하는 것 등 시민 개개인의 적극적인 역할이 필요하다.

민주주의의 획득은 정치인들만의 몫이 아니며 그 사회의 민주주의는 그 사회의 시민의식을 그대로 반영하고 있는 것이다. 또한 시민사회에서 정치는 정치인들에 의해 이루어지는 것이 아니고 그 사회를 구성하고 있는 시민들에 의해 이루어지는 것이다.

제8장 정부제도론

제1절 정부의 개념 및 역할

1. 정부의 의의와 특성

일반적으로 국가의 기본 3요소는 영토, 인구 및 주권을 들 수 있는데, 정부가 없으면 주권을 행사할 수 없다. 국가를 주권이 존립할 수 있는 소재(location)이면, 정부는 주권의 행사(execution)를 위한 공공조직이라 할 수 있다. 실례로, 1910년부터 1945년까지 한국은 영토와 인구가 존재하였지만 주권을 행사하기 위한 정부가 없었기 때문에 독립국가로 인정받지 못하였다. 독립운동가들이 중국 상하이에 대한민국 임시정부를 설립하였으나 이것은 독립을 하기 위한 하나의 단체로서 다른 나라들이 공식 정부로서 인정하지 않았을 뿐 아니라, 이 임시정부는 국가의 요소인 영토와 인구를 갖추지 못하였기 때문에 주권국가의 역할을 수행하지 못하였다.

사회를 구성하고 있는 개인들이나 집단들 사이에서 권력이나 한정된 재화, 지위, 명예 등의 사회적 가치를 획득하는 과정에서 갈등이 발생하게 되는데, 정부는 이러한 갈등을 해결하는 공공조직이다. 따라서 정부는 "사회 내에 존재하는 갈등을 완화하거나 해소하기 위한 방법을 모색하고 이것을 실행하기 위한 장치(device),"[1] 또는 "공익추구를 위해 법질서를 세우고 실천하는 공식조직과 과정" 이라고 개념적 정의를 내릴 수 있다.[2] 이러한 정의로부터 다음과 같은 정부의 특성을 도출해 낼 수 있다.

1) 사회정의 실현을 통한 공익(public interest) 추구

공익이란 사회구성원 모두의 이익인 반면, 사익은 특정개인이나 집단이 배타적으로 누리는 이익이다. 사익은 개인이나 집단이 스스로 찾아내지만, 공익은 국민 모두의 의사로 만들어진 정부에 의하여 보호되고 창출되어야 한다.

2) 인위적인 법질서 정립

사회의 기본질서는 자생적으로 이루어지는 도덕률과 인위적으로 이루어지는 법률로 나뉘어진다. 사회 안에 자율적인 통제가 이루어지지 않으면 인위적으로 만들어진 법률에 의하여 통제를 받아야 한다. 인위적 질서는 자생적 질서를 수정하기 위해 정부가 만들어낸 질서이며 법률 및 규칙 등을 포함한다.

3) 공식적인 조직 및 과정

공익을 달성하고 법률이라는 인위적 질서를 정립하기 위해서는 체계적인 조직구조가 필요하다. 모든 구성원이 동의하고 인정하는 공인된 공식조직이어야 한다. 오늘날 민주주의 국가에서는 국민이 합의하여 정부조직을 구축하는데 대개 민주주의 원리에 따라 입법부·사법부·행정부의 삼권분립구조를 가지고 있다. 정부가 광의로는 수많은 중앙정부의 행정기관들과 지방정부들을 총칭하는 개념으

---

1) David E. Apter, "Government," *International Encyclopedia of the Social Science*, 6(1974), p. 216.
2) 황윤원, 『행정학원론』, (형설출판사, 1999), p. 15.

로 사용되기도 한다.

2. 정부의 역할

공익을 추구하기 위한 목적으로 인위적인 법질서를 창출하며 공식적인 조직을 가지고 있는 정부는 다음과 같은 역할을 수행한다: 사회 정의 실현 및 질서 유지, 공공서비스의 공급, 부문별 정책결정과 집행, 국가방위.

1) 사회의 정의 실현 및 질서 유지

인간은 혼자 해결하기 어려운 문제를 협력을 통하여 해결하기 위해서 공동체 생활을 점점 확대해 왔지만, 그 공동체 생활 속에서 발생하는 여러 가지 이해의 대립을 적절하게 조정·처리해 주어야 할 필요가 더 한층 증대되고 있다. 정부는 이러한 이해의 대립과 갈등을 해소하고 사회의 질서를 유지하기 위하여 창출된 조직이다.

2) 공공서비스 제공

공공재(public goods)는 정부가 의회의 승인을 얻은 예산에 근거하여 제공하는 각종 재화와 서비스를 의미하다. 민간시장을 통하여 제공되는 민간재(private goods)와는 구별되는 용어로서 국방, 치안, 교육, 환경, 도로, 민원처리, 철도, 공원 등과 같은 재화로 민간시장에서 자발적으로 생산되고 제공되지 못하며 정부가 개입하여 생산하고 제공하는 재화 및 서비스이다.

3) 정책의 결정 및 집행

정책은 사회가 직면한 공공의 문제들을 해결하기 위하여 정부가 사회적 가치의 배분에 대해 권위 있는 의사결정을 하는 활동으로 정의할 수 있는데, 국방, 교육, 환경, 복지, 조세 등 사회의 제 분야에서 강제력을 가진 정부가 국가의 의사를 결정하고 집행하는 활동이다. 실업문제, 환경오염문제, 교통체증문제 등을 해결하기 위하여 정부는 실업자 구제활동, 오염방지활동 및 처벌, 교통체증해소 대책 등 각종 정책들을 결정하고 집행한다.

4) 국가방위

다른 나라로부터 자국민을 보호하는 것을 의미한다. 원시시대부터 정부가 형성된 근본적인 이유는 외부 부족으로부터 공동으로 침입을 대처하기 위해서였다. 외적으로부터 자국민을 보호하기 위해 국민들 간의 합의로 구성된 정부는 전체 국민들을 위한 방위를 책임지며 나라와 나라 사이의 갈등 해결의 관점에서 행한다.

제2절 정부의 권한 및 구조

정부가 가지고 있는 기능을 행사하는데는 힘, 즉 권한(power)이 필요하다. 정부의 권한은 크게 다음과 같이 3가지로 분류할 수 있다. 여기서는 미국과 한국의 정부권한과 구조를 비교한다.

1. 입법권과 의회

입법권(legislative power)은 전체 국민에게 평등하게 적용될 법을 제정하는 권한을 의미한다. 입법권은 국민의 대표기관인 입법부에 주어지는데, 이 입법기관을 한국에서는 국회(the National Assembly), 미국에서는 Congress, 영국에서는 Parliament라고 부른다. 덴마크, 스웨덴, 일본 등에서는 Diet이라고 부른다.

1) 미국의 입법부
연방헌법은 입법권을 하원(the House of Representatives)과

상원(the Senate)으로 구성되어 있는 미 연방의회(Congress)에 부여하고 있다. 이 상·하원은 입법과정에서 중요한 역할을 하지만, 각자는 다른 철학적 근거에서 성립되어 있다. 하원의원들은 2년의 임기로 국민에 의하여 직접적으로 선출되는 반면, 임기 6년의 상원의원들은 건국 초기부터 주의회에서 선출되었으나 1913년의 수정헌법 제17조에 의하여 주민에 의한 직접선거로 선출하도록 하였다.

(1) 의회의 권한
의회는 열거된 권한과 함축적 권한을 가지고 있다. 더욱이 양원 각각은 특정 영역에서 고유권한을 가지고 있다.

가. 열거된 권한 (enumerated powers)
헌법 제1조 8항은 의회의 27개 권한들을 열거하고 있다. 이들은 보통 "열거된 권한"으로 세금 징수, 국내외 통상규제, 화폐주조, 전쟁선포, 육·해군 유지, 연방하급법원 설치 등 여러 영역을 포함하고 있다. 그리고 부가적으로 의회는 연방에 새로운 州를 편입시키는 것을 허용하고 (제4조 3항), 헌법개정을 제안하고 (제5조), 연방소득세를 징수하며 (수정헌법 제16조), 인권의 보호와 확대를 강화할 수 있다 (수정헌법 제13조, 15조, 19조, 23조, 24조, 26조).

나. 함축적 권한 (implied powers)
함축적 권한은 헌법 그 자체에 열거되지는 않았지만, 열거된 권한들을 수행하기 위하여 "필요하고도 적절한"(necessary and proper) 모든 법을 만들 수 있는 의회의 권한으로부터 도출된다. 제1조 8항 말미에 위치에 있는 이 조항은 "탄력적 조항"(elastic clause)이라고 불려지는데 이는 의회의 권한을 경우에 따라 확대할 수 있기 때문이다.

다. 하원과 상원의 고유권한

상·하원 각자는 고유권한을 가지고 있다. 모든 세입에 관한 법안(revenue bills)은 하원에서 처음으로 그 과정을 시작한다 (제1조 7항). 하원은 탄핵소추에 대한 전권을 가지는 반면 (제1조 2항), 상원은 탄핵심판에 대한 전권을 가진다 (제1조 3항). 대법원판사 임명권을 포함하여 대통령의 임명권과 조약체결권에 대하여 상원은 유일하게 동의권을 갖는다 (제2조 2항).

(2) 의회의 조직

미국의 연방의회는 100명의 상원의원과 435명의 하원의원, 총 535명으로 구성되어 있는데, 이 숫자는 1929년의 인구재분배법(the Reapportionment Act)에 의하여 고정되었다. 오늘날은 하원의원 1인당 대략 선거구민 570,000명을 대표하고 있다.

의회 업무의 대부분은 위원회에서 행하여진다. 이 위원회에서 법안이 논의되거나 청문회가 개최되고, 제안된 법안에 대하여 1차 투표가 행하여진다. 위원회 구조는 의회로 하여금 공공정책의 특정분야를 탐색하게 하고, 이해관계에 있는 정당으로부터 소견을 듣고, 위원회 위원들의 전문성 개발을 유도한다.

상·하원은 네 가지 유형의 위원회를 가지고 있다: 상임위원회, 특별위원회, 합동위원회, 양원조정위원회. 상임위원회(standing committees)는 제안된 법안의 전체 심의를 위해 하원 본회의나 상원 본회의에 상정되어야 하는지를 결정하는 정책부문별 상설 위원회이다. 특별위원회(select or special committees)는 임시적이며 특정 이슈를 검토하기 위하여 설치되며 새 의회가 구성될 때에 다시 설치된다. 특별위원회의 목적은 불법이민이나 마약의 사용같이 폭넓은 관심을 받는 문제를 조사하는 것이다. 양원조정위원회

(conference committee)는 상·하원 각각에서 통과된 법안의 상이점을 조정한다. 이 위원회에서 내용의 상이점을 타협하고 문자적으로 동일한 하나의 타협안을 형성하여 이를 다시 상·하원이 각각 본회의에서 표결에 붙이게 된다. 양원조정위원회와 같이, 합동위원회(joint committee)도 상·하원의 의원들로 구성되며 주도권도 양원 사이에 순환된다. 그들은 의회의 일반적 관심 이슈에 초점을 맞추고 이에 대한 문제를 조사하지만 입법을 제안하지는 않는다. 실례로, 합동경제위원회(the Joint Economic Committee)는 국가의 경제정책을 검토한다.

(3) 법안 성립과정
매 의회는 2년의 임기로 다시 구성되며 2회의 年 회기(annual session)를 갖는다.

가. 법안의 제출
하원에서 시작하는 세입(revenue) 또는 조세(tax)에 관한 법안을 제외하고는 법안은 양원의 어느 편에나 제출될 수 있으며, 똑같은 문안의 법안이 양원에 동시에 제출될 수 있다. 상원의원이나 하원의원은 법안을 후원하여 발기인으로서의 역할을 하며 또한 어떤 법안에는 여러 명의 공동발기인이 있을 수 있다. 제출된 각 법안은 하원 또는 상원의 직원(clerk)에 의하여 번호가 할당되는데 하원에서는 "HR" 그리고 상원에서는 "S"의 접두사가 붙는다. 법안이 제출된 다음 그 법안은 하원의장이나 상원의 다수당 원내총무에 의하여 소관 상임위원회에 보내진다.

나. 위원회의 법안 검토
법안은 소관 상임위원회로 이송되며, 상임위원장에 의하여 세부 소위원회(subcommittee)로 보내어 진다. 소위원회는 그 법안에 대한 청문회를 개최하고 지지자 또는 반대자로부터 의견과 자료들을 개진한다. 상원에서 상임위원회에 의하여 통과된 법안은 본회의 심의(floor action)를 위한 의사일정에 기입된다. 그러나 하원의 과정은 약간 다르다. 상임위원회를 거친 하원의 법안들은 규칙위원회(the Rules Committee)를 통하여 본회의에 보고된다. 이 규칙위원회는 하원 본회의에서 법안의 수정 가능 여부와 방법, 본회의 개최 일정, 그리고 논의에 허용되는 시간의 길이 등을 결정함으로써 상원보다 조직이 훨씬 복잡한 하원에서 교통을 정리하는 교통경찰(traffic cops)의 역할을 한다.

다. 하원과 상원의 본회의에서 표결

법안에 관한 논의와 투표에 관한 절차는 하원과 상원이 각각 다르다. 하원에서 각 의원은 법안에 대하여 5분씩 발언하는 것이 허용된다. 그러나 상원에서는 논의에 관한 시간제한이 없다. 따라서 특정 법안에 대한 행동을 지연시키거나 또는 그것을 사장(死藏)시킬 목적으로 소수파의 상원의원은 의사진행방해(filibuster)라 불리는 방법을 사용할 수 있다. 그러나 이것은 토론종결(cloture, 英 closure)이라고 하는 방법에 의하여 종결될 수 있다. 상·하원 모두에서 법안은 발성표결(voice vote), 기립표결(standing vote), 호명표결(roll call vote, 특정 법안에 대하여 지지여부가 기록됨) 등에 의하여 표결된다. 그러나 하원의 본회의나 또는 전원위원회(Committee of the Whole House)에서의 점호표결은 많은 시간을 요하기 때문에 전자투표(electronic vote) 제도를 실시한다.

라. 대통령의 권한

법안은 대통령이 서명함으로써 효력을 발생하게 된다. 대통령이 이 법안을 거부하면(veto), 의회는 상·하원 각각 3분지 2의 투표로 그 거부를 다시 뒤엎을 수 있다. 만약에 대통령이 법안 이송 후

10일 안에 이 법안을 서명하지 아니하고 거부도 아니 하면 이 법안은 법으로 효력을 발생한다. 한편 의회가 대통령에게 주어진 10일의 기간 안에 휴회하면 대통령이 법안에 서명하지 않음으로써 이 법안은 효력을 잃는다. 이것은 "주머니 거부"(pocket veto)로서 알려져 있다. 1996년에 연방법률은 법안의 특정 부분을 거부할 수 있는 권한인 "항목별 거부권"(line-item veto)을 대통령에게 부여하였다.

2) 한국의 입법부

(1) 국회의 권한

우리 나라 입법부인 국회의 지위, 기능, 조직 운영, 국회의원의 지위와 권한에 관한 내용은 헌법에 규정되어 있다 (헌법 제40조~65조). 국회는 국민의 선출에 의해 구성되는 국가 대표기관으로, 주요 권한으로는 입법권, 재정권, 예·결산 심사권, 국정감사·조사권, 탄핵소추권, 계엄해제 요구권, 사면 동의권, 국회 자율권 등이 있다. 입법부는 정책과정과 관련하여 국민의 대표기능, 입법기능, 예산심의 및 결정 기능, 행정부 통제기능, 통합기능, 헌법제정 및 개정기능 등을 가지고 있다.

(2) 국회의 조직

국회는 국민의 의해 선출되는 임기 4년의 국회의원들로 구성된 합의체 국가기관이며 국정운영의 중추역할을 한다. 미국과는 달리 한국의 국회는 단원제 의회로 현재 국회의원의 정수는 지역구 의원과 전국구 의원을 합하여 299인이다. 국회의 조직으로는 전 의원으로 구성되는 본회의 외에 위원회와 입법보좌기관을 들 수 있다.

가. 위원회

위원회는 상임위원회, 일반특별위원회, 법정특별위원회의 3가지 종류로 구분되는데 상임위원회는 일정한 소관사항을 가지며 항구적이다. 특별위원회는 수 개의 상임위 소관과 관련되거나 특별히 필요하다고 인정된 안건심사를 위해 구성되고 한시적이며 예산결산특별위원회가 대표적이다. 법정특별위원회로는 윤리특별위원회와 여성특별위원회를 들 수 있는데 전자는 의원의 자격심사, 윤리심사 및 징계에 관한 사안을 심사하며 후자는 여성의 복지와 권익의 향상에 관한 사항을 심사하는데 이들은 상설위원회이다.

나. 입법보좌기관

입법보좌기관으로는 비서조직과 국회사무처 및 국회도서관을 들 수 있다. 국회의원 개인에 대한 보조기관으로 비서조직이 있는데 1988년에 4급 보좌관 1인, 5급 비서관 1인, 6급, 7급, 9급 1인씩 모두 5인으로 증원되어 현재에 이르고 있다. 국회법 제21조에서는 국회의 입법·예산결산 심사 등의 활동을 지원하고 행정사무를 처리하기 위하여 국회에 사무처를 두도록 하고 있다. 사무처는 국회의장의 지휘·감독을 받아 국회의 행정업무에 관련된 제반 사무를 처리하기 위하여 현재 장관급인 사무총장과 2차장, 2실, 5국, 13담당관 및 위원회 입법보좌조직을 두고 있다. 1988년 12월 국회사무처법을 개정할 때에 국회도서관법을 제정하여 국회도서관이 국회사무처에서 분리·독립되었다. 국회도서관의 기능은 국회에 필요한 입법정보를 제공하는 것 외에도 국민에게 필요한 정보를 제공하며 국가 서지를 작성한다.

(3) 법안 성립과정

국회는 헌법개정을 발의하고 법률을 제정한다. 법률안의 제출은 국회의원과 정부가 할 수 있고, 의원 20인 이상의 찬성을 요한다.

제출된 법률안은 소관 상임위원회의 심사를 거쳐 본회의에 회부되며 질의와 토론을 거쳐 의결된다. 의결된 법률안은 정부에 이송되어 15일 이내에 대통령이 공포하고, 특별한 규정이 없는 한 20일이 경과함으로써 효력을 발생한다.

2. 사법권과 법원

입법부에서 통과된 법률을 구체적인 사례에 적용시키는 권한을 사법권(judicial power)이라 하며 이 권한을 행사하는 조직이 사법부이다. 미국은 영국의 보통법(common law) 전통을 계승하였으며 한국은 일제 시대부터 물려받은 소위 대륙법의 전통을 물려받았다.

1) 미국의 사법부
미국에서는 각 주마다 제각기 다른 법원제도를 가지고 있을 뿐만 아니라, 이와 함께 연방법률을 시행하는 연방법원이 주법원과 함께 설립되어 이원적 법원체계를 이루고 있다.

(1) 주법원 체계
주법원 제도는 계층조직으로 구성되어 있으며 재판을 수행하는 주지방법원, 주항소 법원, 그리고 주대법원을 포함한다. 일반적으로 판사는 주법원에서 선출된다.

가. 주지방법원 (superior courts)
주지방법원은 보통 국가적인 문제들을 수행한다. 지방법원은 형사사건과 민사사건의 두 가지 유형의 재판을 다룬다. 형사사건은 폭력 범죄, 살인, 무장 강도, 강탈 및 사기와 같은 비폭력 범죄를 포함한다. 다수의 형사사건은 판결까지 가지 않는 경우가 있는데 피고가 죄형협상(plea bargain)을 할 수 있기 때문이다. 민사사건은 재산, 금전, 계약 또는 개인의 안녕(배임 행위, 문서 비방죄, 개인 상해 소송)에 관하여 다룬다.

나. 주항소법원 (state appellate courts)
소송의 당사자가 소송에서 패소하거나 재판에서 법률상의 절차 또는 법적인 문제가 생기면 그 재판은 항소법원에 항소될 수 있다. 항소법원은 원래의 평결을 뒤바꿀 수도 있고 평결을 유효하게 하거나 새로운 공판을 요구할 수도 있다.

다. 주대법원 (state supreme courts)
항소법원의 결과에 불복할 때에 주대법원에 상고할 수 있다. 합의체로 주대법원 판사들은 주의 최고법이 되는 결정을 내리게 된다.

(2) 연방법원 체계
연방대법원을 제외하고, 연방헌법은 연방법원의 구성을 의회의 권한으로 남겨 두었다. 의회는 1789년 사법부법(the Judiciary Act)을 통해 3계층의 연방법원 체계를 창출하였다: 지방법원, 항소법원, 대법원. 그리고 입법부와 특정 법률상의 문제를 포함하는 특별법원이 있다.

가. 연방지방법원 (district courts)
94개의 연방지방법원은 1심과 항소법원의 기능을 한다. 이 법원은 국가의 특정 지역을 할당받는다. 1심 법원으로써 우편 사기, 위조, 밀수, 은행 강도 등과 같은 연방 형사범죄에 관하여 사법권을 가진다. 연방 민사사건은 물(物)에 대한 권리, 주간(州間) 통상, 환경 논쟁을 포함한다. 지방법원에서 열리는 재판의 약 반수 정도가 배심제도에 의해 결정된다.

나. 연방항소법원 (courts of appeal)

지방법원의 결정과 연방행정기관에 의한 결정은 연방항소법원에 항소할 수 있다. 11개의 연방항소법원이 미국 전역을 담당하고 있다. 항소법원은 세 명의 판사의 다수결 투표에 의해 판결을 내린다. 그리고 감독을 겸한 연방대법원 판사가 1명씩 연방항소법원에 보직을 가지고 있다.

다. 연방대법원 (the Supreme Court)

연방헌법은 연방제도에서 대법원을 최고법원으로 확립시켰고 그것의 결정은 연방헌법 다음으로 나라의 최고 법이다. 두 가지 유형의 재판이 연방대법원에서 다루어지는데 하나는 항소법원으로부터의 상고심을 다루고, 다른 하나는 1심 재판권이 연방대법원에 있는 경우이다. 이 재판권은 연방헌법 제3조 2항에 규정된 바와 같이 두 가지 기준에 따라서 결정된다. 하나는 외국의 외교 사절단이 재판의 당사자가 되거나 주와 주 사이에 분쟁이 생길 경우에 행하여진다.

라. 헌법법원과 입법법원 (constitutional and legislative courts)

헌법법원은 연방대법원의 하급법원인 연방항소법원과 연방지방법원, 조세법원, 세관 및 전매특허법원, 연방손해배상법원 등이 있으며 이들은 연방헌법 제3조에 명기된 사법권의 행사와 직접 결부된 법원이며, 이와 대조적으로 법률에 의하여 설치된 입법법원으로서는 군 항소법원, 괌이나 푸에토리코 등에 설치된 영토법원 등을 들 수 있다.

마. 연방판사의 임명

대법원 판사들을 포함한 모든 연방판사들은 종신제로 대통령에 의해 임명된다. 연방판사들은 상원의 다수 투표에 의해 임명동의를 받는다. 연방판사들은 유죄판결을 받으면 자격을 박탈당할 수 있고 탄핵의 대상이 된다. 연방지방법원과 연방항소법원의 판사들은 그 법원의 관할 구역에서 거주하는 것이 요구된다.

(3) 사법심사권 (power of judicial review)

연방대법원은 연방헌법에 명시되어 있지 않은 사법심사권을 헌법원칙으로 행하여왔는데 이 원칙은 제3대 대법원장 존 마샬(John Marshall)에 의한 '마버리 대 매디슨'(Marbury v. Madison, 1803) 판례에서 성립되었다. 이 사법심사권은 연방의회나 행정부, 즉 법률이나 명령, 규칙 등과 주(州)의 행위가 연방헌법에 위배한다고 판단될 때에는 위헌판결을 내릴 수 있는 권한이다. 이 권한의 성립으로 말미암아 사법부의 지위를 격상시켜 권력분립원칙을 더욱 확립하는 결과를 가져왔다.

2) 한국의 사법부

한국의 법률은 일본을 통하여 들어왔다. 19세기 후반에 일본은 현대적인 법률체계를 유럽으로부터 도입하여 적용하였는데, 이때 영국의 보통법 체계를 채택하지 않고 유럽의 대륙법 체계를 채택하였다. 대륙법 체계는 보통법 체계와는 달리 판례 중심이 아니라 법전 중심이므로, 문화전통이 서로 다른 지역에서도 보편적으로 적용할 수 있는 장점이 있다. 한국은 대륙법의 테두리 안에서 발전해 왔다고 볼 수 있다.

(1) 조직

사법부 조직은 법원조직법에 따라 대법원·고등법원·지방법원·특허법원·가정법원·행정법원으로 하여 삼심제를 원칙으로 규정하고 있다. 헌법과 법률에 의하여 삼심제 원칙은 민·형사재판 등에 적용되고, 행정재판과 선거소송 등은 이심제 또는 단심제로 하여 삼심제에 대한 예외로 규정하고 있다. 각급 법원은 판사들로 구성되며, 이들의 판결업무를 지원하기 위해 사법행정을 위한 소속 공무원들이 근무한다. 사법부 조직은 전적으로 판사들로 구성된 고유한 조직이다.

(2) 권한

사법부는 위헌법률심사 제청권,3) 명령·조례·규칙·처분의 위헌·위법심사권, 심판과 기타 업무에 관한 권한, 규칙제정권, 대통령선거와 국회의원선거에 관한 소송의 심판권 등이 있다. 사법부는 국민의 권리를 최종적으로 보장하는 기관이다. 사후적, 수동적인 권리보장기능에 국한되나 법률의 최종적 해석과 구체적인 분쟁해결 과정에서 정책형성의 기능을 수행하고 있다.

3. 행정권과 행정부4)

입법부 및 사법부에서 결정한 사항을 실제로 집행하는 권한을 행정권(executive power)이라고 하는데, 이 "행정권은 대통령을 수반으로 하는 정부에 속한다" (헌법 제66조 4항).5) 여기서는 주로 대통령의 역할과 권한에 중점을 두며 행정부처의 조직 및 역할에 대해서는 관료제 부분에서 다시 다루기로 한다.

---

3) 사법부는 위헌법률심사 제청권이 있는 반면, 위헌법률 심사권은 헌법재판소에 부여되어 있다.
4) 미국 대통령제의 특색에 대해서는 뒤의 대통령제와 내각책임제의 비교부분에서 다룬다.
5) 넓은 의미의 정부는 입법부, 사법부 및 행정부를 모두 포함하는 개념인데 반해, 좁은 의미의 정부는 행정부만을 의미한다. 여기서는 좁은 의미로 사용되었다.

1) 대통령의 역할과 권한

헌법은 대통령에게 여러 가지 특별한 권한을 부여한다. 헌법 제66조~제85조에서 대통령의 권한과 역할 및 선임방법, 재임기간과 자격, 승계절차 등에 대하여 규정하고 있다. 대통령의 주요 역할 및 권한은 다음과 같다.

(1) 대통령의 역할

대통령은 공직자의 일원으로서 많은 역할을 수행한다. 대통령이 이러한 역할을 어떻게 수행하느냐는 대통령직에 대한 자신들의 의견, 정부의 역할, 인격 및 자질 등에 의해 좌우된다.

가. 국가원수 (Chief-of-state)

국가의 원수로 행동하는 것은 다른 나라의 지도자를 영접하거나 올림픽게임 등을 개최할 때에 국가를 대표하는 등 대통령의 가장 두드러진 상징적 지위이다.

나. 최고외교관 (the President as a chief-diplomat)

대통령은 외교정책의 방향을 결정할 뿐만 아니라, 그것을 수행하는데 중요한 역할을 한다. 조약의 체결·비준, 외교사절의 신임·접수·파견, 선전포고와 강화 등의 외교적 권한을 행사한다.

다. 행정수반 (Chief executive)

대통령은 행정부의 최고통치자 또는 최고위 관료이다. 그리고 대통령은 궁극적으로 행정부의 모든 프로그램에 대하여 책임을 진다.

라. 입법자(the President as legislator)

대통령은 단순히 법안을 제출할 뿐만 아니라 법안이 통과되도록 여러 가지 활동을 벌인다. 대통령은 법안의 통과를 위해 의회 지도자를 만나거나 의원들에게 요청하기도 한다. 또한 법률안 거부권을 가지고 있어서 법안 성립에 중추적 역할을 하고 있다.

마. 최고군사령관 (Commander-in-chief)
대통령은 최고 국군 통수권자이다. 대통령은 대외정책의 한 수단으로서 외국에 군대를 파병하는데도 최고의 권한을 가지고 있다.

바. 도덕적 지도자 (Moral leadership)
대통령은 국가를 위해 도덕적 지도자의 위치에 있다. 이것은 모범적인 정직성과 고결함을 포함한다. 최고의 공직자로서 대통령의 도덕적 리더쉽의 문제는 대중매체와 대중에게 최대의 관심이 된다.

사. 정당당수 (the President as party leader)
대통령은 정당의 실질상 대표의 역할을 한다. 헌법은 정당 내에서의 대통령의 역할에 대하여 규정한 것이 없지만, 집권 여당의 총재로서 소속정당의 국회의원을 공천하고 주요 당직을 임명함으로써 사실상 국회에 막강한 영향력을 발휘하게 된다.

(2) 대통령의 공식적 권한
대통령의 권한은 내용에 따라 다음과 같이 분류할 수 있다. 헌법개정과 국민투표에 관한 권한, 헌법기관 구성에 관한 권한, 국회에 관한 권한, 입법에 관한 권한, 사법에 관한 권한, 행정에 관한 권한, 국가긴급권 등을 들 수 있다. 이들을 다음 〈표 8-1〉과 같이 요약할 수 있다.

지 위	역 할	헌 법 적 권 한
국가원수	● 최고 외교관 외국에 국민을 대표 외교정책의 형성 및 집행	외교권(제73조)
	● 국정지도자	헌법기관 조직권(제98조, 104조, 111조) 헌법 개정안의 제안권(제128조) 국회출석발언권(제81조) 국회 임시회의 소집요구권(제47조) 사면권(제79조)
국가 수호자	● 헌법 및 국가 보위	긴급명령·긴급재정경제처분·명령권(제76조) 계엄선포권(제77조)
행정 수반	● 행정 최고책임자 행정부서의 통합 및 법 집행	국군통수권(제74조), 공무원 임명권(제78조) 국무회의 의장(제88조)
	● 정부 최고 입법자 의회에 정부 법률안 제출 의회 통과 법안의 비준·거부	행정입법(제75조), 법률안 제안권(제52조) 법률안 공포권과 거부권(제53조)

(출처) 하태권 외, 『현대 한국정부론』, (법문사, 1998), p. 80.

<표 8-1> 대통령의 공식적 역할 및 권한

(3) 행정부 조직

1999년 1월 현재 행정부는 대통령을 중심으로 국무총리 산하에 17부 2처 16청 1외국을 두고 있다. 중앙부처로는 재정경제부·통일부·외교통상부·법무부·국방부·행정자치부·교육부·과학기술부·문화관광부·농림부·산업자원부·정보통신부·보건복지부·환경부·노동부·건설교통부·해양수산부의 17부와 국가보훈처·법제처의 2처가 있다. 그리고 예산청·국세청·관세청·조달청·통계청·검찰청·병무청·경찰청·기상청·농촌진흥청·산림청·중소기업청·특허청·식품의약품안전청·철도청·해양경찰청의 모두 16청과 문화관광부 소속하의 문화재관리국이 있다.

제3절 정부의 형태

1. 통치주체에 따른 분류: 독재정부, 과두정부, 민주정부

"누가 정부를 통치하느냐?(Who governs the state?)"에 따라 다음의 세 가지 형태로 구분할 수 있다: 독재정부·과두정부·민주정부.6)

1) 독재정부(autocracy)

정부의 통치권이 한 사람에게 귀속되며 역사적으로 가장 오래되고 보편적인 정부의 형태로서 혈통상속이나 무력에 의한 권력 사용으로 통치권이 승계되는데 이 통치권 소유자를 독재자(autocrat)라고 한다. 독재정부도 전체주의 독재정부, 세습군주정부, 입헌군주정부로 나뉘어진다. 전체주의 독재정부(totalitarian dictatorship)는 한 사람의 독재자가 통치하며, 정부는 사회경제 전반에 걸쳐 통제권을 행사한다. 시민은 정부에 대해 아무 영향력도 행사하지 못한다. 이에 대한 실례로, 독일의 히틀러 나치정부(1933-1945), 이탈리아의 무솔리니 파시스트정부(1923-1943), 소련의 스탈린정부(1929- 1953)를 들 수 있다.

세습군주정부(monarchy)는 왕 또는 여왕과 같은 군주가 초법적 권력을 행사하는 정부이다. 세습에 의해 권력을 계승하는 세습군주는 무제한적 권력을 통해 시민들을 통치하고 군림한다. 이들의 통치권은 신이 부여한다는 왕권신수설(divine right)을 바탕으로 일반 시민과는 다른 절대적인 지위를 가지고 있다는 것이다. 이들의 통치행위는 주종관계라는 수직적 군신관계를 유지하였다. 과거 우리 나라의 고려, 조선 등 왕조정부가 이에 속한다. 그러나 이 정부형태는 현대에 있어 보편적인 정부 모습이 아니며, 사우디아라비

---

6) 그리스 철학자 아리스토텔레스에 의한 분류이다.

아 등 일부에서만 볼 수 있다.

입헌군주정부(constitutional monarchy)는 왕 또는 여왕이 통치권을 시민의 대표와 나누어 갖는 형태로서 세습군주정부가 민주정부에로의 전이과정에서 마지막 역사적 유물로 남아 있으며, 군주들은 단순히 의례적이고 상징적인 표상에 불과하며 시민대표가 실질적인 통치권을 행사하는 정부형태이다. 영국연방, 스웨덴, 노르웨이, 네덜란드, 일본 등이 그 예이다.

2) 과두정부(oligarchy)

소수의 사람이나 엘리트 집단이 통치권을 행사하는 정부형태이다. 소수 통치집단은 주로 사회적 지위, 경제적 지위, 종교적 지위 및 군사적 지위에 따라서 선발된다. 대표적인 예가 공산주의 국가에서 소수의 당 간부들이 통치를 하는 경우이다. 그러나 통치집단은 대개 시민으로부터 대표성을 인정받았다는 증거를 보이기 위해 형식적이지만 선거과정을 거치는 경우가 많다.

3) 민주정부(democracy)

민주란 곧 국민 스스로가 나라의 주인이라는 뜻이며, 민주국가는 국민 모두에 의하여 통치되는 나라이고 민주정부는 이러한 민주국가에서 채택한 정부이다. 민주주의는 그 어원에서 보는 바와 같이 그리스어로 demos란 시민 또는 인민을 뜻하고 kratia란 통치를 뜻하여, 합쳐서 '시민통치'라는 말이다. 따라서 민주정부란 통치자가 왕도 아니고 소수권력자들도 아닌 시민들이 함께 통치하는 시민통치정부를 말한다. 민주정부는 다음과 같은 기본적 원칙들이 전제되어야 한다: 개인의 자유와 평등의 보호, 소수의 권리를 존중하는 다수의 지배, 자유선거, 복수정당제, 시민참여. 민주정부는 운영방법에 따라 두 가지 형태로 구분할 수 있는데 하나는 단위지역의 전체 국민이 직접 통치에 참여하는 직접민주정부이고, 다른 하나는

국민을 대표하는 대표자를 선출하여 간접적으로 통치하는 간접민주
정부라고 하는데 이를 대표민주주의(representative democracy)
라고도 한다.

(1) 직접민주주의

직접민주정부는 주민들이 직접 토론하고 정책을 결정하기 때문에
사회의 규모가 작고, 업무가 단순할 때에는 가능하다. 그러나 오늘
날에는 사회의 규모도 크고, 업무도 복잡하여 거리상, 시간상 현실
적으로 불가능하다. 중앙정부 수준에서 직접민주정부를 운영하는
곳은 하나도 없으며, 미국 동북부의 뉴잉글랜드로 불리는 6개 주의
소규모 지방정부들이나 스위스의 캔톤(Canton)이라 불리는 소규
모 지방정부에서 행하여지고 있을 뿐이다.

(2) 간접민주주의

간접민주정부는 주민들이 소수의 대표자 집단을 선출하여 통치하
는 정부형태이다. 오늘날은 인구규모 면에서나 개인의 업무상 시민
들이 규칙적으로 일정시간에, 한 장소에 모여 정사를 논의하는 것
이 현실적으로 불가능하다. 따라서 시민들은 일종의 대표자를 선출
하고 이들에게 정사를 위임하여 책임을 가지고 정부를 운영하게 한
다. 이 대표자 집단은 assembly, council, legislature, congress,
parliament 등으로 불리어진다. 또한 간접민주정부는 주권재민
사상에 바탕을 두고 대표자를 통한 통치를 한다는 점에서 대표민주
정부이며, 이 주권재민사상을 헌장이나 헌법과 같은 최상위법에 명
기할 때, 이를 공화정부(republic) 또는 입헌공화정부(constitutio-
nal republic)라고 부른다. 간접민주정부는 소수가 통치한다는 점
에서 과두정부와 같지만, 권력의 원천이 주민에게 있다는 것과 재
력·혈통·무력에 의하지 않는다는 점에서 과두정부와는 차이가 있
다. 그리고 모든 민주정부가 다 공화정부의 형태를 띄는 것은 아니

다. 영국은 입헌군주정부를 택하고 있어서 실질적 민주주의를 실천하고 있지만 헌법에서는 군주정부를 표방하고 있으므로 입헌공화정부가 아니므로 republic이라고 할 수 없으며, 실제로 그렇게 표기하지 않는다. 또한 공산국가들도 형식적으로는 적어도 헌법상 주권재민을 명시하고 스스로 republic으로 표기하며, 그 예로 중국은 중화인민공화국(People's Republic of China), 북한은 조선민주주의인민공화국(Democratic People's Republic of Korea)이라 칭한다.

2. 행정서비스 지역범위에 따른 분류

정부가 제공하는 행정서비스의 미치는 지역적 범위에 따라 정부의 형태가 크게 중앙정부와 지방정부로 구분된다.

1) 중앙정부

중앙정부는 다른 나라들과 국경선을 통하여 구분되는 전체 국토영역에 권한을 미치는 정부를 말한다. 지구상에 있는 200여개 이상의 국가들은 모두가 개별적으로 중앙정부를 가지고 있다. 중앙정부의 구성방법은 단일민족이 단일국가(unitary state)를 갖는 경우가 대부분이지만, 특수한 경우에는 여러 민족이나 이해집단이 협동하여 중앙정부를 구성하는 경우도 있다. 이를 연방국가(federal state)라고 하고, 미국이 그 대표적인 예라고 할 수 있다. 우리 나라는 한반도를 중심으로 하나의 국가를 형성하고 있으며, 이 국가를 운영하는 주체로서 중앙정부인 대한민국 정부가 있다.

2) 지방정부

우리 나라의 지방정부는 중앙정부의 법률에 의하여 창출되지만 미국의 지방정부는 주정부에 의하여 창출된다. 지방정부의 종류는 나라에 따라서 지방정부를 몇 개의 계층으로 나누느냐에 따라 다르다. 우리 나라는 지방정부로서 광역시·도 정부, 시·군 정부로 나누고 있다. 특별시 및 광역시·도 정부는 각 도 정부와 특별시 및 직할시를 포함하는 광역 지방정부를 의미하고, 시·군·자치구 정부는 각 시와 군 및 자치구를 총괄하는 정부이다. 미국의 주정부는 우리 나라의 도 정부와는 다소 다른 개념이어서 상당한 정도의 주권을 가지고 있다. 따라서 미국에서는 주정부를 지방정부에 포함시키지 않고 별도로 주정부라고 부르고 있다. 지방정부는 시(city), 군(county), 타운(town), 타운십(township) 등 다양한데 이들은 주정부에 의하여 창출된다.

3. 통치권 귀속에 따른 모습

삼권분립제도를 운영하는 민주주의 하에서 실질적인 국정의 책임이 어디에 귀속하느냐에 따라 크게 대통령중심제와 내각책임제로 구분된다. 이 양자의 차이점은 다음과 같이 구분된다. 첫째, 행정부가 의회의 신임에 의존하여 존립하는가 또는 의회신임과 무관하게 존속하는가? 둘째, 행정부의 수장이 의회에 의하여 선출되는가 아니면 국민에 의하여 직접 선출되는가? 셋째, 내각이 합의적 결정을 내릴 수 있는 의사결정기관인가 아니면 대통령 1인에 대한 심의기관 또는 자문기관인가?

1) 대통령중심제

행정부의 최고책임자로서 대통령이 통치의 중심이 되는 정부제도이다. 미국이 대통령중심제의 대표적인 나라이며, 우리 나라는 이 대통령중심제에 내각책임제 제도를 가미한 형태를 취하고 있다. 대통령중심제의 대통령은 헌법에 규정된 일정한 임기를 보장받는다. 대통령이 소속 정당의 신임을 상실하거나 그 정당이 의회에서 소수당의 위치에 놓이더라도 대통령은 직책을 보유한다. 중죄나 중대한 비행으로 인한 탄핵절차에 의하지 않는 한 임기 동안 해임되지 않는다.

대통령중심제에서 대통령은 국민의 직접선거에 의하여 선출되지만 미국의 경우 국민이 선출하는 선거인단에 의한 간접선거를 통해 선출된다. 그러나 이 경우에도 형식만 간접일 뿐 실제 내용적으로는 직접선거의 방식에 의하여 선출되는 것과 다름이 없다. 선거인단 자체가 특정 대통령을 선출하겠다는 것을 공표하며 국민은 그 선거인단에 표를 던지기 때문이다.

대통령중심제에서 내각은 대통령 개인의 심의기관 역할에 불과하며 각료들은 개별적으로 대통령에 대해서 책임을 진다. 대통령제는 의회와 행정부 사이에 견제와 균형을 강조하면서도 정책을 집행하는 궁극적 권한이 대통령 1인에게 집중되도록 하고 있다. 대통령은 단독 최고집행자이면서 동시에 국가원수이다. 내각책임제에서 수상과 다른 각료가 대체로 의원신분을 겸하여 보유하지만 대통령제의 대통령과 각료는 원칙적으로 의원을 겸직하지 않는다.

2) 내각책임제

입법부가 포괄적으로 통치를 담당하면서 의회가 내각을 구성하므로 내각책임제라고 한다. 일본·스웨덴·영국 등의 중앙정부, 미국의 일부 지방정부에서 이 제도를 택하고 있다. 내각책임제에서 prime minister(영국, 일본 등) 또는 chancellor(독일 등) 등 다양한 직함으로 불려지는 수상과 그가 이끄는 내각은 의회에 책임을 진다. 따라서 내각은 의회의 불신임을 받게 되면 사임한다.

수상은 의회에 의하여 선출되는데 공식적인 선거에 의하거나 의회 내 정당간 협상을 통하여 비공식적으로 부상하기도 하고 국가원수가 임명하기도 한다. 영국에서는 국왕이 다수당의 지도자를 수상으로 임명하기도 하지만 이 경우에도 누가 수상이 될 것인가는 의회선거의 결과에 달려 있으므로 포괄적인 의미에서 의회에 의하여 선출된다고 보아야 할 것이다.

내각책임제를 실시하는 국가의 내각 내에서 수상이 다른 각료보다 우월한 경우도 있고 거의 동등한 지위를 갖는 경우도 있다. 어떠한 경우이든 내각은 연대책임의 원칙에 의거하여 운영된다. 의회가 내각을 불신임 투표하면 내각이 사임하는 반면, 내각도 국정의 책임을 묻고 싶을 때에는 의회를 해산하고 총선거를 다시 실시하여 신임을 묻기도 한다.

이외에도 흔히 다음과 같은 차이점이 지적된다. 내각책임제에서 수상은 집행부의 수반이지만 국가의 원수는 아니다. 반면 대통령제에서 대통령은 행정부의 수반인 동시에 국가의 원수가 되기도 한다. 영국과 같은 입헌군주국에서는 국왕이 국가를 대표한다. 다른 많은 내각책임제 국가에서는 일정한 임기 동안에 의례적 권한을 갖는 대통령이 국가를 대표한다 (독일 등). 요컨대, 대통령중심제와 내각책임제의 정부를 운영하는 원리는 상이하다. 내각책임제는 의회와 행정부가 권력융합(fusion of power)에 토대를 두는 상호의존의 관계를 갖는다. 반면 대통령중심제에서 의회와 행정부는 권력분립(separation of power)에 기초한 견제와 균형의 관계를 형성한다.

4. 정부간 권한 분할에 의한 분류

국가의 권력이 중앙정부와 지방정부 사이에 분할되는 정도에 따라 단일정부, 연방정부, 국가연합의 정부형태로 구분할 수 있다.

1) 단일정부 (unitary system)
국가 권한의 분할에 있어서 정부의 권한이 중앙정부에 집중되어 있으며, 다양성보다는 통일성을 중시하는 중앙집권적인 통제와 감독체제를 가지고 있는 국가를 단일국가라 한다. 중앙정부의 권력행사는 시민개인에 대하여 직접적으로 행하여진다. 이 단일정부 국가에서도 중앙정부가 지방에 광범위한 자치권을 부여하여 권력의 분산을 기할 수 있지만, 이 경우에도 지방정부가 행사하는 권한은 근본적으로 중앙정부의 재량에 의하여 지방에 부여된 것이다. 오늘날 우리 한국을 비롯하여 영국, 프랑스, 일본 등 많은 국가들이 단일정부 국가형태를 가지고 있다. 이들 나라에서 지방자치제가 실시되어 지방정부의 장이나 의회가 주민에 의하여 구성될지라도 지방정부의 정책은 중앙정부와 독립해서 시행되는 것이 아니라 중앙정부에서 제정하는 법률의 범위 안에서 시행된다.

2) 연방정부 (federal system)

중앙정부와 구성단위정부(지방정부)가 각기 독자의 헌법이 있어 관할사항에 관하여 중앙의 행정과 지방의 행정을 각각 자기 헌법의 규정대로 실시하고 있다. 연방(federation)을 구성하고 있는 단위정부(주정부)도 중앙정부(연방정부)와 같이 독자적인 주권을 행사한다. 중앙정부의 통치권은 시민에게 직접적 또는 단위정부를 통하여 간접적으로 행사되기도 한다. 연방제를 채택하고 있는 나라로는 대표적으로 미국을 들 수 있는데 주정부의 헌법이 연방정부의 헌법에 위배될 때에는 연방대법원이 주헌법을 심사하여 위헌판결을 내릴 수 있다. 미국 외에도 캐나다, 독일, 인도 등을 들 수 있다.

3) 국가연합 또는 준연방제 (confederal system)

정부의 기능이 중앙에 집중되어 있는 단일정부 국가와는 달리 중앙정부는 극히 제한된 범위 내에서 지방정부에 의하여 위탁받은 일만하고 모든 권한의 대부분이 지방정부에 집중되어 있는 정부형태를 의미한다. 준연방제를 실시하였던 대표적인 예로는 미국이 1776년의 독립부터 1789년에 현행 헌법을 채택하기 전까지 이

제도를 채택하였다. 그러나 이 제도하에서 중앙정부의 권한이 매우 약하여 수많은 문제점을 들어내어 연방제로 전환하게된 계기가 되었다. 오늘날 이 제도를 채택하고 있는 나라로는 스위스가 있는데 정부의 대내적인 주요 기능이 지방정부의 캔톤을 단위로 하여 실시되고 있으며, 중앙정부의 기능은 외교, 국방 등 극히 제한된 분야에 국한되고 있다.

제9장 관료정치론

제1절 정치과정에서의 관료 역할을 보는 시각

1. 현대 정치경제학도들의 시각

전통적으로 정치학도들은 관료가 수행하는 정치적 역할에 대하여 크게 관심을 두지 않았다. 관료들이란 정치인들이 내린 결정을 그대로 수행하는 사람들이라는 생각이 지배적이었기 때문이다. 그런데 현대 정치경제학도들[1] 사이에서는 관료집단 역시 중요한 정치세력중의 하나이며 자기집단의 사적이익을 위하여 정치과정에 참여하여 영향력을 행사하고 있다는 주장이 제기되고 있다. 이들에 의하면 관료들 역시 사익을 추구하는 집단에 불과하다[2].

한편, 현대 정치경제학도들 중에도 전통적 정치학도들과 같이 관

---

1) 정치경제학이라고 할 때는 주로 맑스(Karl Marx)와 맑스주의자들이 중심이 된 정치와 경제의 관계에 관한 이론(예: 정치는 경제에 의하여 결정된다, 정치인은 부르조아의 꼭두각시에 불과하다)을 지칭해 왔다. 그러나 최근에는 정치현상을 경제학적 분석모델로 설명하려는 시도 또한 정치경제학(political economy)으로 불리고 있다. 이 글에서 말하는 정치경제학은 후자에 관련된 것이다.
2) 이들의 주장은 제3절에서 보다 상세히 소개될 것이다.

료와 관료집단을 단지 정책수행 집단으로만 이해하고 이들의 역할에 대해서는 크게 관심을 두지 않는 시각도 있다3). 이들에 의하면 행정이란 정치시장에서 경쟁과 타협에 의해 결정된 정책을 단순히 전달하는 콘베이어 벨트(conveyer belt)에 불과하다. 그리고 정치시장에서 정책은 하나의 상품처럼 거래되는데 정치인들은 자신들에게 최대의 가격(예: 정치자금, 표, 정치적 지지 등)을 지불하는 집단에게 정책을 판매하며, 이러한 거래의 결과로 힘있는 이익집단에게 유리한 정책들이 공급된다. 소주의 의무구매제도를 예로 들어 이들의 논리를 설명해 보자.

한국의 경우 소주회사는 각 도별로 1개씩의 (예: 진로, 금복주, 보해, 무학, 경월 등) 설립되어 있다. 그리고 주류대리점들이 자기 도의 소주회사 제품을 최소한 50%이상 구매하도록 하는 의무구매제도를 통하여 소주회사들의 판로를 보장해 주고 있었다. 이러한 판매지역 제한의 결과로 서울·경기지역을 제외한 대부분 지역의 애주가들은 설사 마시고 싶더라도 진로소주를 마시기가 쉽지 않았다. 그런데 90년대 초반 이러한 나눠먹기식 시장분할은 기업활동의 자유를 제한함은 물론 소비자의 선택권을 지나치게 제한한다는 비판이 일었으며, 1993년 이 제도는 폐지되었다. 그러나 국회는 1995년 이 제도를 부활하였으며, 1996년 말 헌법재판소는 이 제도가 소주판매업자의 직업선택의 자유, 소주제조업자의 기업의 자유, 소비자의 행복추구권을 지나치게 침해하는 규정으로 헌법에 위배된다는 판결을 내렸다.

그렇다면 왜 국회의원들은 소비자, 소주판매자, 일부 소주제조업자의 선택권과 경제적 자유를 침해하고 헌법에까지도 위배되는 이 제도를 폐지한지 불과 2년만에 되살렸을까? 소주회사들은 각 도별로 1개씩 만들어져 있다. 지역구 국회의원들의 입장에서는 자기 지

---

3) 소위 시카고학파라고 불리는 George J. Stigler, Sam Peltzman, Gary S. Becker 등이 그들이다.

역 소주업체의 요구를 무시할 경우 선거자금을 모금하는 일이나 지역주민들의 지지를 얻기가 어려워질 것이다. 다시 말해, 자신들의 가장 큰 정치적 보상을 제공해 줄 수 있는 정책을 이해집단들에게 보상의 대가로 제공한 것으로 해석해 볼 수 있을 것이다.

그리고 관료들이란 이와 같이 정치권에서 정치적인 이해관계의 득실을 기준으로 내린 정책을 단지 그대로 집행하는 집단이라는 것이다.

2. 행정학도들의 시각

정치과정에서의 관료역할을 보는 행정학도들의 시각은 크게 두 가지다. 첫째는 관료들이 수행하는 행정기능을 정치에서 분리시켜야 한다는 시각이다. 이는 20세기 전후의 초기 행정학도들의 입장으로 이들은 행정 및 관료의 탈정치화를 강조한다. 정당정치의 개입으로부터 행정을 독립시킴으로써 행정의 전문성과 공정성을 높일 수 있고, 이것이 행정의 효율성과 공익성을 높이는 데도 유리하다고 이들은 판단하였다. 윌슨(Wilson)이나 화이트(White) 같은 이들이 대표적이다. 이들에 의하면 행정은 주어진 일을 최소의 비용으로 수행하는 경영 또는 정책의 단순한 집행에 불과하다.

둘째는 행정으로부터 정치를 분리시킬 수 없으며, 관료들의 정치적 역할을 인정해야 한다는 시각이다. 이는 1930년대 후반 New Deal 정책결정에 참여했던 학자들을 중심으로 대두한 견해로서, 행정은 정책결정과 입법과 같은 정치적 기능까지도 수행할 수밖에 없다는 것이 이들의 입장이다4). 이들은 정치나 행정이 다같이 정치권력을 내포하고 있으며, 행정이란 넓은 의미의 정치과정 속에 있고, 정책을 집행 · 구체화하는 과정에서도 가치배분이 일어나는

---

4) Marshall E. Dimock, *Modern Politics and Administration* (American Book, 1937).

점 등 강조하면서 행정이 수행하는 정치적 기능을 인정할 것을 주장하였다. 그 이후 행정의 과학화를 위한 정치와 행정의 구분 필요성이 제기되기는 하였으나, 행정과 관료에 의한 정치현상을 부인하지는 않고 있다.

현실적으로도 정책과정에서 관료들이 수행하는 정치적 역할을 부인할 수 없게 되었다. 특히, 한국에서는 행정부의 권한이 입법부나 사법부에 비하여 상대적으로 확대되어 있으며, 관료들이 핵심적인 정치주체가 되고 있다. 또한 주요한 정책들이 행정부 관료들에 의하여 입안되고 입법부의 심의과정은 형식적으로 거치는 경우가 허다하다. 다시 말해, 관료들의 손에서 주요한 가치들이 배분되는 관료에 의한 정치현상이 빈번할 뿐 아니라 그 비중이 결코 적지 않다.

제2절 정치과정에서 관료의 역할

관료를 단지 정책을 집행하는 사람으로 이해해서는 안 된다. 단순 집행 이상으로 관료들의 일상업무에서 많은 비중을 차지하고 있는 것이 국민이나 이해관계자들로부터 정책에 관한 의견을 듣고, 이해관계를 조정하여 법률안을 입안하고, 법률의 테두리 내에서 시행령과 시행규칙 등 법률을 구체화하는 정치적인 기능들이다.

1. 사회적 요구의 수렴

관료들은 정치와 행정에 대한 국민들의 다양한 요구를 듣고 이를 정책에 반영하는 역할을 수행한다. 현대 사회는 분업화, 전문화된 사회다. 그래서 사람들은 생활에 필요한 각종 재화나 서비스를 자신이 직접 생산하기보다는 시장에서 구매하여 사용한다. 경찰서비스, 국방, 외교와 같이 시장에서 구매할 수 없는 서비스들이 있는데 이런 것들은 정부를 통하여 집단적으로 구매한다.

정부는 입법부, 행정부, 사법부의 3부로 구성되는데, 국민들은 시장에서는 해결할 수 없는 자신의 문제를 해결하기 위해 정부 3부 중 어떤 곳이라도 이용할 수 있다. 입법부를 통할 경우 입법부는 새로운 법률의 제정이나 기존 법률의 개정을 통하여 해결하게 될 것이다. 행정부는 기본적으로 기존 법률의 테두리 내에서 문제해결방법을 찾을 것이고, 사법부는 재판을 통하여 그의 문제를 해결해 줄 것이다.

그런데 입법부를 통할 경우 법의 제 · 개정이라는 절차를 거쳐야 하므로 해결가능성을 확신할 수 없고 상당한 기간이 소요되어야 할 것이다. 사법부를 통할 경우에도 문제가 이미 발생한 이후의 사후적인 해결일 뿐 아니라 상당한 소송비용을 감수해야 하므로 쉽지 않다. 행정부를 통한 문제해결에도 여전히 어려움이 따른다. 담당자를 찾는 일에서부터 요구사항이나 민원을 접수하고 대응조치가 취해지기까지 역시 상당한 시간과 비용이 소요된다.

그러나 이러한 어려움에도 불구하고 국민의 요구에 대한 대응능력에서 행정부와 행정관료는 입법부나 사법부에 비하여 상대적으로 우위에 있다5). 첫째, 행정부는 국민들이 접하기 쉽다. 동사무소, 파출소, 소방서, 보건소 등 각종 행정서비스기관들이 국민과 가까운 곳에 위치하고 있다. 그래서 알기 쉽고 찾기 쉽다. 둘째, 행정기관들은 국민들의 요구를 듣고 대응할 수 있는 전문분야별 조직체계를 갖추고 있다. 셋째, 행정기관들은 문제해결에 필요한 법률적 전문적인 지식을 가지고 있다. 넷째, 문제해결에 필요한 재원도 가지고 있다. 이러한 이유들로 인하여 중앙정부 및 각급 자치단체와 행정기관들은 국민들의 요구를 수렴하고 이에 대한 대응책으로서 정책

---

5) 모든 나라가 그렇다고 할 수는 없을 것이다. 그러나 적어도 한국의 경우는 분명히 그렇다.

과 법률을 마련하는 일에 있어서 매우 중요한 역할을 수행하고 있다.

2. 정치적 요구의 조정 및 입법화

관료들은 다양한 사회계층과 집단으로부터 행정부에 투입된 각종의 정치적 요구들을 조정하고 입법화하는 역할도 수행한다. 특정집단의 어떤 요구가 지나치게 자기집단의 이해에만 편중되어 있거나 공익을 침해할 소지는 없는지, 다른 집단의 요구와 상충되어 특혜시비가 생길 여지는 없는지, 정책대안이 효과에 비하여 지나치게 많은 비용이 소요되지는 않는지, 이미 운영되고 있는 제도와 갈등을 일으킬 소지는 없는지 등 여러 가지의 기준에서 정치적 요구들을 조정하며, 필요할 경우 새로운 법의 제정을 추진하기도 한다. 행정기관과 관료들이 수행하는 이와 같은 이해관계의 조정은 관련 집단간 자원의 재배분과 직결된다는 점에서 정치 그 자체라 할 수 있다.6)

올슨(Olson)에 의하면 40개국 중 19개국에서 의회에 제안된 법률안의 90%가 행정부에서 제출한 것이며, 이중에서 90%이상이 의회를 통과한다. 미국의 경우 국회에 제출된 법령 중 행정부 발의 법안의 비중이 80%를 차지하고 있으며, 이 중 50%는 의회를 통과하고 있다7). 한국 15대 국회의 경우, 1996년 6월 5일 개원 이

---

6) 예를 들어, 보건복지부 관료들이 의약분업에 대한 의사집단과 약사집단의 서로 다른 요구사항을 어떻게 조정하느냐에 따라 의사집단과 약사집단간의 영업권과 이해관계가 재정립된다.

7) 정정길, 『정책결정론』(서울: 대명출판사, 1988) p.198에서 재인용. 그런데 미국의 예에서 한가지 주의할 점은 미국의회가 우리 국회처럼 무기력하지는 않다는 점이다. 예를 들어, 법률안에 대한 대통령의 지지 또는 반대 입장이 의회에서 받아들여지는 비율이 부시 대통령 때는 51%에 그쳤고 클린턴 대통령은 66%이다. 그만큼 의원들이 자기판단에 따라 법률을 심의하고 있다는 것이다. 뿐만 아니라 의원들의 전문성이나 의회연구국, 회계감사국 등 입법보좌시스템이 우리와는 비교가 안 될 정도로 발달되어

후 1999년 3월 말까지, 법률안 제출건수에서는 정부 628건, 국회의원 832건으로 의원발의안이 많으나, 통과율에서는 정부제출안의 79.0%인 496건이 통과된 반면 의원발의 법률안은 39.8%인 331건만이 통과되었다. 처리일수에 있어서도 정부제출법안은 평균 57일이 소요된데 비해, 의원발의법안은 평균 84일이 소요된 것으로 나타났다. 이와 같이 법률안을 입안하는 가장 핵심적인 정치활동에서 행정부와 관료의 역할은 의회의 역할을 능가하고 있다.

3. 정책의 집행

국회가 제정한 법률에 따라 중앙정부와 자치단체 등 각급 행정기관이 수행하는 정책의 집행과정에서도 정치현상이 계속 일어난다. 우선 국회가 제정한 법률의 시행과정에서 대통령과 관계 부처 장관이 시행령과 시행규칙을 제정·공포하는 행동은 법률의 구체화 과정이므로 곧 바로 정치행위라 할 수 있다.

또 이러한 법, 시행령, 시행규칙의 테두리 내에서 이루어지는 각급 자치단체의 조례제정 역시 정치행위이다. 설사 이상과 같은 기존 법령의 범위 안에서 이루어지는 일선관료들의 단순한 정책집행에서도 얼마든지 이해관계의 조정현상이 발생할 수 있으며, 따라서 정치현상을 완전히 배제할 수는 없다.

있어 의원들의 입법능력을 뒷받침하고 있다.

제3절 관료정치의 확대 원인: 관료제의 우월성

1. 관료제의 의의

정치과정에서 관료들의 역할이 매우 중요한 비중을 차지하게 되었다면 그 이유는 어디에 있는가? 막스 베버(Max Weber)의 연구결과를 중심으로 관료제에 관한 이론을 간략히 살펴 보는 것이 관료정치의 확대 원인을 이해하는데 도움이 될 것이다.

관료제란 '대규모 조직에서 나타나는 가치중립적 관리기구', '국가행정의 집행기관', '관료가 정치적 권력을 장악하고 광범위한 권력을 행사하는 관료에 의한 지배' 등 여러 가지 의미로 사용되고 있는데 베버가 말하는 관료제(bureaucracy) 개념은 "계층제적 구조를 가진 대규모의 관리조직"이라고 할 수 있다. 정치학이나 행정학의 관심대상인 정부관료제만을 뜻하는 것이 아니라 민간기업이나 천주교회에서 관찰할 수 있는 대규모 관리조직도 관료제라 할 수 있다.

베버에 의하면 관료제란 법규에 의하여 기능이 규정된 영속적 조직으로, 업무의 분담과 권한의 구체화, 계층제(hierarchy), 공사구별, 문서주의, 전문성 등을 특징으로 하고 있다. 그리고 관료제를 구성한 관료들에게 인간적인 감정을 배제하고 직무에 복종, 전문성 보유, 자유계약에 의한 고용, 고정된 봉급 지급, 관료로서 직무에 충실(부업, 명예직이 아님), 재직연한과 업적에 따른 승진, 행정자원으로부터 분리되어 직위를 전유(사유화)하지 않은 채 근무, 직위상의 규율과 통제 등을 요구한다.

2. 관료제 조직방식의 우월성

베버에 의하면 이상과 같은 방식으로 구축된 관료제는 대규모 자원의 관리 및 조직방식으로서 다음과 같은 여러 가지 장점을 가지고 있다. 첫째, 관료제적 관리는 우두머리와 이해당사자 모두에게 정확성, 신속성, 명확성, 계속성, 우수한 판단능력, 통합, 엄격한 지배, 조정, 물적 비용의 감소, 신뢰성, 계산가능성, 보편적 적용가능성 등의 장점을 지니고 있다. 기술적으로 최고의 일을 완성할 수 있으며, 모든 의미에서 가장 합리적인 형식의 지배를 가능하게 해준다. 둘째, 국가와 교회, 군대, 정당, 기업, 이익단체, 재단 등 모든 근대적 조직의 발전은 관료제적 관리의 발전과 일치하고 있다. 셋째, 관료의 자의적 결정으로부터 고객 보호가 가능하다.

좀더 구체적으로 설명하면, 앞서 말한 바와 같은 방식으로 관료제를 구축할 경우, 업무와 권한을 명확히 규정함으로써 관료의 재량을 줄일 수 있고 업무성과에 대한 판단이 용이하며, 분업과 계층화를 통하여 대규모 업무의 체계적·효율적 수행과 하급자에 대한 감독, 부서간 갈등 조정과 승진을 통한 우수인력 보유가 가능하다. 또한 *公*과 *私*를 구별함으로써 관료부패의 통제가 가능하고, 문서화는 기술 및 지식의 축적과 계승을 통한 학습을 가능하게 한다. 사회의 급속한 변화에도 불구하고 관료제와 같은 조직방식이 지속적으로 이용되는 것은 이상과 같은 관료제 방식의 장점 때문이다.

3. 행정관료제의 우월성

정치적 요구의 수렴에서부터 정책결정과 집행에 이르는 전체적인 정치 및 행정과정에서 행정부 관료에 의한 정치가 확산될 수 밖에 없는 이유는 무엇인가? 베버가 말하는 관료제의 장점을 상대적으로 많이 갖추고 있는 것이 행정관료제와 정부관료들이라는 데서 그 이유를 찾을 수 있다. 첫째, 행정관료제와 관료는 전문성 면에서 우월하다. 경제가 성장하고 사회가 발달할수록 사회문제는 더욱 복잡해지고, 문제해결에 필요한 전문성 요구 역시 강화된다. 행정관료제는 입법부나 사법부와는 비교할 수 없는 방대한 조직과 인력을 갖추고 있다.8) 여기에다 가장 체계적으로 분업화된 조직체계를 갖추고 있다. 따라서 가장 많은 정보가 빠르고 정확하게 행정부에 집중될 수밖에 없으며, 신분보장으로 장기근속이 가능한 행정부 관료들의 전문성은 앞설 수밖에 없다. 분야별로 구체적인 문제가 이슈가 될 경우 국회의원과 입법부 역시 관료들이 가진 정보와 전문성에 의존할 수밖에 없으며, 행정기관과 관료들이 자료제출을 거부할 경우 국회의원들의 정치적 판단은 지연되거나 비현실적인 것이 될 가능성이 높다.

둘째, 이해관계의 조정에 있어서도 행정부는 상대적으로 유리하다. 국회의원들은 첨예하게 얽혀 있는 이해관계 문제에 끼어 들 경우 사후적으로 자신에게 돌아 올 비판을 크게 의식한다. 그래서 의원들은 이익집단간의 갈등조정을 관료들에게 떠넘기고자 한다. 관료들 역시 갈등 조정과정에서 발생할 수 있는 이익집단과의 갈등이 달갑지 않으며, 경우에 따라서는 완전히 무기력할 수도 있다. 그러나 관료 개인이 아니라 공익에 봉사하는 공무원의 신분에서 국민 다수의 복리를 기준으로 이해관계를 조정 할 경우 자신의 신념에 따라 관련집단을 설득하고 판단할 수 있는 여지는 상대적으로 넓다. 공무원에 대한 신분보장은 관련 집단의 비판으로부터 공무원을 보호해 주는 방파제가 될 수 있다.

4. 의회 정치의 한계

의회정치가 갖는 몇 가지 한계 역시 행정관료의 정치영역을 확대하는 요인이 되고 있다9). 첫째, 현대에 와서 두드러지게 나타난

---

8) 1997년 입법부와 사법부의 공무원 정원은 각각 3,346명과 12,078명인데 비해 행정부의 공무원 정원은 916,265명에 이르고 있다.
9) 정정길, 전게서, p. 197-202.

국가기능의 양적 팽창과 질적 심화에 대해 행정부와는 달리 의회는 적절히 대처할 수 있는 능력이 부족하다. 산업화와 도시화에 따라 무수한 사회문제가 등장하고 있다. 그러나 이런 문제들은 복잡하고 까다로워 고도의 전문지식과 경험에 의한 통찰력이 없이는 해결하기 어렵게 되었다. 그런데 국회의원들의 경우 선거에서 이긴다는 보장이 없고 이기더라도 동일한 위원회에서 계속 입법활동을 하기가 어려우므로 전문성을 갖추기가 쉽지 않으며, 국회의원을 보좌하기 위한 정책분석기관 역시 조직적인 한계를 가지고 있다.

둘째, 외환위기와 같은 위기관리를 위해 신속한 결정이 필요하거나 외교, 국방상의 전략적 정책과 같이 비밀과 계속성이 요구되는 사안의 경우 많은 사람의 공개적 참여와 이해관계자간에 토론과 타협을 중시하는 국회의 의결방식이 적합하지 않다.

셋째, 국회는 '철의 삼각관계(iron triangle)10)'와 같은 이념적인 문제를 안고 있다. 국회는 국민의 대표기관으로 자부하고 출발하지만, 많은 경우 개개인의 지역구만을 대표하여 전체국민의 공익보다는 출신구의 편협한 이익에 얽매인다는 비판을 받는다. 경우에 따라서는 지역구 유권자들의 여론과는 다른 정책을 결정하는 현상도 지적된다.

한국의 경우 남북대치 상황으로 인한 안보제일주의가 폐쇄적이고 신속한 결정과 강한 리더십을 요구함으로써 공개적 토의와 참여를 중시하는 의회의 기능을 위축시켰고, 정부 주도에 의한 급속한 경제성장전략 또한 정치적 타협과 배분적 정의를 중시하는 의회정치와 모순되었다. 안보와 경제성장을 위한 국가기능의 양적 팽창과 질적 심화 또한 전문성이 약한 국회의 지위를 더욱 약화시키는 요인이 되었다. 박대통령의 장기집권 역시 국회에 대한 대통령의 장

---

10) '3두 마차' 또는 '하위정부(sub-government)'라고 부르기도 하는 것으로, 이익집단이 중심이 되고, 의회 관련 위원회의 고참 의원과 고위관료가 은밀히 결탁하여 실질적으로 정책을 좌우하는 현상을 말한다.

악력을 높이는 힘으로 작용하였다.

제4절 이익집단으로서의 관료집단

1. 관료의 이익집단화 배경

지금까지는 관료에 의한 정치의 확산현상과 그 배경을 설명하였다. 이러한 설명에는 관료들이 공익의 수호자 또는 국민 다수에 대한 봉사자로서 역할을 수행할 수 있다는 암시가 내재되어 있다[11].

그러나 이 절에서 설명하고자 하는 것은 관료집단이 정치과정에서 정치적 역할을 수행할 뿐 아니라 다른 집단과 마찬가지로 자기집단의 이해 즉 私益을 추구하는 이익집단이라는 점이다. 다시 말해, 의사와 약사, 변호사와 건축사, 노동조합과 업종별 협회 등과 마찬가지로 공무원집단도 소속 행정기관이나 공무원 전체, 또는 관료 개인의 이익을 극대화하고자 하는 사익추구자 또는 이익단체의 하나라는 것이다[12].

공무원집단들이 이익단체화한 배경은 기본적으로는 다른 이익단체와 같다. 동일한 이해관계를 가진 사람이나 기업이 다수 존재하고, 이들간에 조직화·집단화와 대정부 로비를 통하여 자신들의 이익을 넓힐 수 있거나 지킬 필요가 있다는 공감대가 형성되면 이익집단은 만들어질 수 있다.

---

11) 관료들이 반드시 공익을 추구하거나 수호할 것이라고 단정하는 것이 아니라 그럴 가능성도 있음을 인정하는 것임.

12) 공무원들도 역시 다른 이익단체들과 마찬가지로 자기집단의 이익을 추구할 수 있다. 단지 공무원이라는 이유만으로 봉사와 희생만을 요구하는 것은 다양한 이익집단의 자유로운 이해표출을 전제로 하는 민주주의 정신과도 부합되지 않는다. 미국을 비롯한 다른 나라의 공무원들도 집단적 이익을 추구하는 행동을 하고 있다. 정작 중요한 문제는 공무원의 이익집단적 행동에 대하여 얼마만큼 인정하고 어떻게 견제하느냐는 것이다.

이런 요인 외에 공무원의 경우는 실적주의 인사관리제도와 직업공무원제의 도입이 관료집단의 이익집단화를 촉진하는 계기가 되었다.13) 관직을 선거의 전리품으로 보고, 선거에서 승리한 정당의 당직자들이나 선거운동원에 의하여 관료들이 대규모로 교체되었던 엽관주의 인사관리 시스템에서는 공무원의 이익집단화 동기가 높지 않았다. 이익집단화를 통하여 쟁취할 수 있는 임금인상이나 복지후생의 증진 효과가 자신들에게 지속적으로 돌아올 수 없었기 때문이다. 그러나 실적주의에 기초한 직업공무원제가 도입되면서 공무원들간에 공통적인 이해관계(예: 보수, 연금)가 확산되었고 이의 획득을 위한 공무원의 이익집단화 경향도 강화되었다.14)

2. 관료들이 추구하는 이익들

1) 예산의 극대화

니스카넨에 의하면 관료들이 선호하는 이익은 크게 두 가지다(Niskanen, 1995: 53-58). 첫째는 생애소득이고 둘째는 권력, 자기만족, 사회적 명예, 여가 등 비화폐적 보상이다. 니스카넨의 모델에 의하면 관료가 추구하는 이 모든 이해관계는 궁극적으로 예산극대화로 수렴한다. 예산이 커지면 임금인상이 가능하고 그만큼 권력도 커질 수 있다. 자신의 신념을 펼치는 데도 재정적인 뒷받침이 든든해지고, 사회적 위상도 올라갈 수 있다.

그러나 니스카넨에 의하면 관료들에 의한 예산확대가 국민들에게

---

13) Ronald N. Johnson and Gary D. Libecap, "Agency Growth, Salaries and the Projected Bureaucrat," *Economic Inquiry* (Vol. 27, 1989), pp. 431-451.

14) 한국의 경우는 관료집단을 정치적 목적으로 이용하려는 집권세력들의 의도도 공무원들의 이익집단화를 부추겼다. 공무원들에게 주어진 각종 복지상의 혜택(예: 연금)이 공무원들의 단결과 집단성을 강화시키는 요인으로 작용하였기 때문이다.

는 오히려 복지의 후퇴를 가져올 수 있다. 사회적으로 가장 바람직한 수준 이상으로 공공재의 공급량이 확대됨으로써 공급확대에 따른 추가적 비용부담이 해당 공공재의 소비로 발생한 소비자들의 후

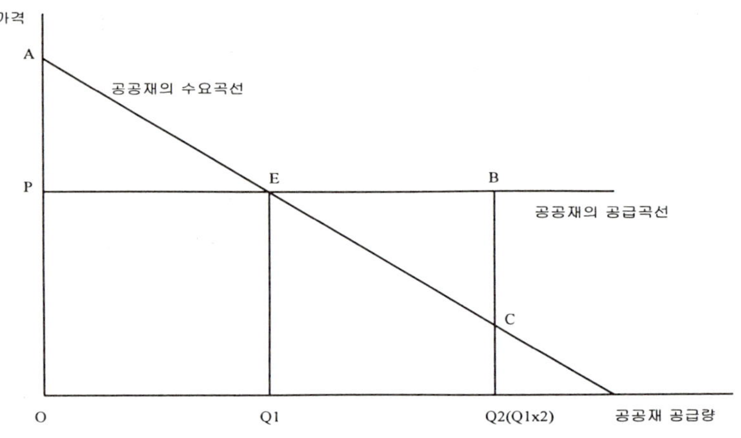

〈그림 9-1〉 공무원들의 예산확대와 소비자 잉여

생을 상쇄시킬 수 있기 때문이다.

〈그림 9-1〉에서 특정 공공재에 대한 국민들의 수요가 AEC선과 같고, 이 공공재의 공급가격은 단위당 P로 공급량과 상관없이 동일하다고 가정하자. 그렇다면 이 공공재의 수요곡선과 공급곡선은 E점에서 만나고, 정부가 이것을 Q_1만큼 공급할 때 소비자들은 △AEP에 해당하는 소비자 잉여를 얻을 수 있다. 이것이 이 공공재를 통하여 소비자들이 얻을 수 있는 최대의 효용 잉여이다.

그런데 관료들이 예산의 확대를 위하여 이 공공재의 공급량을 늘린다면, 공무원들은 최대 Q_2까지 공급량을 확대할 수 있다. 이 경우 관료들이 이 공공재의 공급을 위해 사용하는 예산이 □$OPEQ_1$에서 □$OPBQ_2$로 2배 늘어난다. 그러나 이와 같이 이 공공재의 공급량이 최적 공급량의 2배로 늘어나면 Q_1만큼 공급할 때 발생한

△AEP에 해당하는 소비자 잉여는 △EBC에 해당하는 순비용의 증가에 의하여 상쇄되어 소비자의 잉여는 '0'이 되고 만다.15)

예산확대의 또 다른 문제점은 낭비되기 쉽다는 점이다. 예산을 자기 돈처럼 여기고 가치있는 일에 아껴서 사용하기보다는 단지 자기 부처나 기관의 편의를 위하여 지출하거나 잘못된 정책판단에 의하여 낭비하는 사례가 빈번하다16).

2) 조직과 권한의 확대

공무원들은 자기 이해를 위하여 소속기관의 조직과 기능의 확대를 추구한다. 이러한 조직 확대노력의 결과로 "공무원의 수는 해야 할 일의 경중이나 그 유무와 상관없이 일정비율로 증가하는 현상"이 발생하는데 이를 파킨슨의 법칙(Parkinson's Law)이라 한다.17)

또한 권한을 확대하려는 노력도 계속된다. 권한을 확대하는 데는 새로운 권한을 획득하여 업무의 영역 자체를 확대하는 방법 외에도

---

15) 예를 들면, 각 동별로 1개씩 두고 있는 동사무소를 운영하는데 드는 연간비용에 비하여 주민들이 얻는 효용은 크지 않으므로 이를 폐쇄하는 편이 유리하다는 주장이 제기되어 왔다. 만일 이 주장이 옳다면 동사무소를 통한 행정서비스는 적정 공급량 이상으로 과잉 공급되고 있는 것이며, 이로 인하여 발생하는 추가적인 순비용분에 의하여 동사무소 서비스에서 발생하는 소비자들의 효용잉여분이 상쇄될 수 있다.

16) 예를 들어, 감사원의 재외공관에 대한 1998년도 감사결과에 따르면, 정규직원이 3명 내지 5명인 공관의 1개 과에 타자·업무보조자가 3 내지 4명에 이르는 경우가 있는가 하면, 공사의 사택에 19명이라는 가정부를 채용하여 개인생활을 보조하도록 하고 연간 인건비로 26만 달러를 지출하였다.

17) 예를 들어, 한국의 공무원 정원은 1962년에 253,186명이던 것이 1970년에는 417,348명, 1980년에는 596,431명, 1990년에는 818,121명, 1995년에는 905,390명 등으로 지속적으로 증가해 왔다. 더욱 놀라운 것은 정권이 바뀔 때마다 있었던 정원감축노력에도 불구하고 단기적으로 공무원 수가 감축한 예는 있으나 장기적으로 보면 꾸준한 증가추세를 유지하고 있다는 것이다.

업무의 복잡성을 증가시키는 방법, 규정을 애매모호하게 하여 재량권을 강화하는 방법, 재량권이 강화되도록 기존 권한을 변경하는 방법18), 인·허가 또는 정부생산물의 공급량을 줄이는 방법, 정보를 왜곡하는 방법19) 등 변칙적인 방법이 동원될 수도 있다.

부처이기주의나 정부업무의 중복문제도 조직 및 권한확대의 과정에서 파생되는 문제들이다. 행정업무의 능률성과 대응성을 높이기 위해서는 해당업무를 담당하는 행정기관을 단일화하는 조직의 개편이 필요하다. 그러나 각 부처가 부처이해에 급급하여 조직개편에 저항함으로써 정부조직개편이 좌절되거나 변질되고 있다.20)

3) 보수·연금 등

보수, 연금과 같은 금전적 보상들도 관료집단이 추구하는 중요한

---

18) 예를 들어 어떤 농업지역에 대한 관개용수의 공급방식을 지속적 급수방식에서 순환급수방식(rotation system)으로 바꾸게 되면 담당공무원의 권한은 증가할 것이다. 그리고 농부들은 자기가 원하는 시간에 농업용수를 공급받기 위해서는 평소에 잘 보이거나 관리에게 뇌물을 제공하지 않을 수 없는 입장에 처하게 될 것이다.

19) 브레튼과 윈트오루브(1982)에 의하면 미국의 경찰관료들은 마리화나세법의 가결필요성을 홍보하기 위하여 마리화나의 해악에 대한 증거를 왜곡하거나 다른 실증연구의 결과를 무시하였고 마리화나를 피우게 되면 정신이상이 생기거나 강간욕구, 이유 없는 분노 등이 생겨 무책임하고 폭력적인 행동이 촉발된다고 강변했다. 그리고 마약정책의 전개과정에서도 경찰관료들은 마약구입을 위한 범죄가 재산범죄의 주류를 이룬다고 홍보하면서 모든 범죄의 예방을 위해서는 불법마약단속이 필요하다는 주장을 폈다. 그러나 마약과 범죄간에는 그런 인과관계가 성립하지 않으며, 마약과 범죄를 연결시킨 논리는 계속적인 예산확보를 위하여 경찰들에 의해 개발되었다는 것이 이들의 주장이다. 또한 마약과의 전쟁에도 불구하고 범죄율은 높아졌다. Albert Breton and Ronald Wintrobe, *The Logic of Bureaucratic Control*(Cambridge: Cambridge University Press, 1982).

20) 김대중정부 초기의 정부개편에서 거의 폐지키로 하였던 내무부의 기능이 그대로 살아난 것이나, 동사무소를 없애기로 했던 정부의 지방행정조직 개편방안이 좌절된 것은 좋은 예이다.

요소다. 공무원의 보수에 대해서는 높다 또는 낮다고 말하기 어렵다. 하지만 국민연금과 비교하면 공무원연금은 특혜 시비를 야기할 정도로 그 혜택이 높다.[21]

제5절 관료정치화의 문제점

이상의 설명을 요약하면, 관료들은 정치과정에서 정치적 요구를 수렴·조정하고 입법된 정책을 집행하는 매우 중요한 역할을 할 뿐 아니라 이 과정에서 이익집단으로서 관료집단의 사적 이익을 추구하기도 한다. 이와 같이 관료가 정치집단 또는 정치세력화할 경우 주인-대리인 문제, 국회의 지위저하, 정경유착과 행정공정성의 훼손과 같은 여러 가지 문제들이 발생할 수 있다.

1. 주인-대리인 문제(Principal - Agent Problem)

1) 주인-대리인 문제의 개요

주인-대리인 관계란 간단히 말하면 갑의 이익과 관련된 행위를 을의 재량으로 하여 줄 것을 내용으로 하는 관계이다. 환자와 의사, 소송의뢰인과 변호사, 주주와 경영자, 주권자인 국민과 주권을 위임받은 정치인 등의 관계에서와 같이 환자나 소송의뢰인은 주인으로서 자신의 대리인인 의사와 변호사에게 상당한 재량을 부여하고, 이들 대리인은 자신의 능력과 지식을 활용하여 위임자의 업무를 처리하며, 이러한 대리행위의 결과는 위임자에게 귀속한다. 따라서 대리행위의 책임이 전적으로 위임자에게 돌아오기 때문에 위임자는 자기 이익을 위해 유능한 대리인을 선발하고 지휘, 감독해

---

21) 20년 이상 공무원으로 재직하고 퇴직할 경우 보수연액의 최고 100분의 76을 사망시까지 지급받을 수 있으며, 본인 사망 후에는 유족연금을 지급받을 수 있다(공무원연금법 제46조).

야 한다. 의사나 변호사가 진료나 소송의 결과에 대해 책임져주는 것은 아니라 환자와 소송의뢰인에게 책임이 돌아오므로 유능한 사람을 찾고 그의 행동을 감독할 수 있어야 한다는 것이다.

그러나 위임자는 대리인에 비하여 전문성과 정보가 부족하여 유능한 대리인의 선정이 곤란하고, 대리인의 행동에 대하여 감독이 용이하지 않아 결과적으로는 위임자에게 불리한 상황을 초래할 수도 있다는 것이 '주인-대리인 문제'이다. 위임자는 대리인을 고용할 수밖에 없지만 자신이 고용한 대리인 때문에 오히려 손해를 볼 수도 있다는 것이다.

이러한 문제가 발생하는 것은 주인과 대리인간의 '정보의 비대칭성' 때문이다. 주인으로서는 어떤 사람이 자신의 문제를 성실하게 해결해 줄 능력과 정직성을 갖추었는지에 관한 정보와 그 사람이 실제로 자신을 위해 일하고 있는지에 관한 정보를 결여하고 있기 때문에 이런 문제가 생긴다는 것이다.

2) 공무원과의 관계에서 주인-대리인 문제

주인-대리인 관계는 국민과 정치인, 정치인과 관료, 국민과 관료간의 관계에서도 성립할 수 있다. 관료들이란 정치인들이 내린 정책결정에 따라 정치인들을 대리하여 정책을 집행하는 집단이라고 볼 수도 있고, 국민들을 대리하여 국민들의 이해에 봉사하는 국민들의 대리인이라고도 볼 수 있다. 그리고 이 관계에서도 정보의 불균형문제가 존재하여 관료들을 통한 정책의 수립과 집행이 관료들에게 이런 일을 맡긴 정치인과 국민들에게 오히려 해가되는 결과를 초래할 수 있기 때문이다.

공무원을 영어로는 'civil servant'라고 한다. 이를 그대로 해석하면 공무원은 국민의 종(從)이요 국민에 대한 봉사자라는 말이다. 그러나 공무원들은 정치인이나 국민들에 대하여 정보우위에 있다. 정보를 많이 가지고 있을 뿐 아니라 이를 독점하고 있다. 자기집단에 불리한 정보, 책임이나 비난이 돌아 올 정보는 얼마든지 숨길 수 있다. 따라서 정치인과 국민들이 관료들의 정치적 행동을 적절히 감시할 수가 없으며22), 결과적으로는 공무원들의 사익추구적 행동으로 인해 정책이 위임자인 국민이 아니라 대리인인 공무원들의 이해에 봉사하는 수단이 될 수 있다는 것이다.

2. 국회의 지위 저하 초래

정부 조직의 기본 원리는 입법권을 국회에 두고 법집행권을 행정부에 둠으로써 국회의원들이 국민들을 대표하여 정책을 결정하면 행정부는 국회의 입법취지를 살려 정책을 그대로 집행하도록 함으로써 국민에 의한 지배라는 민주주의의 정신을 살린다는 것이다. 그래서 입법부를 정책결정기관으로 보고 행정부는 정책집행기관으로 보는 시각이 지배적이었다.

그러나 앞서 설명한 바와 같이 정치과정에서 차지하는 관료들의 역할비중이 높아짐에 따라 국민을 대표하는 국회의원의 역할은 상대적으로 약화되었다. 주요한 정책결정이 국민의 대표가 아니라 직업관료들에 의하여 사실상 결정되는 경우가 증가하고 있다는 것이다.

현대사회와 같이 복잡한 사회구조 하에서 국회가 세부적인 입법내용을 모두 법에 명시한다는 것은 기술적으로나 능력상으로나 불가능하다. 따라서 법률에서는 법의 기본적 골격만을 제시하고 구체적인 적용과 해석은 행정부와 관료들에게 위임하는 위임입법이 확대되고 있다. 이는 관료들이 국회의 입법권을 점차 잠식해 가고 있음을 의미하는 것이다.

---

22) 국정감사, 청문회 등 행정에 대한 감독수단이 마련되어 있으나 공무원들의 비밀주의와 정보독점 및 형식적 운영으로 인해 관료들의 실정을 밝혀내는 데는 한계가 있다.

국회의 지위 저하는 국민에 의한 밑으로부터의 정책결정이라는 민주주의의 고전적 정책결정과정을 형식화시킨다는 점도 문제다. 「민중의, 민중에 의한, 민중을 위한 정치」가 아니라 잘못하면 「관료의, 관료에 의한, 관료를 위한 정치」로 전환될 수 있다는 우려다.[23]

3. 정경유착과 행정공정성의 훼손

행정과정에 대한 감독장치가 부실하고 정책의 투명성이 확보되지 않은 상황에서 관료들이 막대한 정치적 힘을 행사하게 될 경우, 관료들의 정치적 결정을 통하여 집단이익을 확대하려는 이익집단들의 압력과 로비가 행정기관과 관료들에게 집중될 수 있으며, 이런 과정에서 관료들이 자신의 권한을 이용하여 사적 이익을 얻고자 할 경우 정경유착과 관료부패라는 문제가 발생한다.

또한 공익성과 공정성을 기준으로 판단해야 할 관료들이 이익집단의 요구에 따를 경우 정책의 공정성이 훼손되며, 공익 목적으로 도입된 정책이 특수 집단의 이익을 강화하는 수단으로 전락할 수 있다.[24]

4. '官治社會化'로 인한 민주주의와 자본주의의 발전 저해

'관치경제', '관치금융'이라는 말을 들어보았을 것이다. 기본적으로 시장원리와 기업의 자율에 맡겨야 할 일에 정부가 꼬치꼬치 간섭하는 행태를 비꼬는 말이다. 한국에서 관료에 의한 정치영역은

---

23) 이극찬, 『정치학』 (법문사, 1999), p.414-415.

24) 예를 들어, 한국행정에 대한 가장 뼈아픈 비판 중의 하나가 '생산자 중심의 행정'이라는 것이다. 다수 대중과 소비자의 이익에 봉사해야 할 정부와 관료가 소수의 기업과 생산자의 이익을 옹호하는데 급급하다는 비판이며, 이런 상황에서 정책의 공정성을 기대할 수는 없다.

지속적으로 확대되어 왔으며, 이런 점에서 한국사회는 官治社會라 할 수 있다. 이런 관치사회에서 민주주의와 자본주의가 성장하고 정착하기란 쉽지 않다.

관치란 개인의 자유를 본질로 하는 민주주의 정신과 본질적으로 위배된다. 개인의 자유에 대하여 정부의 간섭과 통제가 확대된 사회이기 때문이다. 정부와 관료가 우월적인 지위에서 국민들을 통제하는 사회에서 국민이 주인되는 민주정치와 민주행정을 기대하는 것은 어불성설이다. 시민들이 민주주의를 학습하고 그 가치를 이해할 기회가 없다.25)

관치경제에서는 결코 자본주의가 성장할 수 없다.26) 자본주의는 법적 질서의 지속성, 신뢰성, 객관성 그리고 작은 정부에 기초한다. 전형적인 형태의 기업이 되려면 대량시장을 목표로 하고 정확한 계산에 기초하는 장기적이며 대규모적인 투자가 필요하다. 그러나 정부와 관료에게 포괄적인 권한이 주어져 있다면 관료의 행동이 예측 불가능하고 일관성이 없어지며, 기업성장에 적절한 안정적이고 투명한 정치 · 경제환경은 구축될 수 없다. 이런 정치환경에서 기업인들은 지배집단과 유착함으로써 다양한 특혜를 얻고자 하며, 정치에 밝은 사람들에게 더 많은 부의 축적기회가 주어진다.27)

---

25) 풀뿌리 민주주의라는 지방자치를 실시하고 있으나, 자치단체는 기본적으로 법령의 테두리 내에서만 조례를 제정할 수 있어 자치권이 근본적으로 제한되어 있으며, 그나마도 지방의회는 행정자치부가 내려보내는 표준조례안을 통과시키는 이상의 역할을 거의 수행하지 못하고 있다.

26) Max Weber, editied by Guenther Roth and Clause Wittich, *Economy and Society: An Outline of Interpretive Sociology*, (New York: Bedminster Press, 1968). pp. 1094-1141.

27) 사회과학도들 사이에서는 정치제도로서의 민주주의와 경제제도로서의 자본주의 이상의 제도는 있을 수 없으며, 이것이 인류역사를 통하여 찾아낸 최선의 정치, 경제제도라는 주장이 점점 확산되고 있다. 그러나 서구 선진국에서 성공한 민주주의나 자본주의가 한국과 같은 나라에서도 성공적으로 정착할 수 있을 것인가에 대해서는 우려하는 시각이 적지 않다. 이런 점에서 관료정치의 확대에 대하여 우리는 분명한 경계심을 가져야 하며, 이에

대한 적절한 대응방안을 지속적으로 모색해야 한다.

———————————
대한 적절한 대응방안을 지속적으로 모색해야 한다.

제10장 지방자치론

제1절 지방자치의 개념

1. 지방자치의 개념

지방자치(local self-government, local autonomy)는 각 나라마다 지방자치의 성립·발전과 관련된 역사적·정치적 환경에 따라서 의미하는 바가 상이한 다의적 개념이다.

그러나 다양한 지방자치의 개념들을 정리하여 가장 보편적인 정의를 내려보면 지방자치란 간단히 말해서 '지방의 사무를 주민들이 스스로 처리하는 것'이라고 할 수 있고, 좀 더 구체적으로 나타내면 '일정한 지역과 주민을 기초로 한 공공자치단체가 그 지역내의 행정사무를 지역주민의 의사에 따라 주민이 선출한 기관을 통하여 주민의 부담으로 처리하는 과정'이라고 할 수 있다.

지방자치는 지방주민들이 스스로 자기들의 대표자를 선출하고 그들로 하여금 그들 지방의 사무를 처리하게 하는 것을 의미한다. 우리가 일반적으로 이해하고 있듯이 일정한 지방의 주민들이 그 지방의 공공사무를 그들 스스로의 의사와 책임 하에 처리하는 것이 바로 지방자치인 것이다. 따라서 우리는 지방자치를 민주주의의 전제요 실천원리라 이해하고 있으며 민주주의의 수련장이며 학교라고 하는 것이다.

2. 주민자치와 단체자치

지방자치 개념의 형성은 역사적으로 어디에서 태동하고 발전하였느냐에 따라서 주민자치와 단체자치로 구분된다. 주민자치란 영국에서부터 발전한 개념으로 주민의 일상생활에 밀착된 지방행정을 국가나 정부기관에 의하지 않고 그 지방주민이 스스로 또는 그 대표자를 통하여 자기들의 의사와 책임 하에 행하는 것을 말한다. 즉 일정한 지역내의 주민들이 구성한 지방자치단체와 주민들 자신과의 관계 속에서 지방자치의 개념이 발전한 것이다. 주민자치의 입장에서 보면 지방을 통치하는 데 있어서 지방주민의 의사와 다른 별도의 국가(중앙정부)에 의해 이루어지는 지방행정이란 존재할 수 없다. 즉 지방에서의 행정기관도 중앙정부의 특별 지방행정기관과 지방자치단체의 행정기관이 동시에 공존하는 일이 있을 수 없다. 결국 주민자치는 지방주민이 주체가 되어 지방의 공공사무를 결정하고 처리하는 주민참여에 중점을 두는 제도이다. 우리가 지방자치를 '풀뿌리 민주주의(grassroots democracy)'라고 말하는 것은 바로 주민자치의 지방자치사상을 지적하는 것이다.

한편 단체자치란 유럽대륙의 독일과 프랑스를 중심으로 발달한 개념으로, 국가로부터 독립한 개별의 인격을 가진 지방자치단체가 그 자신의 목적과 의사를 가지고 그 의사를 결정하고 집행해 나가는 등 모든 사무를 독자의 기관에 의해서 행하는 것을 말한다. 즉 국가와는 별개의 법인격을 가진 지방자치단체가 국가로부터 상대적으로 독립된 지위와 권한을 부여받아, 일정한 범위 내에서 중앙정부의 통제를 받지 않고 독자적으로 지방의 정치행정사무를 처리하는 제도이다. 따라서 단체자치는 법률적 의미의 자치라고도 하며,

자치단체의 법인화와 자치권의 범위나 성격 등을 규명하는 데 중점을 두게 된다.

　이와 같이 어느 국가에서 발전하였느냐에 따라 지방자치가 각각 다른 측면을 가지고 있으나 두 개념이 개별적으로 독립된 개념을 갖는 것은 아니며, 상호 밀접한 관련성을 갖고 있다. 따라서 오늘날의 지방자치는 영국에서부터 발전한 주민자치와 독일이나 프랑스에서 발전한 단체자치가 적절히 가미되어가고 있는 추세이다. 또한 여기에 각국의 독특한 문화적 전통과 역사적 유산 및 전통규범이 복합적으로 영향을 미쳐 각국마다 독특한 지방자치의 형태를 구축해가고 있다. 지방자치는 지방자치단체가 대외적으로 국가로부터 독립하여 그 자신의 문제를 독자적으로 처리하되, 그 것을 대내적으로 주민들의 의사에 따라 처리할 때에 비로소 완전한 것이 될 수 있는 것이다. 단체자치를 대외적·형식적 측면의 자치라고 한다면, 주민자치를 대내적·내용적 측면의 자치라고 할 수 있는 바, 지방자치는 대외와 대내, 그리고 형식과 내용의 두 측면의 결합 위에서만 성립할 수 있는 것이다.[1]

제2절 지방자치의 현대적 경향

　현대의 행정환경은 매우 급격하게 변화하고 있다. 지방자치 또한 이러한 환경의 소용돌이 속에서 변화에 대한 적응노력이 경주되기도 하고, 긍정적인 평가 이면의 부정적인 평가로 인하여 변화의 요구를 받기도 한다. 특히 이와 같은 이면에는 지방자치가 실시된다고 하더라도 중앙정부와 완전히 동떨어진 체제를 유지하는 것이 아니라는 전제가 개입된다. 현대의 지방자치는 이론적인 측면에서 지

---

1) 최창호, 『지방행정학』(서울: 삼영사, 1995), pp. 47-49.

방자치가 갖고 있는 나름대로의 특성상 행정이라는 거대한 환경의 일부분으로서의 행정국가화에서 야기되는 새로운 환경, 중앙과의 새로운 관계정립에 따른 새로운 환경의 성립 등으로 인하여 변화의 요구에 직면해 있다. 현대의 지방자치가 갖는 경향성은 바로 이러한 환경과 관련하여 신중앙집권화, 신지방분권화에 대한 새로운 해석의 관점에서 찾아볼 수 있을 것이다.

1. 신중앙집권화

신중앙집권화란 중앙정부와 지방정부사이에서 나타나고 있는 새로운 형태의 집권화경향을 의미한다. 지방자치가 국가와 지역사회의 대립을 전제로 하여 사회문제의 공동적 해결이라는 방향에서 기능한 이래, 국가적 차원에서의 통일적 방향정립과 지방차원의 특수성 보장이라는 요소가 대립하여 왔디. 따라서 사회문제에 대응하여 국가와 지방의 역할정립이 필요하게 된다. 현대 국가에서 중앙정부는 행정의 각 부분에서 통일적 기준과 최저 기준을 정하여 목표달성을 추구하고 있으며, 지방정부가 소관하는 행정작용에 대해서 행동반경을 설정하거나 유도하고 있다.

지방정부가 재정적 측면에서 열악한 경우 중앙정부는 지방정부에 대해 재정적 원조를 하게 되는데, 이 것이 지방정부에 대한 통제를 강화하는 요인으로 작용할 수 있는 것이다.

이외에 신중앙집권화를 유도하게 된 요인들을 살펴보면 다음과 같다. 첫째, 과학과 기술의 발달이다. 행정의 공간적, 시간적 한계를 뛰어넘게 하였을 뿐만 아니라 행정의 과학화와 기계화로 행정능력 또한 향상됨으로써 중앙정부의 영향범위를 확대하였다. 둘째, 교통과 통신이 발달하여 지방에 대한 중앙의 즉각적인 지시와 통제를 가능하게 하였다. 셋째, 각 지역간의 교류 증대와 주민들의 생활권이 확대됨으로써 지방의 특수성이 전국적으로 확대되어 가는 경향이 나타나고 있다. 넷째, 국민적 최저수준을 유지할 필요성이 제기되었다. 지역간의 경제적·사회적 불균형을 조정하고 지방주민들의 최저생활을 유지하기 위하여 중앙정부의 관여가 필요하게 되었다. 다섯째, 지방자치제 하에서 나타나는 지역간의 갈등을 조정할 필요성이 제기되었다. 행정의 다기화와 복잡화로 인하여 행정문제들의 광역화 현상이 나타나고 있으며, 행정구역을 초월하는 행정문제에 대한 조정자가 필요하게 된 것이다. 또한 전국적 단위의 공통적 행정문제의 증가에 따라 중앙의 관여가 필연적이 되었다.

2. 신지방분권화

종래의 지방분권은 시민의 자유를 억압하던 절대군주의 중앙정부의 권력을 극복하는 데 그 존재의의가 있었으나 현대의 지방분권은 중앙정부와 지방자치단체는 다 같이 국가의 통치기구의 일환으로서 국민복지의 증진이라는 공동목표를 향하여 기능을 분담하면서 서로 협력하여 행정을 처리하는 데 그 특징이 있다. 이러한 의미에서 현대의 지방분권을 신지방분권이라 한다. 따라서 신지방분권에 있어서는 종래와 같은 배타적인 지방분권은 주장될 수 없으며 중앙정부와 지방정부의 관계도 상하의 관계 혹은 대립의 관계가 아니라 병렬적이고 협력관계이다.[2]

최근 정치행정의 주요한 주제가운데 하나가 지방화에 관한 문제이다. 현재의 추세를 논의하는 용어 가운데 세방화(세방화=세계화+지방화: glocalization=globalization+localization)라는 신조어를 볼 수 있다. 세계화는 국가간 고유의 통제영역을 벗어나 국경을 자유롭게 넘나드는 현상이라고 볼 수 있다. 세계화의 주요 요인으로는 과거의 상품생산과 교역이 주도하는 시대가 아닌 정보와 자본의 이동이 주가 되는 사회로 이동하는 가운데 국민국가의 역할

---

2) 이규환, 『한국지방행정론-이론과 실제-』(서울:법문사, 1999), pp.80-81.

은 축소되고 지방과 개인의 역할이 강조되고 있다. 따라서 지방정부는 과거 국가가 수행하던 일의 상당부분을 수행하여야 한다.

특히 현실적 이념적으로 민주주의적, 자본주의적 질서가 더욱 요구되는 시점에서 경쟁을 기반으로 한 사회의 다양성은 필연적인 일이다. 따라서 각 지방정부도 다양성을 전제로 중앙정부의 권한을 넘겨받고 있으며 이는 선후진국을 막론하고 공통적으로 발생하고 있는 일이라고 할 수 있다.

제3절 지방자치의 제약요인

지방자치가 민주주의를 실현하는 장으로서 갖는 중요성은 그 누구도 부인할 수 없다. 그러나 지방자치의 역사가 장구한 일부 국가에서 지방자치 자체에 대한 비판과 함께 위기에 직면하는 경우가 있다. 그 이유를 보면 다음과 같다.

첫째, 지방자치이론에 대한 회의론이다. 지방자치는 민주주의를 보장하는 중요한 제도로서 인식되어 왔다. 그러나 현대에 있어서 민주주의 국가가 발전하고, 다양한 민주주의 제도들이 도입됨으로써 주민의 직접적 정치참여라는 본래적 의미가 서서히 도전을 받고 있다. 지방자치제 실시이후 지역갈등이 심화되었고 과열선거로 인하여 혼란과 낭비, 비능률과 예산낭비를 가져오는 등 부작용이 심하다는 회의론도 지방자치에 대한 장애요소로 등장하고 있다.

둘째, 지방자치의 근본적 토대가 되는 지역개념의 퇴색이다. 지방자치는 기본적 요소로서 지역을 전제로 하며, 그 지역을 바탕으로 한 특수성을 보장한다는 취지를 가지고 있다. 그러나 현대에 와서 급격한 산업화의 발달과 교통 통신의 발달로 주민들의 생활권이 확대되어감에 따라 지역의 개념이 점차 희석되어 가고 있다. 또한 중앙정부의 행정기능이 점차 확대강화됨으로써 지방의 상대적 중앙의존형태로서의 신중앙집권화 현상도 나타나고 있다. 국토의 균형적 발전과 소득의 균등배분을 위한 광역행정 및 전국적 통일행정의 필요성이 증대되고 있는 것도 지역의 개념을 퇴색시키는 하나의 요인이다.

셋째, 지방정치의 축소이다. 정당정치의 발달로 인하여 지방정치에도 정당의 개입이 이루어지는 것이 불가피한 현상이나, 기형적인 중앙정치의 발달로 인하여 중앙정당의 영향력이 증대되어 지방정치가 중앙에 흡수되어가거나 지방정치가 활성화되지 못하고 있는 제반 현실들이 지방자치의 발전을 저해하고 있는 것이다. 지방정치지도자들이 중앙으로 진출함에 따라 지방에서 영향력을 확보할 수 있는 지방정치 지도자가 부재하다는 것도 하나의 요소로 들 수 있다.

넷째, 지방재정의 취약성이다. 지방행정수요는 급격하게 팽창하고 있으나 지방재정이 이를 따르지 못하고 있기 때문에 지방정부의 독자적 개발사업이 곤란해지고 있다. 한편 국민경제가 발달함에 따라 한 지역에 독특한 경제가 사라지고 고유한 지방세원확보가 어려워졌다. 이에 따라 재정수요를 충족하지 못하는 지방정부가 출현하고, 지역간의 불균형으로 인한 조정의 필요성에 따라 중앙의 관여가 불가피하게 증가하게 되었다.

다섯째, 정부관료제의 대응능력 결여와 회피적 자세도 문제가 된다. 거대한 정부관료제가 관치행정을 탈피하려는 노력을 경주하기는 커녕 오히려 자치에 대한 저항의 행태를 보이고 있다. 그 동안의 중앙집권과 지방에 대한 통치의식이 팽배한 가운데, 관료주의의 경직성, 획일주의, 집권주의, 권한중심주의 그리고 지위중심주의가 자치행정의 성숙과 발전을 저해하는 장애물로 작용하고 있다.

여섯째, 지방행정부문의 상대적인 낙후성도 자치행정의 장애요인이다. 중앙집권적 전통이 정책기능의 중앙집중 현상을 초래하여 지방행정부문에서의 훈련된 전략적 인재의 배출을 방해해 왔다. 참여가 증가하고 정치적 성격이 강해지고 있는 지방정치의 장에서 자치정부가 정책결정 과정의 핵심에서 전 과정을 현명하게 관리하고 전략적 비전을 제시해주지 못한다면 지방자치의 성공을 보장하기 어려울 것이다. 이와 아울러 지방자치의 주인이라 할 수 있는 주민들의 자치능력 미성숙도 지적되어야 한다. 각종 선거과정에서 주민들이 보여주는 행태들, 무비판적 지역이기주의의 발산은 지방자치의 발전에 있어서 경계해야 할 요소이다.

　일곱째, 집권화에 대한 동경심을 들 수 있다. 세계화와 지방화가 동시에 진행되는 '세방화'시대를 맞이하여 국가발전 및 경제발전에 대한 국제사회의 경쟁이 심화되고 있다. 국민들 또한 경쟁력을 확보한 국가, 발전의 여파가 직접 체험되는 국가를 여망함에 따라 분권화보다는 오히려 집권화를 희구하는 목소리가 대두되고 있다. 특히 한국에 있어서 그 동안의 중앙집권체제가 오히려 지방자치제보다 효과적이라는 인식이 팽배해 있어 지방자치제의 정착과 발전에 장애가 되고 있다.

제4절 지방자치와 민주주의의 관계

1. 관계긍정설

1) 국가권력의 제한원리

　국가와 사회의 이원적 대립원리에 입각한 군주국가에 있어서는 민주주의가 국가권력을 배제하거나 제한하는 이른바 제한원리를 그 기초로 하여 성립하였으며, 따라서 민주주의의 발전과정은 사회(개인)에 의한 국가권력의 극복과정으로 간주되었다. 마찬가지로 지방민의 참가에 의한 지방자치도 국가권력을 제한하는 원리에 입각하여 민주적 경향을 대표하였던 것이다. 따라서 지방자치는 역사적으로 군주의 행정권에 대한 일종의 항의적·투쟁적 개념으로 이해되었으며, 전제정치에 대한 방파제로서 기능하였다.3) 즉 지방자치는 국가권력을 제한하고 시민의 권리를 행사하는데 필수적인 일이며 시민민주주의를 형성하는데 일조를 하였다.

2) 민주주의의 일선

지방자치는 민주주의의 제일선적 방어이다. 다시 말하면 가까이 있는 지방정부에서 민주주의를 못하는 나라라면 어떻게 먼 곳에 있는 중앙정부에서 민주주의를 할 수 있겠는가 하는 것이다. 민주주의는 중앙정치의 민주화뿐만 아니라 지방정치의 민주화를 요구하며 지방자치란 지방정치의 민주화를 의미하는 것이기 때문이다.4)

3) 민주주의의 학교

지방자치는 민주주의를 위한 교육의 장이다. 민주주의는 제도적인 면도 물론 중요하지만 민주주의적 행동양식과 생활태도를 갖는 것이 무엇보다도 중요한 일이다. 즉 민주주의적 가치관을 갖고 이를 내재화하며 민주주의적 방식으로 생활하는 것이 필요한 일이다. 이와 같은 민주주의적 생활방식은 하루아침에 이루어지는 것이 아니고 사회적으로, 개인적으로 오랜 시간에 걸쳐 습득되어져야만 하는 것이다. 지방자치는 우리 주변의 작은 일부터 민주적 방식으로 해결하는 것을 의미하며 이러한 과정을 통해 민주주의적 행동양식을 배워나가는 것이다. 브라이스(James Bryce)는 '지방자치는 민주주의를 위해 더 이상 좋을 수 없는 학교이며 민주주의의 성공을 보장받을 수 있는 가장 확실한 보증이다'라는 말로 지방자치와 민주주의의 관계를 역설하고 있다.5)

---

3) 정세욱, 『지방행정학』(서울: 법문사, 1995), p.83.
4) 조창현, 『지방자치란 무엇인가』(서울: 동아일보사, 1988), p.23.
5) James Bryce, *Modern Democracies*(New York: Macmillan Co., 1921), p.131.

4) 민주주의 이념의 실현

민주주의는 인격의 존엄을 인정하고 그것을 최대한 실현시키는 것을 최고 이념으로 한다. 그리고 평등과 자유는 인격의 존엄에 봉사하는 하위이념들이다.6) 지방자치는 인간의 존엄과 평등, 자유의 이념에 입각한 자율인, 즉 주민에 의한 지역의 정치행정이다.7) 지방자치는 인간의 존엄성을 전제로 그 존엄성을 지닌 인간이 자신의 판단에 의해 자신의 일을 자신이 해결한다는 민주주의의 기본 가치를 실현하는 것이다. 따라서 지방자치는 지역을 단위로 한 문제를 인간의 자유를 전제로 해결하는 것을 의미한다.

5) 정치적 안정

지방자치는 중앙의 정권교체를 비롯한 정국의 불안정으로 인하여 야기될지 모르는 정치적 혼란이 지방에까지 파급되지 않도록 방지하고 지방정치의 안정성·중립성을 확보할 수 있게 한다.8) 지방자치는 정권의 변동에 관계없이 안정적인 국정운영을 할 수 있도록 한다. 즉 정권의 빈번한 변동이나 중앙정치의 혼란으로 인하여 지방행정이 흔들리지 않고 안정을 유지할 수 있도록 한다. 한편 중앙정부의 입장에서는 지방에서 벌어지는 문제로 인하여 중앙정치가 큰 영향을 받지 않는다. 지방정부의 일은 지방정부의 책임으로 해결하는 것이 지방자치의 근본 취지이기 때문에 지역에서 벌어지는 일로 중앙정국이 혼란스럽지 않고 사회 전체의 정치적 안정을 확보하는데 도움을 준다.9)

---

6) 차기벽, 『민주주의의 이념과 역사』 (서울: 한길사, 1980), p.15.

7) 김영기, 『지방자치론』 (서울: 대영문화사, 1993), pp.39-40.

8) 정세욱, 전게서, p.86.

9) 예를 들어 대규모 화재 사건이나 경찰관의 총기 난사사건이 벌어졌다고 하면 지방자치가 제대로 되고 있지 않은 곳에서는 중앙정부가 책임을 지어야하고 내각이 사퇴하거나 장관이 사퇴하는 등의 일이 발생할 수 있다. 그러나 지방자치가 실시되고 있는 곳에서는 지방의 문제가 되어 지방정부가 책임을 지고 해결하면 되는 일이기 때문에 중앙정국은 안정을 가져올 수

2. 관계부정설

1) 유럽대륙의 역사적 우연

지방자치와 민주주의의 유기적 관계는 양자간의 이론적 필연성에서 오는 귀결이 아니라, 그것은 다만 절대군주국가의 역사를 가졌던 유럽제국에서만 볼 수 있는 역사적 우연에 불과하다고 한다. 환언하면 지방자치와 민주주의가 결합될 수 있는 계기는 다만 입헌군주국가에서와 같이 군주라는 반민주적 세력이 행정권의 주체로서 군림할 때에 한한다는 것이다. 따라서 이 설에 의하면 중앙정부가 이미 민주적으로 구성된 오늘날에 있어서 지방자치가 여기에 대립하여 별도로 민주적 경향을 대표한다는 논거는 이미 그 타당성이 상실되었다고 주장한다.[10]

2) 낮은 참여

지방자치를 위한 지방선거에 참여하는 비율이 낮다는 것이다. 지방자치는 주민들의 적극적인 참여를 전제로 하여 이루어진다. 그러나 지방자치를 위해 참여하고 있는 주민들의 수가 적다는 것이다. 특히 지방선거의 투표율이 중앙선거에 비해 낮은 경향이 있다. 또한 낮은 중에서도 특히 저소득 저교육 계층의 투표율이 낮아 지방정부의 성격자체를 중상층(中上層)으로 편향되게 한다는 것이다.[11] 이는 결국 지방정부의 대표성을 떨어뜨리는 일이며 다수의 참여를 전제로 한다는 민주주의 원리와 배치되는 것이다.

3) 소수에 의한 지배

앞서 본 바와 같이 지방자치에 참여하는 주민의 비율이 적다거나

있다.
10) 정세욱, 전게서, p.86.
11) 김병준, 『한국지방자치론』(서울: 법문사, 1994), pp.22-23.

참여의 강도가 적을 때, 특히 자율적인 시민사회의 성립이 제대로 되어 있지 않은 경우에는 소수에 의한 지배의 위험성이 있다. 즉 지역의 여론을 선도하거나 실질적 영향력을 행사하는 지역의 엘리트계층이 주민의 의사와 반하는 결정을 지방자치라는 미명하에 할 수 있는 것이다. 이는 참여의 확대가 실질적인 민주주의의 확대와 연계되고 있지 않다는 것을 의미한다. 이 경우 주민참여는 엘리트계층의 의사결정을 정당화하는데 이용될 뿐이다. 따라서 지방자치가 반드시 민주주의를 실현한다고는 할 수 없다는 것이다.

4) 지방자치의 정치적 이용

지방자치의 실시가 실질적인 민주주의를 확보하기 위한 방안이라기보다는 정치적 선전 내지는 동원의 수단으로 이용되는 것이다. 1930년대 일제 시대에 전면적 지방제도의 개편에 따르는 도회(道會), 부회(府會), 읍회(邑會)의 구성은 전체주의적 중앙집권체제하에서 어용적으로 실시된 것이며 1950년대에 실시된 지방자치도 참된 지방자치보다는 이승만 정권을 유지하기 위한 동원적 성격이 강하다고 할 수 있다. 이러한 경우는 민주주의를 실현하기 위한 방안이라기보다는 오히려 지방자치를 통해 중앙정치에 대한 관심을 희석시켜 독재체제를 용이하게 하거나 정치적 선전의 장으로 이용하는 것이라고 할 수 있다.

제5절 우리 나라의 지방자치

1. 우리 나라 지방자치의 전개과정

우리 나라는 대한민국 정부가 수립되고 헌법에 지방자치조항이 마련되면서 지방자치의 토대가 마련되었다. 제헌헌법에 의해 1949

년 지방자치법이 마련됨으로써 한국의 지방자치는 비로소 여명을 맞게 된다.

최초의 지방자치법이 그 빛을 보지 못하고 개정만을 거치다가 한국전쟁 중이던 1952년 지방의회선거가 실시되어 처음으로 주민직선에 의한 지방의회가 구성되고, 시·읍·면장을 지방의회에서 선출하는 등 현대적 지방자치가 시행되었다. 그러나 지방행정의 관리구조는 과거의 관치행정적 특성을 그대로 지니고 있었다. 이때의 지방자치는 자치의 기반과 관련제도의 체계적 개편이 이루어지지 않은 가운데 위에서부터 주어진 것이기 때문에 자치의 자생력이 아주 취약한 형편이었다. 이후 1956년 4년간의 경험을 바탕으로 민주성을 지향하고 효율성을 높인다는 목적 하에 2차 지방자치법 개정이 이루어져 시·읍·면장을 주민직선으로 선출하도록 고쳤다. 이때 지방의원과 직선제 단체장들의 임기를 4년에서 3년으로 단축하고 지방의원의 권한을 축소하였다. 의원의 수도 줄이고 단체장에 대한 불신임 결의안도 폐지하였다. 더욱이 1958년의 제4차 지방자치법 개정에서는 모든 지방자치단체의 장에 대한 임명제를 부활하고 지방행정의 관치행정적 요소를 강화하였으며 지방의회의 활동을 위축시켰다. 결국 이때의 지방자치법 개정은 자유당정권의 집권을 위한 정략적 개악으로 평가할 수 있다.

제2대 지방의원선거를 거쳐 4·19혁명에 의해 민주적 방향으로의 지방자치법 개정을 맞는다. 그 내용은 지방자치단체장의 직선제, 동·리장의 직선제, 지방의회회기의 연장 등으로 지방자치제가 민주화로 진행하는 데 힘찬 운동력을 제공하였다. 이에 따라 1960년 12월 완전자치형식의 주민직선에 의한 지방의원·자치단체장이 선출되는 쾌거를 이루었으나, 곧 이어 발생한 1961년의 5·16군사 쿠데타로 한국의 지방자치는 꽃도 피워보지 못하고 시들어 버리고 말았다.

이 시기에 있었던 지방자치의 변화노력은 지방자치의 창달이나 민주정치의 발전을 위하여 자치여건을 개선시키기보다는 집권자나 집권정당의 정치적 고려가 개재된 것이었다. 더욱이 어렵게 태동한 지방자치가 그 꽃도 피우지 못하고 시드는 시련을 겪었다. 그러나 근대적인 지방자치의식을 움트게 하는 작용을 하였으며, 지방자치가 성장할 수 있는 토대를 마련했다는데서 의의를 찾을 수 있다.

　이후 한국의 지방자치는 암흑기로 접어들었으며 특히 유신헌법은 통일 때까지 지방자치를 실시하지 않도록 하여 지방자치를 근본적으로 부정하였다. 지방자치의 새로운 전기는 1987년 6·29선언에서 지방자치의 실시가 공약되고 1988년 및 1990년 12월의 지방자치법 개정으로 1991년 상반기까지 지방의회 의원선거가 재천명됨으로서 지방자치는 본격적으로 부활의 시기로 접어든다. 이에 따라 1991년 3월 26일 지방의회 선거를 실시하여 4월 15일 기초지방자치단체의 기초의회가 구성되었고, 이어서 6월 20일 광역의회 의원선거를 실시하여 7월 8일 광역의회가 구성됨으로써 지방자치의 부활과 함께 새로운 지방자치시대가 열리게 되었다.

　여러 가지 부정적인 측면이 노출되기도 하였으나 지방의회의 부활은 한국민주주의 역사에서 하나의 커다란 획을 긋는 계기가 되었다고 할 수 있다. 이어서 1995년 6월 27일 실시된 지방선거는 지방의회의원선거와 더불어 자치단체장을 주민이 직접 선출하도록 하여 지방자치의 새로운 전기를 마련하였다. 우리 나라의 지방자치가 내용상으로는 여러 가지 문제를 갖고 있지만 형태상으로는 지방자치의 모습을 갖추었다고 할 수 있다. 1998년에는 2기 직선단체장을 선출하여 일부 부작용에도 불구하고 우리 나라의 지방자치가 진일보하고 있다고 볼 수 있다.

2. 우리 나라 지방자치의 당위성

　지방자치는 이론적으로만 성립하는 것이 아니라 실질적인 측면에서도 중요성을 갖고 있다. 특히 각 나라마다 자국의 역사적 전통과 사회문화유산에 부합하는 자치모델을 개발하고 있다. 한국에서도 지방자치가 나름대로의 논리적 근거와 함께 가치를 내포하고 있다. 그 내용을 정리해 보면 다음과 같다.

첫째, 한국적 민주주의의 제도적 완성을 가져온다. 지방자치는 민주주의적 우월성을 갖는 제도로서 그 동안 중앙집권적 행정문화가 팽배했던 한국에서 민주화의 제도적 완성을 도와줄 것이다. 동시에 주민들에 대해서는 지방자치를 통해 민주주의의 본질을 이해하고 체험할 수 있게 하며, 궁극적으로 민주주의 생활방식을 경험하고 일상화해 나가게 할 것이다.

둘째, 정치행정적 안정성을 확보할 수 있다. 일부에서는 지방자치를 분권화를 통한 지역주의나 지방할거주의로 오해하는 경우가 있다. 실제 지방자치제 실시 이후 지역이기주의 현상이 심화되는 사례도 발견할 수 있었다. 그러나 지방자치의 실시로 정부와 주민들 간의 거리가 단축되고 양자간의 신뢰분위기가 싹트는 등 성숙된 정치의식을 함양하는 데 도움을 주고 있다. 한편 주민에 의한 통제가 일상화됨으로서 정치와 행정의 책임성이 증가되고 주민을 의식한 정치가 필연적으로 출현하게 됨으로서 정치의 안정과 발전에도 기여할 것이다.

셋째, 지역간의 균형적 지역발전에 기여할 것이다. 중앙집권체제는 특정 정치권력의 이해관계와 부합하여 특정지역을 편중개발하거나 지역적 특성을 고려하지 않은 획일적인 개발논리를 적용함으로써 국토의 불균형발전과 지역간 격차를 조장하는 경우도 있다. 그러나 지방자치는 본질적으로 합리적인 선의의 지역경쟁을 통한 균형 있는 지역발전에 기여한다.

넷째, 주민참여와 통제가 확대되고 주민욕구에 지방자치단체가 민감하게 반응하여 지방자치는 정부의 갈등해결능력을 향상시켜줌과 동시에 정부의 대응성 제고에 크게 기여한다. 세계화와 지방화가 동시에 진행되고 무한경쟁시대에 진입하게 되면서 서비스의 능률적 제공이라는 효율성의 개념이 도입되고 나름대로의 생존방법을 도입하는 과정에서 국가적 대응성과 경쟁력을 확보해 줄 것이다.

3. 우리 나라 지방자치의 과제

우리 나라는 과거 중앙집권적 체제에 젖어 있었기 때문에 지방자치의 제도적 도입에도 불구하고 민주적이고 효율적인 지방자치가 정착되고 있지 않다. 이러한 문제를 해결하기 위해 무엇보다 중요한 것은 분권적 사회를 만들고 각 지방정부가 자율적으로 그 지역 주민들의 의사와 노력으로 지방자치를 이끄는 것이다. 즉 지방자치를 위해서는 지방분권이 필수적인 일이다. 그러나 지방분권이 단순히 지방정부와 중앙정부간의 행정적 분권으로 끝나서는 참된 지방자치를 실현할 수 없다. 지방분권은 행정적 분권을 포함하여 다양한 측면에서의 분권화가 이루어져야 한다.

1) 행정적 분권화

이는 중앙정부와 지방정부간의 기능배분을 의미한다. 자치권만을 부여하고 결정할 내용을 주지 않으면 참된 지방자치가 이루어 질 수 없다. 따라서 중앙정부와 지방정부간의 합리적 기능배분이 이루어져야 한다. 특히 우리 나라의 지방사무 가운데 위임사무의 비율을 줄이고 고유사무의 비율을 늘려 실질적인 자치권을 확보하기 위한 노력이 전개되어야 한다. 이를 위해 지방자치관련 법률뿐만 아니라 중앙정부가 수행하고 있는 사무와 관련된 각종 법률과 제도에 대한 광범위한 검토를 통해 업무의 지방이양이 이루어지도록 하여야 한다.

2) 정치적 분권화

정치의 집권화는 정치적 혼란은 가져올 수 있으며 독재로 흐를 가능성이 있다. 이를 방지하기 위해서 정치적 분권이 이루어져야 한다. 지역주민의 의사를 민주적으로 반영하기 위해서 지방선거를 통해 지방정부를 구성하는 것은 당연한 일이며, 이러한 선거과정을 기반으로 다양한 지역의 문제를 자체적으로 해결할 수 있는 지방정치가 활성화되어야 한다. 구체적으로는 정당의 분권화가 선행되어야 한다. 각 지역을 단위로 한 정당활동이 활성화되어야 하며 공천제도등 정당의 운영이 민주적이며 분권적으로 이루어져 당원들에 의한 정당을 전제로 지방정치가 활성화되어야 한다.

3) 경제적 분권화

지방자치단체의 과제 중 하나가 할 일은 많은 데 재원이 부족하다는 것이다. 지방자치단체가 주민의 공공욕구를 충족시키기 위해서 필수적인 것이 재원의 조달이다. 따라서 합리적인 재정확보와 함께 재정지출에 대한 책임성과 효율성을 제고하여야 한다.

그러나 이를 위해서는 지방의 경제가 활성화되어야 한다. 특히 우리 나라와 같이 서울중심의 사회에서 경제적 집권화는 지방재정의 취약뿐만 아니라 지방경제의 취약으로 이어져 지역을 단위로 한 자율성을 떨어뜨릴 수 밖에 없다. 따라서 은행, 기업 등의 각 경제주체의 활동이 지역을 단위로 활성화하도록 하여 경제적 분권화를 실현하여야 한다.

4) 문화적 분권화

지방자치는 지역별 특성을 전제로 하여야 하나 우리의 실정은 그렇지 못하다고 할 수 있다. 지역의 특성있는 문화의 발굴 및 육성이 필요하다. 특히 이러한 문화적 분권화를 위한 전제로 방송, 신문 등 언론의 분권화가 이루어져야 한다. 지역을 단위로 한 신문,

TV, 라디오 등이 활성화되어 지역의 문화를 창달할 수 있어야 한다.

5) 의식의 분권화

이는 참된 자치의식을 의미한다. 각 지역의 주민이 그 지역의 주민이라는 의식을 갖고 그 지역의 문제에 관심을 표명하고 적극적으로 참여하는 것이다. 우리 마을이라는 인식, 우리 주민이라는 인식이야말로 지방자치의 필수적인 일인 것이다.

지방자치는 민주주의와 같이 하나의 생활양식이라고 할 수 있다. 따라서 주민들이 '내가 이 지역 사람이다'라고 인식하며 그 지역을 사랑하는 마음을 갖는 것이다. 이 또한 우리와 같이 중앙집권적 의식이 팽배해있는 사회에서는 필수적인 일이라고 하겠다.

제11장 국가론

제1절 국가란 무엇인가?

사람은 누구나 예외 없이 국가라고 하는 하나의 지역적 공동체 사회에서 생존하고 있는 한, 한 나라안에서 일상적으로 끊임없이 일어나는 권력과 자유의 조화의 문제를 둘러싼 대립과 투쟁관계, 또는 대외적으로는 국가이익의 문제를 둘러싸고 일어나는 분쟁이나 대립긴장관계 등 일체의 정치적 문제는 국가와 관련시키지 않고는 해결의 길을 좀처럼 찾을 수 없다. 때문에 국가와 관련된 문제의 연구가 여전히 중요시 될 수밖에 없다.[12]

국가는 정치의 중심적 존재이며, 국가론 은 정치학의 핵심이다. 국가에 대한 논의는 정치학적 탐구의 시작이고 완성이다. 국가론 은 정치의 본질을 해명하는 열쇠이다. 정치의 본질을 인식하는 것은 국가의 본질을 인식하는 것과 같다. 국가론 의 핵심은 바로 국가의 본질이 무엇인가에 대한 논의에로 귀착된다.

---

12) 이극찬, 『정치학』 (서울:법문사, 1994), p. 656.

1. 국가의 개념에 관한 제 견해

"국가는 무엇인가"라는 개념부터 먼저 생각해보자. 국가형성의 최초의 계기는 경제적 필요에 있다. 경제적 이유 이외의 다른 어떠한 기원도 국가수립의 원인이 아니다. 아리스토텔레스에 의하면 국가 또는 기타 어떠한 것이든 간에 그 출발과 기원을 고려하는 자는 그것에 대한 가장 명확한 견해를 가질 수 있다. 국가의 기원은 그것이 없어서는, 인간이 생존할 수 없는 사회적 결합에 있다. 먼저 종족을 유지할 수 있도록 남자와 여자의 결합이 있어야 한다. 남자와 여자의 결합으로부터 나타나는 것이 가정이다. 헤시오도스(Hesiodos)가 "먼저 집과 아내 그리고 밭갈이 소"라고 말한 것은 올바르게 본 것이다. 가족은 원래 사람들의 일상적 필수품을 보급하기 위해서 결합된 생활공동체이다. 가족의 성원들을 식탁을 같이하는 사람들, 즉 식구라고 부른다. 몇몇의 가족이 모여서 그 모임이 단순한 일상적 필수품의 공급 이상의 다른 것의 생산을 목적으로 한다면 여기에서 성립되는 최초의 사회는 촌락이다. 몇개의 촌락이모여 지역사회를 형성한다. 몇개의 지역사회가 결합해서 경제적 자급자족의 목적을 완성하는바 생활공동체가 바로 국가이다. 국가는 가장 단순한 용어로는 적절한 크기의 지역과 영토를 토대로 경제적인 자급 자족적 생존을 달성하는데 충분한 수의 사람들의 결합이다.13)

국가에 관한 개념은 다양하다. 어떤 학자가 말하기를 학자의 수만큼 많다고 한다. 지난 2500 여년간 국가개념에 관한 정의의 다양성과 혼란성으로 아직도 하나의 합의된 정의를 찾지 못하고 있는 만큼 국가라는 용어 자체를 완전히 포기해야 한다고 이스튼(D.Easton)은 주장하였다.14) 국가라는 정치공동체가 형태에 있어서의 다양성

---

13) Aristoteles, *Politics*, by B.Jowett(Oxford, 1923) : 이수윤, 『정치학개론』 (서울 : 법문사, 1998), pp.105- 106.

과 개념에 있어서의 다의성을 가지는 이유는 역사적으로 많은 변천을 거쳐 오늘에 이르고 있기 때문이다. 정치학 연구에 있어서 국가가 가장 오랜 역사를 가지고 있는데 오늘날과 같은 국가 형태는 16세기 또는 17세기에 이르러 형성된 것이다. 그 이전에 있어서는 도시국가(polis), 왕국(kingdom), 공국(principality), 제국(empire) 등으로 불리어졌고, 국가(state)의 보편적 개념은 16세기초 마키아벨리(Machiavelli)의 군주론 에서 처음으로 확립되었다.15)

　정치학의 시조라고 알려져 있는 플라톤(Platon)과 아리스토텔레스(Aristoteles)는 '국가란 최고선의 추구를 목적으로 한다' 라고 주장하였다. 로마 시대의 시세로(Cicero)와 국제법의 시조인 그로티우스(Grotius)는 국가를 '공동법률과 공동복리를 위해 결합한 조직체라'고 불렀다. 주권설의 창시자인 보딘(Bodin)은 국가를 '최고 권력과 이성으로 지배하는 집단'이라고 정의함으로써 근대 민족국가의 특징인 주권개념을 반영시켰다. 독일의 켈센(Kelsen)은 국가를 하나의 법질서로 보았다. 더기트(Duguit)라는 프랑스 사회학자는 '강자가 지배하고 약자가 복종하는 지배층과 피지배층 간의 정치적 관계를 전제로 한 사회'라고 말했다. 매키버(MacIver)는 국가란 일정한 영토 안에서 사회 질서를 유지하기 위하여 인구 전체에 대한 물리적 강제력을 법을 통해 움직이는 기관으로 보았다.16) 라스키(Laski)는 행정을 '목적으로하는정부에 불과하다'고 하였다. 막스(Marx)와 엥겔스(Engels)는 '지배계급이 피지배계급을 착취하는 수단이 곧 국가'라고 하였다.

　결론적으로 국가를 가장 일반적인 수준에서 정의한다면 국가는

---

14)　C.H.Titus,"A Nomenclature in Political Science,"*American Political Science Review*,Vol.25(1931),p.45.

15)　George H.Sabine,*A History of Political Theory*,3rd ed.(New York:Holt,1962).

16)　R.M.MacIver,*The Modern State* (London:Oxford University Press,1955),p.22.

일정한 영토와 주민들을 기초로 하여 성립되는 특정한 사회체제의 구성원들에 대해 포괄적인 통제력을 행사하면서 그 사회체제의 유지와 경제적 재생산을 총괄하는 지속력을 지닌 강권적 권력체 라고 규정할 수 있다.17)

　이상과 같이 시대에 따라 국가를 보는 학자들의 시각도 제각기 다르며 국가 개념의 다의성도 바로 여기에 기인하는 것이다. 아울러 16세기 마키아벨리 때 국가의 보편적 개념을 처음으로 확립한 후, 18세기에는 절대군주의 횡포에 혐오를 느낀 나머지 국가를 악으로 규정지었고 19세기에는 개인의 자유를 보장하기 위하여 국가권력의 극소화를 주장하는 자유방임주의가 대두되었으며, 19세기 말에 다시 영국과 서구제국은 현대 복지국가로 변하기 시작하여 오늘에 이르고있다.

2. 국가의 기능

　국가기능은 사회적, 역사적 상황에 따라 변모하였다. 예를들면 리프먼(W.Lippmann)이 "가장적게 통치하는 정부가 가장 좋은 정부라고 보는 것이 18세기의 진리라면, 가장많이 공급 해주는 정부가 가장 좋은 정부라고 보는 것이 20세기의 진리"18)라고 말한 것이 국가기능 변천사를 충분히 대변해 줄 수 있는 표현중에 하나라고 본다.

　현대사회에서 각 부문간의 사회적 가치를 둘러싼 갈등의 심화와, 매우 동적(動的)인 점 이라고 할 수 있는 사회의 복잡성과 불안성 등으로, 안정과 통합을 위한 권위적인 기능의 필요성 증대로 인해 국가의 기능은 날로 확대되는 측면이 강했다. 그중에서 국가

---

17) 김영국 외, 『정치학개론』 (서울:박영사,1995),p.37.
18) W.Lippmann,*A Preface to Politics* (New York:The Macmillan Company,1993),p.266.

가 두드러지게 수행하는 기능이 있는데, 하나는 "보호기능" 이고 또 다른 하나는 "공동복지의 증진기능" 이다.

첫째, 국가의 "보호기능"으로서, 국가가 국민을 대내외적으로 보호하고 공정한 질서를 유지하고 국가를 보위하며 법을 집행하기 위해 물리적 강제력을 독점하고 있다. 이 물리력의 배타성 이라는 것이 사회내의 다른 단체와 근본적인 차별성[19]을 갖고있는 것이다. 즉 국가는 보호기능으로써 대내적으로 치안유지기능 이라고 할 수 있는 법과 질서를 지키는 일과, 대외적으로는 국가의 독립을 지키는 안보기능을 갖고있는데 이것은 국가의 생존권과 관계되는 것이다. 생존권을 지키는 중요한 기능이므로 국가에게 강제력과 제재력을 부여하지 않을 수 없는데, 그것이 국가권력이다. 때문에 국가권력은 국민의 자유와 기본권을 침해하지 않는 범위에서 공정하게 행사되어야만 하는 당위성이 있다. 이것이 바로 권력의 정당성 문제까지 연결되며, 만약에 공정성을 상실하게되면 국민의 진정한 충성과 동의를 얻을 수 없다.

둘째, 국가의 "복지증진기능"으로서, 특히 현대국가에 와서 크게 대두된 기능으로 복지기능은 국가의 적극적인 기능[20]이라고 할 수 있다. 국가는 고전적 의미의 질서유지와 법 집행 이외에, 정치, 경제, 사회, 문화적 분야 등에서도 공동의 복지를 증진시키는 기능을 수행해야 한다. 공동이라고 하는 내용은 대중을 담고 있는 것인데, 대중들에게 가장 큰 관심사항이며 과제인 복지라고 하는 것은 시민사회에서 대중국가로 변한 현대국가에서 정통성을 확보하는 핵심사항 이기 때문에 복지를 증진시키는데 최선을 다 하여야 한다. 결국 국가의 1차적기능 이라고 하는 "보호기능"은 수행과정에서 부

---

19) 국가는 특정한 영토속에 있고, 개인의 출생과 동시 국적이 결정, 일반단체회원 임으로 가입 탈퇴 가능, 국가는 전체국민의 이익추구 단체는 단체의 특수이익이 목적, 정부는 수시로 교체 가능하나 국가는 영구적집단 이라고 할 수 있다.
20) 이에 반해 보호기능은 국가의 소극적 기능이라고 하겠다.

정적이고 강압적 요인을 내포하고 있으나 그 목적이 분명하여 논란의 여지가 없지만 이른바 복지정책과 문화정책을 전개시키려는 국가의 2차기능인 "복지증진기능"은 매우 긍정적이고 건설적 취지이긴 해도 성격이 복잡하여 끊임없는 논란의 분야가 되고있다.21)

현대 국가에서 국가 기능의 확대배경과 문제점에 대해 간략하게 살펴보면, 첫째로 현대국가에서 국가기능의 확대 배경으로는, 정치적 요인, 경제적 요인. 그리고 사회적 요인으로 나누어 볼 수 있다. 경제적 요인과 사회적 요인 이라는 것은 국가가 개입해서 조정하는 기능이 확대되었다는 의미를 갖게 되는데, 예를들어 경제적 요인 이라는 것은 자본주의의 발전으로 말미암아 빈부의 대립이나, 노동자의 정치적 발언권의 증대, 실업문제 등 국가가 나서서 해결해야할 임무의 증가로 경제에 대해 국가의 관여와 통제가 확대 되었다고 해석할 수 있다. 또한 사회적 요인은 공업화와 도시화에 따라 국민의 정치적 이해를 다원화 시키며 각 이익집단간의 요구가 분출한다. 이 결과 이익집단간의 조직화가 촉진되기도 하며 어떠한 분쟁이 정치화 되기도 하는데, 이를 조정하는 국가의 기능이 대폭적으로 확대 되었다. 정치적 요인 이라는 것은 정치의 중심이 입법과정에서 행정과정으로 옮겨졌다는 것으로 다양한 대중의 정치적 요구와 비합리적인 행태는 행정기구의 급격한 확대를 가져왔다. 결국 이 행정이라는 것은 국가로 대변되며 국가기능의 확대를 의미한다.

그러면 이러한 국가기능의 확대에 따른 문제점은 무엇인가? 첫째, 개인의 창발성과 자유가 위축될 수 있다. 국가의 복지기능 증대로 국민의 의타심이 생기고 창의성이 축소될 수 있다. 정치적으로는 개인의 자유와 권리가 국가에 의해 침해될 소지가 다분히 있

---

21) H.J.Schumandt and P.G.Steninbicker, Fundamentals of
   Government (Milwaukee:The Bruce Publishing Co.,1954),
   p.140

다. 국가로부터 자유(freedom from the state)가 선행되지 않고 국가에 의한(freedom by the state) 자유는 전체주의를 연상할 수 있는 것이다. 둘째, 행정권이 강화됨에 따라 의회주의의 위기가 올 수 있다. 합의의 지배를 원칙으로 하는 의회라는 곳에서 합의의 의미가 약해지는 것을 말한다.

결론적으로 오늘날의 국가는 이와같은 문제점에도 불구하고 보호기능과 복지증진기능을 부단히 수행하는 것 이외에도 사회나 경제에서 발생하는 잡다한 공적인 문제를 지체없이 합리적으로 처리할 책임이 부과되어 있다. 국가는 또한 전체 사회성원의 인격의 모든 능력을 최대한으로 발전시켜야할 임무도 부과되어 있다.22) 그중에서도 오늘날에 있어서 국가의 가장 기본적인 기능으로 강조 되야 하는 것은 무엇보다도 사회의 질서를 유지하며 국가의 안전을 확보하는 "보호기능" 이라고 하겠다.

제2절 국가를 보는 관점

1. 계급국가론

우리가 살고있는 사회에는 결국 부르조아(Bourgeoisie:유산계급)와 프로레타리아(Proletariat:무산계급)가 있으며 국가는 두 계급간의 투쟁의 산물이라는 것이다. 여기서 부르조아는 지배층을 형성하고 있는 자본가, 부유층, 기업가들을 말하며 프로레타리아는 빈곤층에 해당하는 노동자, 농민 등을 말한다. 국가는 부르조아 이익에 봉사하는 존재이며 월등히 우세한 부르조아 들에게 예속되었

---

22) Ernest Barker, *Principles of Social and Political Theory* (Oxford:Clarendon Press,1951),p.123.

고 부르조아가 프로레타리아를 지배하고 착취하는 하나의 기구로써 역할을 다 할 뿐이라는 것이다. 그리하여 국가는 전체 부르조아의 공동업무를 관장하기 위한 위원회에 불과하며 국가가 제정한 법률은 지배계급인 부르조아의 의지의 표현으로서 유산계급이 무산계급을 지배하고 통제하며 그들의 이익과 재산을 보호하는 주된 수단이 된다는 것이다. 그리고 두 계급간의 빈부의 격차가 심화되면 무산대중이 봉기하여 부르조아를 폭력혁명으로 붕괴시킴으로서 무산계급 독재가 이루어지며 이렇게 되면 자본가 계급에 봉사하던 국가는 결국 소멸된다는 것이다.[23]

계급국가관 이라는 것은 국가를 계급억압의 기관이라고 보는 견해이다. 이러한 이론은 주로 마르크스주의의 국가론 으로서 전개되어온 것이다. 계급론에 따르면, 국가에서는 어떤 일이 벌어지는가 하는 최종적인 문제가 남아 있다. 마르크스와 엥겔스의 저작들을 인용하면 위의 의문에 대한 단순한 답변은 아주 솔직하게 언급된 공산당선언 속에서 찾아질 수 있을 것이다. 정치는 국가안에 존재하고 있다. 국가는 계급이해의 응축물이다. 국가의 상부구조는 계급지배의 기초 위에서 발전한다. 그러므로 발전의 과정에서 계급구분이 사라지고 모든 생산이 전체 국민에로 집중되면 공적권력은 그 정치적 성격을 잃게 될 것이다. 계급이 사라지게되면 정치와 국가의 의미는 끝난다. 그래서 계급이 없어지면 한 계급이 다른 계급을 억압하기 위한 조직화된 권력의 필요성도 뒤따라 자동적으로 사라지게 되고, 따라서 국가의 폐지는 공산주의자들에게 계급억압의 필연적 결과로서 의미를 지닌다. 이런 교리가 국가소멸과 대중적으로 연결된다.[24]

---

23) Karl Marx, "Manifesto of the Communist Party", Robert Tucker(ed), *Marx Engels Reader*, 2nd ed.(New York : W.W.Norton & Company, 1978). p. 475 : F. Engels, *The Origine of the Family, Private Property and State*(London Lawrence and Wishart, 1972). p. 231 참조

엥겔스는 그의 저서『가족, 사유재산 국가의 기원』속에서 국가라는 것은 계급을 억압하기 위하여 생겨진 것이므로 그것은 계급지배와 착취의 수단이라고 다음과 같이 기술하고 있다. "국가는 계급대립을 억제할 필요에서 생겨진 것이기 때문에-그러나 국가는 동시에 그러한 계급의 충돌 속에서 생겨진 것이기 때문에-국가는 원칙적으로 가장 강력하며 경제적으로 지배하는 국가이다. 그리고 그러한 계급은 국가에 의해서 정치적으로도 지배계급으로 됨으로써 피압박계급에 대한 억압과 착취를 위한 새로운 수단을 획득하게 된다. 이를테면 고대국가는 무엇보다도 먼저 노예를 억압하기 위한 노예소유자의 국가이며, 이것과 마찬가지로 봉건국가는 농노와 노예와 같은 상태에 있는 농민을 억압하기 위한 귀족의 기관 이였으며, 근대의 대의제국가는 자본에 의한 임금 노동의 착취의 도구인 것이다.[25]

19세기에 들어 자본주의 모순과 시민국가의 불안전성을 인식하게 됨에 따라, 인간의 의지와는 무관하게 존재하는 사회 그 자체를 분석함으로서 국가의 근본적인 문제를 연구하는 움직임이 나타났는데 맑스와 엥겔스는 이러한 분위기 속에서 그들의 사회주의 이론을 구축하였다. 따라서 맑스의 국가론은 단순한 정치기구와 정치개혁의 연구에 그치지 않고, 경제구조의 분석으로부터 사회혁명의 문제에까지 연구범위를 확대하고 또한 이를 위한 전략 전술 이론까지 포함하는 방대한 연구로 전개되었던 것이다. 이러한 관점에서 맑스가 보는 국가의 기능은 두 가지로 나누어 볼 수 있다.[26] 하나는 기생적 기능으로, 정치와 법은 경제적 하부구조를 반영하는 상

---

24) 앤드류 빈센트지음, 권석원 서규선 옮김, 『국가론』(서울:인간사랑, 1992),p267.

25) F. Engels,*Der Ursprung der Familie,des Privateigentums und des Staats*,SS.166-167.

26) George Lichtheim,*Marxim:An Historical and Critical Study* (New York:Praeger,1961),pp.373.

부구조에 불과하다며, 따라서 국가란 본질적으로 지배적 사회계급의 이익에 봉사하는 기구라는 것이다. 근대 국가는 조세와 부채에 과다하게 의존하고 있으므로 근대국가는 부르조아의 생산능력을 의도적으로 배양하여야만 한다는 주장이다. 다시말해 국가의 관료 행정이 자본주의적 생산의 포괄적인 지속성을 보장한다는 바로 그 사실에 국가의 계급적인 성격이 있다는 것이다. 다른 하나는 계급지배도구 기능으로 국가는 지배계급의 직접적인 수단이며 자본가계급에 의해 직접 통제되므로 자본주의국가는 전체 부르조아의 공통 관심사를 집행하는 위원회에 불과하다는 것이다.27) 근대 국가가 부르조아의 생산능력을 의도적으로 배양하게 됨에 따라 부르조아가 부를 장악하게되고 자연적으로 국가는 부르조아 에게 구걸할 수밖에 없다28)는 주장이다.

이와같은 맑스의 두 가지 국가관은 반국가주의적 요소를 포함하고 있다. 사회주의 혁명에 의해 권력을 탈취한 노동자 계급은 착취와 계급이 소멸할때까지 국가의 권력을 전체 인민의 이익을 위해 계속 행사 하여야 하며, 공산주의가 실현되면 역사적 산물인 국가는 당연히 사멸된다는 것이다. 맑스는 이에 관하여 평생토록 무정부주의자들과 대립하였는데, 자본을 만드는 것도 국가이고, 자본가도 국가의 의도적인 배양에 의한 것이므로 국가는 곧 폐지되어야할 가장 큰 악 이라는 무정부주의자들의 주장에 대해 맑스는 국가의 폐지는 즉각적인 목표가 아니라 프롤레타리아의 혁명활동에 의하여 점차적으로 획득될 궁극적인 목표라고 하면서 그들과 대립하였다.29)

계급국가론은 국가를 사회내의 한 계급이 다른 계급을 지배하는

---

27) Marx and Engels,"The Communist Manifesto,"in Basic Writings, p.9.
28) Karl Marx,*The German Ideology* (London:Lawrence and Wishart,1968),p.404.
29) 이범준 신승권 공저, 『정치학 』 (서울:박영사,1994),p.74.참조

수단으로 보는 입장이다. 맑스는 사회를 토대(경제구조 또는 생산양식)와 상부구조(정, 법률, 사회적 의식)로 나누고, 전자가 후자를 조건짓는 관계를 전제하기 때문에 상부구조로서의 국가는 경제구조를 반영하는 것으로 파악한다.[30] 특히 자본주의사회에 있어서의 토대는 노동과 자본이라는 두 개의 구성 요소간의 상호관계, 즉 생산관계(relations of production)가 주축을 이루며, 그것은 자본가계급의 노동자계급에 대한 지배의 관계가 된다. 이 지배의 관계를 유지시키기 위한 하나의 도구로서 근대국가의 역할이 부각된다. 즉, 지배계급으로서의 부르조아지는 정치질서에 대한 통제를 확립하고 그들이 원하는 대로 그것을 개조 할 수도 있다. 따라서 국가는 부르조아지에 대한 굴종의 성격을 띠지 않을 수 없게된다.[31] 결론적으로 계급국가론은 국가의 본질을 계급지배로 인식한다. 계급국가론에 의하면 정치는 힘에 입각한 투쟁에서 승리한 계급이 자신들의 계급적 승리를 공고히 하기 위한 사회질서를 확립하는것 이외의 다른것이 아니다.

2. 다원적 국가론

다원주의라는 용어가 현대사상 가운데서 특히 국가에 적용될 때는 수많은 의미를 내포하게된다. 때문에 보다 실재적인 다원주의적 관점을 살펴보기 이전에 그 관점의 초점을 명확하게 파악하는 것이 중요하다. 우리가 사용하는 다원주의라는 용어에는 수많은 의미들이 들어있다. 이런 의미들은 철학적, 도덕적, 문화적 그리고 정치적인 것으로 구별될 수 있다.

---

30) K.Marx,"Preface to a Contribution to the Critique of Political Economy,"in Robert C.Tucker(ed.),*The Marx-Engels Reader*, 2nd ed.(New York:W.WNorton and Co.,1978),p.8

31) John M.Maguire,*Marx's Theory of Politics*(Cambridge:Cambridge Univ.Press,1978),p.18

여기서 논의할 다원주의의 형태는 정치적 다원주의이다. 정치적 다원주의는 형식상 집단의 견지에서 사회생활을 바라보는 이론이다. 기본적인 사회실재는 집단이며, 이 집단은 어떠한 중앙집권적 권위에 의해 만들어지는 것도 아니고 궁극적으로 그 권위에 의존하는 것도 아니다. 어떤 학자가 말한 바와 같이, 다원주의자들은 사회질서 안에서 자연스러운 권위의 노선을 따를 것을 주장한다. 각 개인들의 주된 충성심은 어떤 추상적인 정부에 대항하는 것이 아니라, 노조나 교회 또는 지역적인 클럽 같은 그런 집단에 대한 것이다. 결국 그들은 고도로 단일화된 법적 또는 정치적 질서의 절대적 필요성을 거부한다. 그래서 모든 사회적 질서는 느슨하게 목표 지워지는 것이 가능하고, 심지어는 그것이 바람직하기조차 하다. 이런 추리의 노선이 많은 다원주의자들로 하여금 전통주의적인 주권(Sovereignty)과 국가의 관념에 대해 비판적 입장에 서게 만들었다.32)

다원적 국가론은 그린 등에 의한 고전적 자유방임주의의 수정에 의해 국가의 적극적 역할이 점차 인정되고 있는 정치적 상황에 직면하여 개인보다 위력을 갖는 사회집단을 통해 국가권력을 억제해 나가겠다는 의지의 표현이다. 다원적 국가론에 의하면 사회집단을 통해 국가권력을 억제하지 않고 자유를 보장받는다는 것은 하나의 환상 또는 황야에서 외치는 소리와 같다. 다원적 국가론은 개인과 국가의 대립이 아닌 집단과 국가의 대립을 제시한다. 다원적 국가론은 국가가 사회집단을 자유주의적으로 관용해야 한다든지 또는 사회집단이 자기 결정을 하고 있으므로 사회집단의 권리를 국가가 인정해야한다는 것과 같은 주장이 아니다. 다원적 국가론은 권력의 독점체로서의 국가의 외적 규제로부터의 사회집단의 법적 독립을 주장한다. 다원적 국가론은 국가의 주권 독점을 거부한다.33) 다원

---

32) 앤드류 빈센트지음 권석원 서규선 옮김. 『국가론』 (서울:인간사랑, 1992), pp273-276.

적 국가론의 본질적 의의는 국가의 적극적 역할의 배제에 있다.

다원적 국가론은 국가에 관한 일원론에 대립한다. 종래 개인으로부터 출발하여 국가를 생각하는 개인주의적 자유방임주의 국가관의 경우에 있어서도 일단 성립된 국가는 유일한 최고의 통제기관이라는 것이 인정되어 왔다. 다원적 국가론은 그러한 개인주의적 자유방임주의 국가관에도 반대한다. 다원적 국가론은 국가주권을 사회에서의 유일한 최고 권력으로 인정하는 전통적 국가관에 반대한다.34)

다원적 국가론(pluralistic theory of the state)이라는 것은 이상주의적 윤리적 국가일원론에 대한 비판으로서 주로 영국에서 나타난 국가관이다. 즉 그것은 근대초기의 계몽사상가들이 출발점으로 했던 "개인 대 국가"(the man versus the state)의 도식을 부정하고 "집단 대 국가"(the group versus the state)라는 새로운 도식으로부터 출발하여 국가를 파악하려는 것이다.35) 그것은 국가의 다른 여러 사회집단에 대한 절대적 우위성을 거부하고 국가를 사회의 여러 영역에서의 집단과 마찬가지로 어느 특정한 한정된 목적을 가지는 집단들 중의 하나라고 보는 입장이다. 이러한 견해는 주로 코올(G.D.H.Cole), 바카(E.Barker), 라스키(H.J.Laski) 등에 의해서 주장되었다. 라스키는 국가일원론에 대항하고 여러 집단간의 다원적 이해의 조정 이라는 점에서 국가의 존재 이유를 찾으려 했다 .즉 사회는 여러 집단의 연합으로 구성되고 국가도 그 중 하나의 단체에 불과하므로 가치적으로는 여러 집단과 다르지 않다는 것이다. 다원적 국가론은 사회 집단간의 이해 조정의 측면에서만 국가의 기능을 보았다.

다원주의는 한 사회 안에 있어서의 정치권력이 엘리트나 특정 사

---

33) 정인흥, 『서구정치사상사』 (서울:박영사,1976),pp.384-385.
34) 水田洋 장명국 역, 『社會科學講義』 (서울:석탑,1982),pp.235-236.
35) E.Barker,*Political Thought in England:Herbert Spencer to the Present Day* (Oxford:Oxford University Press,1915),p.158.

회계급에게 집중되어 있는 것이 아니라, 사회 내의 여러 집단이나 파벌들에게 분산되고 다원화되어 있다고 보는 입장이다. 일례로 다원적인 정치체제란 다음과 같이 정의될 수 있다.

"다원적인 정치체제란 다양한 집단들이나 파벌(factions)들이 정책에 영향을 미칠 수 있기 때문에 어느 한 집단이나 몇몇 집단들이 그것을 전적으로 통제 할 수 없으며, 한편 모든 정당한 이익집단들이 응분의 영향력을 공유 할때를 말한다."[36]

다원주의의 발생은 19세기 서구사회의 구조적 변화에서 비롯되는 것으로 풀이되고 있다. 산업화와 도시화가 국가권력의 집중과 관료화현상을 수반하게되자, 집중화되고 비대화된 국가권력 앞에 무기력할 수밖에 없었던 비조직화된 개인들의 자유와 권리를 어떻게 하면 보호할 수 있느냐 하는 시대적인 문제의식이 싹트고 이에 대한 하나의 이론적 해답으로서 다원주의가 등장하게 된다. 다원주의적 입장에서는 정치현상의 기본적인 분석단위가 집단(group)이 된다. 상이한 이해를 가진 개인들이 자기의 주관적인 이익이나 욕구를 충족시키는 방법은 집단의 형성을 통해서만 가능하다는 전제에서 출발한다. 트루만은 이익집단이란 태도나 이익을 함께하는 사람들의 집단으로 정의하고, 그것이 정부의 어느 제도에 대해서 어떤 요구를 할 때에는 정치적 이익집단이 된다고 보았다.[37]

다원주의 국가관은 정치적 행동의 기본단위가 개인의 이해를 중심으로 결성된 집단이고, 정치적 과정은 이들 결합, 대립하는 집단 간의 상호작용으로 파악되는 한, 국가는 독자적 성격을 인정받지 못하게 된다. 다원주의적 국가관에서 국가는 고작 다양한 행위자들이 그들의 분쟁을 해결하는 중립적인 장소이며, 그것이 자기들의 이익을 달성하기 위해 사용될 수 있는 중립적인 도구로 보이게 된

---

36) Joan Huber and William H.Form, *Income and Ideology*(New York:The Free Press,1973),p.132.

37) Davidm B.Truman, *The Governmental Process*(New York:Random House,1951),p.37.

다.38)

일부 다원론자들은 심지어 국가를 개개인의 선택이 집성되어 이룩된 또 다른 비시장적제도(nonmarket)에 지나지 않는다고 보기도 한다. 정부는 병원, 대학, 각종 재단과 비시장적 형태의 다양한 조직체들 중의 하나에 지나지 않으며, 굳이 특징을 찾는다면 정부란 강제적 권력을 독점하는데 불과하다고 본다. 이러한 견해를 알포드와 프리드랜드는 함축적 국가(implicit state)라는 개념으로 요약하고 있다.39)

또 다른 다원론자들은 이익집단과 국가 기관간의 밀착관계에 착안하여 경우에 따라서는 국가가 어느 정도의 자율능력을 가질 수 있다고 본다.40) 즉, 민주사회의 여러 집단들은 정치적자원 면에서나 조직 면에서 우열이 있게 마련 이어서 영향력 있는 소수의 이익집단들만이 정부의 관련 부서와의 밀착 관계를 형성할 수 있다. 이때 국가는 특정 이익집단의 일방적 이해를 반영 할 수밖에 없으나 양자간에 형성된 상호의존 관계를 역이용하여 공공관리들은 때로 이익집단들이 압력을 견제하고 독자적인 정책상의 행동반경을 넓힐 수도 있다는 것이다.41)

다원적 국가론은 국가와 정부를 구별 할 수 없는 한계와 취약점을 노정 하기는 했다. 다원적 국가론은 국가주권의 절대성과 국가권력의 절대주의를 재음미하고 비판하는데 있어 유력한 논거로 되

---

38) Stephen L.Elkin,"Pluralism in its Place:State and Regime in Liberal Democracy,"in Roger Benjamin and Stephen L.Elkin (eds.),*The Democratic State*(Lawrence,Kansas:Univ.Press of Kansas,1985),p.182.
39) Robert R.Alford and Roger Friendland, *Powers of Theory : Capitalism,the State and Democracy*(Cambridge:Cambridge Univ.Press,1985),pp.44-46.
40) T.J.Lowi,*The End of Liberalism*,2nd ed.(New York:W.W. Norton,1979)참조
41) T.J.Lowi,op.cit.,pp.68-77.

었다. 다원적 국가론은 국가주권의 존재방식을 반성하게 하였다. 다원적 국가론은 동시에 국제적으로도 국가주권의 절대성을 부인할 수 있었다. 다원적 국가론은 국내법에 대한 국제법의 우위 이론에 직접 결합 될 수 있었다. 다원적 국가론은 제1차 세계대전 이래의 국제사회의 조직화와 국제단체 대두라는 국제관계적 현실을 배경으로 한 것이기도 하다.42)

이상과 같이 다원적 국가론은 각종의 사회집단이 자주적 존재라는 것을 무엇보다도 강조한다. 따라서 어떠한 전체주의적 독재국가라 할지라도 각 사회집단의 자발성을 완전히 금지, 탄압 할 수 없으며 단지 그 활동을 외면적으로 통제할 뿐이라고 주장 한 것은 장점이라 할 것이다. 그러나 국가의 기능을 사회의 여러 집단의 이해의 조절작용이라는 측면에서 만보고 그 조절 작용을 통해서 나타나는 국가의 지배적 기능을 경시 또는 간과 한 것은 하나의 단점으로 볼 수 있을 것이다. 어쨌든 이러한 다원적 국가론은 19세기의 야경국가로 부터 20세기의 복지국가에로의 전환에 따르는 국가기능의 압도적 증대와 이것으로 인하여 조성된 자유주의 위기의 징조가 뚜렷이 나타나게 된 상황 속에서 국가의 절대화를 방지하고 자유주의의 원리를 옹호하기 위하여 주장된 이론 이라고 볼 수 있다.43)

3. 윤리적 국가론

윤리적 국가론은 일원적 국가론 이라고도 하는데, 국가에다 절대적 의의를 부여함으로써 국가권력의 윤리적 의의를 강조하는 입장이다.

독일의 헤겔은 인간은 그 자신이 갖는 모든 가치, 모든 정신적 현실성은 오직 국가를 통해서만 비로서 갖게 된다는 것을 알지 않

---

42) 박영사 편집부, 『정치학 대사전』 (서울:박영사,1980),pp.368-369.
43) 이극찬, 『정치학』 (서울:법문사,1994),pp.666-667.

으면 안된다. 따라서 개개인의 최고의 의무는 국가의 성원으로 되는 일이다 라고 말하고 있다.44) 이론형성에 있어서 핵심적 인물은 헤겔이다.45)

윤리적 국가론의 지지자들은 당 시대에 있어서 국가의 관념 및 실제에 대해서 의미 있는 어떤 것들을 이야기 하고자 하였다. 특히, 헤겔은 예측 할 수 있는 미래를 향해 국가 내에서 발전하는 것이 인간의 운명이라고 주장하였다. 따라서 국가생활은 선진사회 에서 생활하는 대다수인간에게 피할 수 없는 것이었다. 우리는 사회적 피조물이 아니라 국가적 피조물이다. 윤리적 국가론은 국가 이상의 훨씬 더 의미 있는 어떤 것을 만들어 내려고 이례적이고 야심적인 시도였다. 윤리적 국가론은 외적 의미와 마찬가지로 내적 의미도 가진다. 국가내에서 발전을 이룩하는 것이 인간의 운명이다. 그것은 국가가 피할 수 없는 권력이기 때문이 아니라, 국가는 인간존재의 본질 혹은 합리적 피조물로서의 인간의 내적 본질로부터 발전해 나온 것이기 때문이다. 국가와 개인은 공통적인 본질과 목적을 공유하고 있다.46) 헤겔은 루소나 칸트와는 달리 사회계약론이 국가의 도덕성과는 결코 양립할 수 없는 것으로 보고, 계약론을 비판 하였다. 헤겔에 따르면 가족이나 국가는 계약의 산물이 아니다. 계약은 가족이나 국가의 중간 단계에 해당하는 시민사회의 원리일 뿐이다. 보다 정확하게 말하면 계약은 사유재산의 원리이며, 자의적 의지(arbitrary will)의 산물이다. 어떤 점에서 결혼도 자의적 의지의 결과이다. 이런 점에서는 결혼과 계약은 공통점을 갖는다. 그러나 국가의 경우 사정이 전연 다르다. 인간은 자의적 의지에 따라 국가를 버리거나 택할 수 없다. 인간은 그의 출생으로 말미암아 국가 성원으로 결정된다. 어떤 이성적 인간도 국가의 테두리밖에

---

44) Hegel,*Grundlinien der Philosophie des Rechts*,S.258,S.399.
45) G.W.F.Hegel,1770-1831.
46) 앤드류 빈센트 지음 권석원 서규선 옮김,「국가론」(서울:인간사랑, 1992),pp.179-180.

존재 할 수는 없다. 이성적 인간의 궁극적 목적은 국가 생활을 하는데 있다. 만일 국가가 존재하지 않는다면, 이성은 즉시 국가를 세우도록 명할 것이다.47)

헤겔의 성숙된 국가 개념의 문제성과 독특성은 그가 수많은 발전적인 의미들을 국가 개념에다 너무 많이 부과 하였다는 점이다. 그가 항상 이런 의미들을 분명히 구별한 것은 아니다. 그런 것들은 아마도 개인의 의식발전과 동등하게 국가를 보았다는 것에서도 나타난다. 성숙하고 교육받은 개인은 국가를 가장 완전하게 윤리적으로 볼 수 있을 것이다. 그러나 헤겔이 사용한 국가의 관념에는 세 가지 의미가 있다. 관습적인 지혜라는 관점에서 헤겔을 보면 보통 두 가지 의미가 있으나, 이는 헤겔 견해의 복합성에 비추어 볼 때 정당하지 않은 것이다. 세 가지 의미는 (1) 시민사회의 맥락에서의 국가, 즉 헤겔의 외적(external)국가라고 부른것, (2) 정치적 국가, 그리고 (3) 윤리적 국가이다. 미지막 의미가 가장 완전하며 다른 견해의 여러 측면들을 보존하고 있는 것이다. 시민들이 국가의 제도적 구조 속에서 윤리적 의미를 발견하게 되는 것이 이 단계이다. 헤겔은 근대국가 속에서 인간과 역사적 발전이 정점에 이르게 된다고 말했다. 국가는 시민들의 실질적인 이해와 독립되어 있는 조문화된 법률의 영역이 아니며, 집합적인 이해를 반영하는 정치적 구조로 간주되지도 않는다. 오히려, 형식적으로 말해서 국가는 법률과 정치적 구조 속에서 구성원들의 실질적인 이해관계를 구체화 하는 윤리적인 제도이다.48)

윤리적 국가론은 고대 희랍사회에서 최초로 표현되었다. 고대희랍 국가이념에 있어서 그 기본적 방향과 원칙은 조화의 원리였다. 그것은 빈부간의 조화를 실현함으로써 사회적 통합을 구현하자는

---

47) 구영록외, 『정치학개론』 (서울:박영사,1995),p48.
48) 앤드류 빈센트 지음 권석원 서규선 옮김, 『국가론』 (서울:인간사랑, 1992),pp.198-200.

것이었다. 고대희랍에 있어서 중용적 조화의 이념은 대단히 중요한 역할을 하였다. 조화이념은 피타고라스 철학에서 최초로 나타났다. 그는 조화 또는 유기적 균형을 음악과 의학과 물리학과 정치학 등에 있어서의 기본원리라고 인식했다. 고대희랍 사회에서 조화이념 또는 유기적 균형이념 또는 중용이념은 물리학이나 윤리학의 영역에 그 원리로서 구별됨이 없이 적용되었다. 조화 이념은 자연의 특질인 동시에 인성의 본질적 특성 이라고 생각 되었다. 조화원리의 최초의 발전은 피타고라스의 자연철학에서 이루어졌다. 여기서 더 진전하여 조화이념은 윤리와 정치에 적용되었다.[49] 고대희랍의 정치철학에 대한 이해는 바로 현대국가의 이상을 탐구하는 것이 된다. 이 철학의 정점에는 플라톤과 아리스토텔레스가 있다. 플라톤의 윤리적 국가론을 계승 발전시킨 아리스토텔레스는 개인적 도덕과 사회적 윤리는 모두 중용을 목표로 하는 성질을 갖지 않으면 안된다고 보았다. 도덕과 윤리는 그 본질에 있어서 중용을 의미한다. 아리스토텔레스에 의하면 인간은 국가적 생활 또는 정치적 생활을 통해서만 도덕적 윤리적 존재가 된다. 고대희랍사회에 있어서 칼리클레스와 글라우콘 등의 계급적 국가론은 현실주의적 정치의식을 반영하고 있다. 플라톤과 아리스토텔레스 등의 윤리적 국가론은 이상주의적 정치의식을 반영하고 있다. 윤리적 국가론과 계급적 국가론은 표면적으로 서로 대립하고 있다. 윤리적 국가론은 사회적 조화를 지향하는 이성적이고 중용적인 중간계급 중간하층계급의 국가론이다.[50]

자유주의국가의 전형으로 보여졌던 영국에 있어서도 헤겔의 영향하에 국가의 윤리적 의의를 강조하는 그린(T.H.Green,1836-82), 버나드 보샌케(Bernard Bosanquet:1848-1923,헤겔적 이상주의자)등의 신헤겔학파가 등장하여 국가의 윤리성을 강조하면서 국

---

49) 이수윤 저, 『정치학개론』(서울:법문사,1998),p.131.
50) 이수윤 저, 『정치학개론』(서울:법문사,1998),pp.135-140.

가가 사회문제에 적극적으로 개입하는 것을 정당화했다.51)

이상의 설명을 통해 윤리적 국가론은 국가를 공공선을 실현하면서 다양의 종합적 통일에 입각한 사회적 조화와 질서의 구현을 지향하는 정치적 선으로 인식한다. 윤리적 국가론에 의하면 국가는 항상 중용의 원리를 지향해야 한다. 국가는 특정한 사회 계급의 계급적 이익의 도구가 되어서는 안된다. 국가는 중용에 원리에 입각하여 모든 국민의 이익을 존중하면서 국민 전체의 행복을 추구해 나가야 한다. 윤리적 국가론은 정치와 윤리를 일치시키면서 국가와 정치가 계급지배가 아니라 사회적 조화와 사회적 정의와 사회적 통합을 실현하기 위해 노력해야 한다는 관점이다.

제3절 국가론의 한계와 과제

정치의 제 현상을 분석하고 연구하는데 있어서 국가가 주요한 대상이 된다는 것에 대해, 정치학에 있어 국가론의 등장은 큰 의미를 갖는다. 무엇보다도 국가론에 있어서 "국가란 무엇인가?"에 대한 해답을 찾는 것이 중요한 문제 인 동시에 과제이며, 이 해답을 찾기위해 많은 학자들이 국가론에 대한 이론 및 견해를 제시하고 있으나, 이것이 바로 정치학의 분석대상이나 접근양식으로서 국가론이 갖는 한계점이다. 다시말해 국가라는 현실이 존재하지만 성격이나 구조 활동범위에 대해 매우 다양하고 모호한 측면이 강하다. 그러므로 국가를 주제로 해서 정치현상을 분석하고 설명하려고 할때 처음부터 직면하게 되는 문제는 어떠한 입장에서 국가의 본질을 규정하고 그의 구조와 기능을 연구해 나가느냐 하는데 있다.

일례로, 다원주의 국가론을 한국에 적용시킬 경우, 다원주의에서

---

51) 이극찬, 『정치학』 (서울:법문사,1994),p.664.

상정하고 있는 여러 가정들이 한국의 현실정치와 부합되지 않음을 알 수 있다. 예컨대 국가의 중립성, 사회세력의 수평적 상호관계 등의 주요 개념과 고도로 사회 억압적인 한국 국가 사이에는 커다란 괴리가 존재한다. 그러나 1980년 후반이후 급속도로 진행되고 있는 한국 사회내의 계급, 계층분화는 이익의 다양화를 초래하고 있으며 국가에 대한 시민사회의 상대적 성장을 촉진하고 있음을 주목해야 하겠다. 따라서 국가는 종전의 직접개입 내지 억압 대신 외형상 중립적 중재자로서 행동하려 할 것이다.[52]

특히 국가와 사회와의 관계에서 국가의 영역을 적절히 설정하고 그에 포함된 제반 요소들을 체계적으로 분석해 나가는 문제가 분석자에 따라 각기 다를 수밖에 없다는 점에서 국가를 중심으로 한 정치현상의 분석은 일반화를 도출하는데 제약을 받을 수밖에 없다. 또한 국가만을 중심으로 모든 정치현상을 분석하고 이해 한다는 것은 충분한 방법이 못된다. 왜냐하면 국가의 활동이 모든 정치현상을 포함하는 것이 아니기 때문이다. 나아가 국가의 개념을 일반화하기가 매우 어려운데, 이는 국가의 형성 배경이나 구조, 기능 특성들이 각기 상이하기 때문이다. 선진국과 개발도상국과 국가형성 배경이 다르다. 어느 곳에서나 국가의 현상은 발견할 수 있지만 그것은 결코 일정하지 않다는 점에 주목해야 한다. 국가가 정치적 행위를 도출하고 이끌어 나가는데 주요한 요소임에 분명하다. 그러나 국가만을 중심으로 모든 정치현상을 설명하고 이해할 수 있다는 것은 너무 사태를 단순화 시키는 오류를 범할 수 있다.

---

52) 손호철, 『한국정치학의 새구상』 (서울:풀빛,1993),p.204

제12장 국제정치론

제1절 국제정치란 무엇인가?

1. 국제정치의 개념

국제정치란 국제사회에서 일어나는 정치현상을 말한다. 국제사회를 형성하고 있는 기본적 단위는 국가이다. 그러므로 국제정치를 아주 간단하게 말하면 국가간의 정치현상이라 할 수 있다. 그러나 국가는 국제사회를 형성하고 있는 기본적 단위이지 결코 유일한 단위는 아니다. 따라서 국제정치의 주체도 국가에만 국한되지는 않는다. 가령 제2차 세계대전 전의 국제연맹이나 2차대전후의 유엔(UN)과 같은 국제적 기구, 그리고 코민테른, 코민포름과 같이 국제적 조직으로까지 발전한 계급이나 정당, 카톨릭교회 등 국가 이외의 국제적 기구나 단체도 제한된 의미에서 이기는 하지만 국제정치적 활동을 전개하고 있다.[1]

여기서 우리가 일반적으로 많이 사용하고 있는 용어인 국제관계론과 국제정치의 차이점을 살펴 보겠다.

국제관계론(International Relations)이라는 것은 국제사회에

---

1) 이용희, 『일반국제정치학(상)』 (서울:박영사, 1974), p.291.

서 일어나는 사회현상, 즉 국제관계를 과학적, 종합적으로 연구하는 학문이다.2) 초창기에는 정치학 및 역사학에 관계되는 빈약한 분야로서 연구가 싹트기 시작한 것으로, 아직도 이론 면에서 다른 교과의 여러 분야에 걸친 내용을 원용하고 있다.3) 국제관계를 연구하는 분야로서, 국제관계의 역사를 연구하는 국제관계사 또는 외교사가 있고, 정치적 측면을 연구하는 국제정치학(International Politics)이 있다. 이외에, 국제관계의 법적 측면을 다루는 국제법, 경제적 측면에서의 국제경제학, 그 외에 국제지리학, 국제문화사 등등이 존재하고 있다. 그러나 국제관계론은 이상의 기존의 사회과학과는 다른, 독립된 사회과학으로서의 의미를 갖고있는 것이다. 국제관계론 연구의 대상은 국제사회이다. 20세기초부터 두드러진 현상으로 나타난 국제관계의 긴밀화는 국내문제와 국제문제와의 상호연관성을 현저하게 높였다. 국제관계란 개별국가의 영역을 초월한 관계, 나라 사이에 이룩되는 관계, 외국과의 관계 사항, 세계적인 의미를 갖는 사태 등등으로 여겨진다.4) 그러므로 국제관계라는 용어는, 역사의 어떠한 시기에 있어서도 인류의 생활 속에서 가장 중요한 그룹간의 관계를 지칭하는 것이며, 특히 오늘날 가장 중요한 위치를 차지하고 있는 민족국가(nation state)간의 관계를 지칭하는 것이다.5) 이러한 관계를 국제정치 또는 세계정치(World

---

2) 국제관계론의 정의는 아직도 일정한 개념이 정립되어 있지 못하고 있다. 퀸시 라이트 교수는 "국제관계론은 국경을 초월한 사회관계를 연구하는 학문이다." : Quincy Wright, *Problems of Stability and Progress in International Relations*, 1925, p.1. Moon교수는 "국제관계론 이란 것은, 소위 강국 또는 주권국가 상호의 관계를 연구하는 학문이다." : PerkenT. Moon, *Syllabus on International Relations*, 1925, p.1.:K.J.Holsti, *International Politics*, third edition, Prentice-Hall, Inc., Englewood Cliffs, New Jersey, 1976, pp. 5-9. 등 참조.
3) Cecil V.Crabb, Jr.,*Nations in a Multipolar World*,(Harper and Row, Publishers,New York,1968), pp.1-7.
4) Quincy Wright,*The Study of International Relations*,(Appleton-Century Crafts,Inc.,1955),pp.6-7.

Politics), 국제정세(International Affairs), 세계정세라는 용어로서 사용되기도 하나,6) 학자에 따라 용어 면에서 상당한 구별을 두려는 노력이 있다. 이 분야의 학문이 영·미 학계에서 일어난 것이며, 동일한 용어의 개념이 통일되지 못하고 있는 것이 사실이다. 또한 국제정치 국제관계론의 용어는 가끔 서로 혼동하여 동일하게 사용되기도 한다. 그러나 정치행태론(political behavior) 연구를 전공한 학자들은 용어의 사용을 엄격히 구분하는 견해를 갖고 있다. 이들은 국제정치는 협의의 국제사회내의 정치문제를 다루어야 하며, 국가가 다른 정치단위간의 관계 및 외교에 관하여 중점을 두는 것이라고 주장하고, 국제관계는 국제사회내의 사람 및 그룹간의 관계의 전체적인 면과 힘, 압력, 인간이 생각하고 행동하며 사는 방법을 결정하는 과정 등에 적합한 용어라는 입장을 취하고 있다. 그러나 여기서는 국제관계론은 국제정치를 포함하는 보다 광의의 용어로서, 연구분야도 광범위한 것이라고 볼 수 있으며, 오늘날의 국제관계론은 전환기에 있는 세계사회를 연구하는 것이라고 할 수 있다.

국제정치와 국제관계는 다같이 국제정치학의 연구대상이지만 그 개념이 다르다. 즉 국제정치는 국가와 국가간의 공적인 상호작용을 말하지만, 국제관계는 국제적 수준에서 일어나는 모든, 공적, 사적인 상호작용을 말한다. 즉 국제관계는 정부뿐만 아니라 비정부간의 상호관계도 포함한다. 따라서 국가뿐만 아니라 국제기구, 다국적기업, 중요한 개인도 행위자가 되어 이들간의 정치 군사적 현상뿐만 아니라 경제, 문화, 종교, 통신 등 모든 상호작용을 포함한다.7) 말하자면 국제정치는 협의의 개념이고 국제관계는 광의의 개념이다.

---

5) Wright:ibid.,p.8.
6) Georg Schwarzenberger:*Power Politics,third editions*, Stevens and Sons, London, 1969, pp.3-5.
7) Robert L.Pfaltzgraff,Jr.,*The Study of International relations* (Michigan:Gale Resrarch Co,1977).p.1.

국제정치라는 개념은 국가가 국제정치에 있어서 거의 모든 주역이었던 시대의 전통적인 제한적 개념인데 비하여 국제관계라는 것은 비정치적 혹은 민간차원의 새로운 중요한 행위자가 등장함에 따라 새로운 넓은 개념으로 파악되고 있다. 우리나라에서도 학자간에 양 개념을 동일시하는 경우와 구분하여 사용하는 경우가 있어 다소의 논쟁이 있으나, 구미학계의 영향을 받아 국제정치를 국제관계라는 광의의 개념으로 사용하는 것이 관례로 되고 있다. 그러나 이 두 가지 용어 중에서 국제정치라는 말이 압도적으로 사용되고 있다. 다만 영어로 표기 할때는"international relations"라고 쓰는 경우가 많다.

외교정책도 국제정치학의 연구대상인바 개념상 국제정치와의 구별이 필요하다. 국제정치와 외교정책의 구별은, 외교정책은 외교적인 목적을 규정하는 결정과 그 결정을 집행하기 위한 행위이다. 국제관계는 정부, 비정부 수준 전체의 국가간의 상호작용 이다. 다시 말해 외교정책은 외적인 환경에 대처하는 한 국가의 행위를 분석, 연구함을 의미하며, 국제정치는 그러한 국가행위에 대한 상대국가의 반응과 상호작용관계를 연구하는 것이다. 즉 외교정책은 외적인 도전이나 환경에 대처하기 위하여 어떠한 조치를 결정하여 행위를 하는 일방적인 것이며 국제정치는 이러한 행위에 대한 타 국가의 반응과 상호작용을 말하는 것으로서 쌍방적인 것이라고 할 수 있다. 그러므로 외교정책도 국제정치의 개념에 포함되며 따라서 양자는 동일의어로 사용되기도 한다.

2. 국내정치와 국제정치

우리가 국제정치라고 할 때 구체적으로 지적되는 사항은 한 나라를 초월하는 정치, 외국과의 관계교류, 세계적인 의미를 갖는 사태 등등이다. 예를들어 미·중 정상회담은 국제정치적인 것이며 유엔

안정보장이사회나 나토(NATO)의 문제는 분명히 국제정치적인 문제이다. 반면에 미국 대통령의 스캔들이나 중국의 떵시아오핑(鄧小平) 사망 등은, 국제정치적 영향력을 가진 문제이나, 우리는 그러한 일을 엄격히 국내정치적인 사건이라고 부른다.

국내정치든 국제정치든 정치라고 할 때 우리는 기본적으로 권력의 획득, 유지, 확대를 둘러싼 인간간의 투쟁과 협력의 제 과정으로 이해한다. 이때 투쟁과 협력의 당사자가 되는 인간집단들이 형성하는 관계형식이 어떠한가가 바로 문제를 푸는 실마리가 된다. 그 관계가 수직적으로 형성되어 지배-피지배 관계가 일정한 지역공동체를 기반으로 형성되는 경우, 우리는 국내 정치적인 것으로 표현한다. 이때 결정적으로 특징적인 양상은 일정 지역 내에서 수립된 중앙적 권력의 존재가 피치자의 묵시적인 또는 명시적인 동의를 바탕으로 해서 이루어진다는 점이다. 즉, 중앙적 권력이 발동하는 명령의 대부분은 법규범의 채널을 통해 비폭력적인 수단으로 실행되는 것이 상례이다.8)

국제정치는 이와는 반대로, 서로 다르다고 의식하고 있는 인간집단들이 분립된 존재를 고집하고, 그들을 아울러 지배할 어떠한 공동권위도 인정하지 않는다는 점에서 항상 폭력의 위험속에 놓이게 된다. 말하자면 홉스의 "만인의 만인에 대한 투쟁"이라고 하는 말이 바로 적용되는 것이 국제정치의 세계인 것이다. 결국 권력의 실제 사용은 국내정치의 경우보다 훨씬 크고, 이러한 연유로 국제정치라는 말은 쉽게 권력정치(power politics)라는 말과 동의어로 사용되기도 하는 것이다.

이상과 같이 국제정치는 국내정치의 경우에 비해, 동의 또는 협력의 측면보다 갈등의 요소가 우세하며, 그러한 갈등을 해결하는 최종적인 수단에 제한이 없음을 말할 수 있다.9)

---

8) 이동회, 『 정치학원론』 (서울:일신사, 1987), pp.323-324.
9) Stanley Hoffmann ,*The State of War* (London:Pall Mall Press,

그렇지만 오늘날과 같이 각 국가간의 상호의존관계가 정치, 경제, 문화 등 여러 영역에서 보다 더 밀접하게 되어 가는 상황하에서는 국내정치와 국제정치의 뚜렷한 영역의 구분이 쉽지 않게 되고 있다. 특히 최근에 이르러 국내정치와 국제정치와의 사이에는 상호의존성(interdependence)과 상호침투성(interpenetration)이 증대됨으로써 국내정치의 국제정치화와 국제정치의 국내정치화의 현상이 현저하게 보여지게 되었다. 이리하여 최근에는 인터메스틱에이지(intermestic age)[10]라는 용어까지 등장하게 되었는데, 이는 국내정치와 국제정치와의 상호침투작용이 증대되어 가는 것에 주목하여, 이 양자의 연계(linkage)현상을 하나의 분석 틀 속에서 파악하려는 이론이다.[11]

양 측면의 성격을 동시에 갖고있는 문제의 예로서는 한반도의 통일문제를 들 수 있다. 이 문제는 남북한 각각의 국내문제라는 국내적 차원 내지는 남북한 대립적 차원의 측면을 내포하고 있지만, 그와 동시에 한반도를 둘러싼 미국, 러시아, 일본, 중국이라는 4대 강국간의 이해관계라는 국제적 차원의 측면도 내포하고 있는 것이다.

1965),pp.36-37.

10) 이것은 international과 domestic의 합성어이다. Bayles Manning, "The Congress, The Executive and Intermestic Affairs," *Foreign Affairs*, Jan. 1977 참조.

11) James N.Rosenau(ed.), *Linkage Politics* (New York:The Free Press, 1969)참조.

제2절 국제정치의 본질

1. 권력정치의 국제정치

국제정치의 기본적 특성은 그것이 주권을 지닌 국가들 사이의 정치적 역학관계라는 것이다. 힘과 권력으로써 그 존립을 보존하려는 다수의 주권국가에 의하여 전개되는 국제정치에 있어서는 국내정치에 비하여 힘과 권력적 계기가 훨씬 더 노골적이고 뚜렷하게 나타난다. 힘을 토대로 한 권력정치는 국제정치의 본질을 이루고 있다. 힘에 의한 정치와 권력정치가 국제정치의 본질이라는 것을 정확히 인식하는 것은 국제관계를 제대로 이해하는 열쇠이다. 국제정치든 국내정치든 모든 정치는 본질적으로 힘을 토대로 한 권력정치적 속성을 갖고 있다. 국내정치는 힘에 의한 정치와 권력정치를 본질적 속성으로 하면서 윤리적, 이념적, 도덕적 경향과 결부된다. 그러나 국제정치에서는 힘에 의한 정치와 권력정치가 아무런 거리낌없이 횡행하고 있다. 국제정치의 본질이 힘에 의한 정치와 권력정치라는 것은 국제정치와 국제관계에 대한 정확한 인식의 보편적 전제가 되어야 한다.12)

국제정치의 기초는 힘과 권력의 위를 확보하기 위한 투쟁에 있다. 힘과 권력은 국제정치에 있어서는 근본적으로 중요한 요인이다. 국제정치에 있어서 힘과 권력은 궁극적으로 군사력과 전투능력을 의미한다. 권력정치를 본질로 하고있는 국제정치는 권력유지와 권력확장과 권력과시 등을 중심으로 전개되고 있다.13) 국제사회에는 국가체제와 대조적으로 평화와 질서유지에 필요한 여건과 제도가 빈약하다. 국제관계는 불안정한 것이기 때문에 국제체제내의행위자들의 행태란 예측을 불허하는 것이 당연하게 받아 들여지고 있

---

12) 이수윤, 『정치학개론』(서울:법문사,1998),pp.708-709.
13) 백상건, 『정치학 강의』(서울:박영사,1976),p.651.

다. 국제관계의 핵심을 이루는 국제정치관계는 협조나 협동에 의한 관계보다 갈등과 분쟁과 전쟁이라는 그 부정적인 면이 강조되고 있다. 국제관계에서 국가라는 국제정치 행위자들의 국제정치적 위치는 힘에 의해서 평가되고 결정지어지는 경향이 농후하다.14)

국제사회에서 모든 국가는 각각 독립된 행위자로서 상호작용하고 있다. 국제사회에서 각 국가는 국가 내에서 각 개인이나 집단이 받는 것과 같은 제약으로부터 거의 자유롭다. 그것이 국제관계를 불안정하게 하고, 그들의 행위를 예측하기 어렵게 한다. 구조적인 면에서 국제사회에는 힘의 독점을 향유하는 중추적인 권위체가 없다. 국제사회에는 그 질서를 확립하고 유지시키는 제도적 역할도 존재하지 않는다. 국제사회에는 한 국가 안에서 정부가 갖는 중추적 역할인 분배와 규제와 중재 등의 기능이나 권위적 결정을 수행할 존재가 없다. 국제사회적 상황이 극단적으로 표현된 국제사회는 마치 무정부 사회를 방불케 한다고 말 할 수 있다. 일반적으로 국제질서는 힘을 바탕으로 전개된다는 견해가 지배적이다. 힘을 기반으로 한 국제질서는 언제나 갈등과 분쟁과 전쟁의 양상이 계속되는 가운데 인간이 간신히 견딜 수 있는 정도의 상황에 불과하다고 말할 수 있다. 국제질서는 인간이 갈망하는 평화롭고 건전한 질서와는 상당한 거리가 있는 상황이라고 볼 수 있다.15)

근대에 이르러서는 나라마다 주권국가로 되기를 원한다. 여기서부터 국가평등의 원칙이 요청된다. 만일 국제사회에 이러한 국가평등의 원칙이 존재하지 않는다고 가정한다면 그 곳에는 전적으로 약육강식이 행해지는 혼란상태가 초래될 것이 분명하다. 그런데, 실제로 국제정치의 주도권은 대국에게 있으며, 이른바 그 대국주의가 지배적 원리로 되고 있는 형편이다. 따라서 국제사회에서의 대국과 소국과의 관계에 있어서는 법적 평등과 정치적 평등과를 서로 혼동

---

14) 박영사 편집부, 『정치학 대사전』 (서울:박영사,1980),p.204.
15) 김영국 외, 『정치학 개론』 (서울:박영사,1996),pp.296-397.

해서는 안 될 것이다.16)

국제사회에서 주권국가들은 법 앞에서의 개인들의 평등 이념과 마찬가지로 적어도 법률적으로 동등하다. 그러나 국가들은 각기 다른 문화와 역사와 전통을 갖고 있으며 또한 상이한 정치적·경제적·사회적 체제들을 형성하고 있다. 비록 같은 이념들과 가치들을 공유하고 있다 할지라도 국가들이 추구하는 이익들은 각기 다를 뿐만 아니라 경우에 따라서는 서로 대립하기도 한다. 따라서 국제사회는 국내사회와 달리 상당한 정도의 이질성을 내포하고 있다고 볼 수 있다.

결론적으로 국제정치는, 구성단위의 다양성, 다시말해 주권국가들을 포함해서 각종 국제적 조직체들, 집단들 그리고 개인들로 구성되어 있다. 또한 국제사회는 국내사회와 비교해 볼때 구성단위들 간의 관계를 일정한 원칙과 규범에 따라 규제하고 통제하는 정치적 권위체계를 결여하고 있다. 바로 중앙 통제권위의 부재인 것이다. 때문에 국제사회의 주요한 구성단위인 국가들은 실제로 그들의 능력에 있어 서도 결코 균등하지 않다. 불평등한 관계인 것이다.

2. 국제정치 연구대상

국제정치학은 국제사회의 정치적 현상을 연구의 대상으로 삼는다. 국제정치의 주체는 국가만이 아니라, 민족, 계급, 그리고 국제적 제 집단 등도 제한적인 의미에서이기는 하지만 정치활동의 주체로 되어 있는 것이다. 그러므로 국제정치학은 국제사회에서 국가 또는 국제적 집단이 다른 국가 또는 국제적 집단과의 관계에서 정치적 가치를 획득, 유지 또는 확대하기 위하여 대립, 항쟁 또는 협력하는 제 관계를 연구하는 학문이라 할 수 있다. 이 점을 좀더 구체적으로 설명하면, 국제정치학은 국제사회의 정치적 관계를 결정

---

16) 이극찬 , 『정치학』 (서울:법문사,1994),p.681.

하는 기본적인 힘은 무엇인가?, 그것은 어떻게 움직이며, 또한 그 힘은 국제정치적 제도와의 어떠한 관계를 가지고 있는가를 연구하는 동시에, 현대 국제사회가 소망하고 있는 평화문제 등을 연구하는 학문이다.17)

국제정치론의 연구대상으로서의 국제정치현상을 각 분야별로 나누어 살펴보면, 다음몇 가지로 정리가 가능하다. 첫째는 국제정치 체제를 연구의 대상으로 삼을 수 있겠다. 즉 국제사회에서의 정치 단위인 국가들의 질서체계, 다시말해 세력균형체제, 양극체제, 다극체제 등의 형성과정과 그 변화 그리고 그 체제의 특징을 연구 분석한다. 둘째는 국제체제의 주체와 그 통합관계를 말할 수 있다. 이는 국가, 지역적 국제기구, 국제연합, 다국적 기업 등의 특성과 상호관계를 연구하며, 또한 지역적 통합운동과 그 현황을 연구 분석한다. 세째는 국제정치에 참여하는 행위자의 목적이 무엇이며, 그러한 목적을 추구하고 실현하기 위하여 행하는 작용과 반작용의 행태를 연구한다. 네째 국제정치의 과정을 연구하는 것으로, 정치 단위인 국가가 국가이익을 추구하기 위하여 국제사회에서 벌이는 여러가지 정치과정, 즉 외교협상, 분쟁해결, 전쟁 등 상호간의 교류 및 상호작용 과정 등을 연구한다. 다섯째 국가가 외부의 도전 또는 요구 등에 대처하기 위하여 외교정책을 결정함에 있어서 이에 영향을 미치는 국내정치의 변수와 국제정치의 변수를 연구한다. 그 밖에 국제사회에 영향을 미치는 여러가지 국제현상을 연구한다.18)

---

17) 이대윤 , 『신정치학개론』(서울:법문사,1993),p.356.
18) 송민호 , 『정치학원론』(서울:진선미출판사,1996),p.492.

제3절 국제정치의 이론들

1. 이상주의(Utopianism)

국제문제에 대해 학문적 접근을 시도한 것은 제1차 세계대전 후의 일이다. 체계적 연구가 시작된 것은 1920년대 들어와서 이다.[19] 때문에 이 학문은 다른 사회과학에 비하여 연소한 학문이라고 할 수 있다. 그 중 가장 먼저 태두된 것 중에 하나가 이상주의이다.

이것은 전통적 연구방법에[20] 속하는 이론이다. 이상주의와 현실주의 양분법은 영국의 에드워드 카(Edward H. Carr)에 의해 시도된 것으로, 이중 이상주의 학파 이론은 1920년대 미국학계에 주로 볼 수 있었던 것으로 현재에도 조금은 남아 있다. 이 이론은 공리주의적 자유주의 사상을 기반으로 하고 있다. 즉, 다음과 같은 세 가지 기본적 신념에 입각하고 있다. 첫째, 선을 추구하는 것은 올바른 이성적 활동의 학문이라는 것이다. 둘째, 지식이 보급 되는

---

19) 대표적 저작은 C.D.Burns,*International Politics*.1920.:James Bryce,*International Relations*.1922.

20) 국제정치의 연구방법과 이론에는 "전통적 연구방법"과 "행태주의적 연구방법"이 있다. "전통적 연구방법"은 규범적, 가치판단적 그리고 질적인 연구방법으로 주로 역사적, 법적 자료에 의거하여 추상적이고 철학적인 결론에 연역적으로 도달하는 것이 특징이다. 주로 1920년대부터 1960년대 전반까지를 지배한 이론으로, 이상주의, 현실주의, 지정학설 그리고 마르크스주의 등이 대표적이다. "행태주의적 연구방법"은 사실적 경험을 바탕으로 국제정치현상을 과학적으로 연구분석 하려는 것이다. 국제정치학에 있어서 과학적이고 정밀한 연구가 가능하며 그러기 위해서는 규범적인 가치판단과는 분리해서 사실인식에 주력해야 한다는 것이다. 국제정치학 연구를 과학화, 계량화함에 있어 자연과학만큼은 아니더라도 어느정도 정밀성과 정확성을 기하는 학문이 될 수 있다는 것이 행태적 연구자의 주장이다. 대표적인 것은 국제체제이론, 외교결정이론, 연계이론, 커뮤니케이션이론, 통합이론, 게임이론 등이다.

데 따라 누구나 이러한 중요한 문제를 인식하기 위하여 올바르게 이성적으로 판단할 수 있을 것이라는 것이다. 셋째, 이러한 문제에 관하여 옳게 이성적으로 판단한 사람은 누구나 올바른 행동을 할 것이라는 것이다.21)

제1차 대전 후 잠시 계속된 베르사유 체계22)의 상대적 안정 속에서 이상주의가 국제정치의 주류 패러다임으로 자리잡았는데, 윌슨 등의 이상주의론자들은 국제법이나 국제기구를 주 연구대상으로 삼고, 국제적인 것은 선이고, 민족적인 것은 악 이라는 논리를 전개했다. 이상주의학파는 개인과 인류라는 기본명제에서 연역된 국제평화를 중시하고, 국제법이나 국제여론, 그리고 국제기구의 역할을 강조하는 한편, 국가간의 권력상황을 상대적으로 경시하였다.

이상주의의 사상적 배경으로는 18세기의 낙관적 계몽주의, 19세기 자유주의 그리고 20세기 윌슨의 이상주의를 들 수 있다. 이상주의자들은 인간은 선하며 이타적이고 상호 협조·협력할 수 있는 존재라고 본다. 국가간의 갈등은 제도적 장치에 의해 해결될 수 있으며 국가이익은 상호 조화 될 수 있다는 것이다. 이들의 주된 관심은 제1차 대전과 같은 전쟁의 재발을 막는데 있었으며, 평화적 국제관계의 변화를 위해서 일련의 규칙과 절차의 확립을 강조하였다. 이상주의자들은 국제법, 국제기구, 국제여론을 통해 세계평화가 달성 될 수 있다고 보고 평화의 보장을 위한 최선의 절차와 기술적인 문제를 중시하였다.23) 따라서 모든 국가는 국제적인 교류와 이해를 촉진하기 위하여 노력하여야 하며, 국제분쟁을 평화적으

---

21) E.H.Carr,The twenty Year's Crisis 1919-1939:*An Introduction to the Study of International Relations*,2nd edition(New York: St Martin,1956),p.24-25.참조

22) 1919년 프랑스의 베르사유에서, 제1차 세계 대전의 패전국인 독일과 연합국과의 사이에 맺어진 평화조약을 베르사유(Versailles)조약 이라고 하는데, 이 이후에 이루어진 국제체제를 보통 베르사유체제(체계)라고 한다.

23) 박현모 저, 『현대정치학』 (서울:법문사, 1998), pp.308-312.

로 처리하는 새로운 수단을 발견하기 위하여 협동하여야 한다고 보았다. 그것이 곧 국제평화를 유지하는 길이며 유일한 방법이라고 본다. 필연적으로 국제평화의 유지와 국제적 협력이라는 2대 목표를 가지고 결성된 세계적 기구인 국제연맹이나 국제연합 등을 매우 중시한다.24)

1920년대의 미국의 매드개리애파(Reves Madgariapa), 프리드리히(C.J.Friedrich)가 대표적인 학자이다. 이들은 국제분쟁에 대한 평화적 해결방식의 실패가 곧 전쟁의 원인이라고 주장하고 이성적 사고와 행동 그리고 국제협력의 필요성을 촉구하였다. 제1차 세계대전 후 국제도덕규범과 국제법을 강조한 윌슨 대통령을 포함한 이상주의자들을 이익 조화적 법률주의자라고도 부른다.

이러한 이상주의는 너무도 이상적 낙관적 견해에 치우쳐 비정한 국제사회의 현실을 등한시한다는 약점을 드러내게 되었다. 1930년대로 접어들면서 독일 히틀러와 이탈리아의 무쏠리니 등의 무력침공, 일본의 만주침략 등이 패권을 추구하게 되자 설득력을 잃고, 그 대안적 패러다임으로 현실주의가 제시되었다. 그러나 이상주의가 퇴색한 것은 사실이지만, 오늘날 자유무역주의는 이상주의에 입각해 있으며 그밖에 국제연합(UN), 세계보건기구(WHO),국제적십자기구, 원자력기구(IAEA), 국제통화기구(IMF) 등도 이상주의가 그 기초가 되고 있는 것이다.

2. 현실주의(Realism)

이상주의에 대한 반작용으로 현실주의가 등장하였다. 세계대공황(1929-32)과 세계경제의 블록화, 그리고 국제연맹의 무력화가 노

---

24) W.T.R.Fox.*Interwar International Relations Research:The American Experience*, (World Politics, Vol, 2. No.1. Oct. 1949), p.69.

출되면서 현실주의자들의 국제정치론이 주류 패러다임으로 자리 잡았다. 이 시기의 국제정치론은 국제협조보다는 각국의 권력정치를 중시하고, 국가의 대외정책과 힘의 분석에 초점을 두었다. 특히 정치현실주의자들은 켈렌(R.Kjellen,1864-1922)의 지정학과25) 클라우제비츠(K.Clausewitz,1780-1831)의 전쟁론26)을 중시하였다.

현실주의 학파는 인식의 진리성을 표방하면서 당위가 아닌 실제 그대로의 국가간 관계를 강조했다. 이들은 권력의 동태적 양상을 현실적으로 직시하고 국가이기주의를 인정해야 한다고 주장했다. 특히 이들은 국가이익(national interest)이라는 개념에 입각해 국제정치의 실제를 분석하려 했다. 이 시기의 국제정치학은 국제기구나 국제법이 아닌 국가간 정치현상이 연구의 중심을 이루었으며, 미숙한 단계이지만 과학적 접근방법에 이르는 분기점을 형성하였다.27)

현실주의에 의하면 정치란 권력의 투쟁이며 따라서 국가권력을 유지, 강화, 확대하려는 것이 국제정치의 생리이다. 국가의 능력 또는 힘은 중앙정부가 없는 국제사회에서 자기의 보전과정당성을 지키는 유일한 요소가 된다. 국제사회에는 통일정부가 없고 따라서 갈등을 해결해줄 제도와 과정이 없기 때문에 세력요인이 보다 뚜렷하게 나타난다. 즉 국가의 힘은 국제적 갈등이나 분쟁의 결과를 좌우하며, 어떤 국가가 다른 국가의 행위에 영향을 미치는 능력으로서 중요하다는 것이다.28)

현실주의의 사상적 배경으로는 마키아벨리, 홉스 등을 들 수 있다. 현실주의는 인간의 본성을 이기적이고 악하며 타협이 불가능한

---

25) 켈렌은 국력의 요소로서 국가의 위치를 중시하였다.
26) K.Clausewitz, *On War*, trans.O.Jolles(WAshington, D.C.: Combat Forces Press, 1953). 원본은 1833년.
27) 박현모 저, 『현대정치학』(서울:법문사,1998),p.309.
28) 송민호 저, 『정치학 원론』(서울:진선미출판사,1996), p. 501.

것으로 본다. 국가는 이같은 인간본성에 내재한 권력을 극대화한 기구이며, 따라서 국가이익과 도덕이 상충할 때 항상 국가이익이 우선시 된다는 것이다.

현실주의자들에 따르면 전쟁방지는 국제법이나 국제기구가 아닌 세력균형을 통해서만 가능하기 때문에 자국의 안보를 위한 군사력이 무엇보다 중요하다. 이들은 국가를 가장 중요한 단일행위자 (unitary actor)로 보고 국내정치와 국제정치의 차이를 강조한다. 즉 국가에 의해 어느 정도 법과 절차가 존중되는 국내정치와 달리 국제정치는 보편적인 법이나 국제기구가 존재하지 않는 준 무정부 체계라는 것이다.

국제정치에는 보편적·도덕적 원리가 적용되지 않고 다만 국가 이익 추구를 위한 권력투쟁이라고 주장함으로써, 정치적 현실주의 자들은 국제정치의 핵심 개념은 국가 이익과 정치적 힘이라고 하였다. 제 1차 세계 대전 이후 윌슨(Wilson)주의에 도전하여 등장한 현실주의 이론은 국제연맹의 실패, 히틀러(Hitler)의 등장, 2차 대전 후의 소련이 대 동구정책 등으로 인해 국제정치학 연구의 과학화가 본격화 될 때까지 국제정치 연구를 지배하는 이론이었다. 모겐소(Morgenthau)는 ①권력 유지 투쟁, ②권력 확대 투쟁, ③권력의 시위 투쟁만이 국가의 외교정책 수행 방법이라고 주장하였다.29)

이러한 현실주의는 국가들의 외교정책, 군사전략, 국가간 방위동맹, 집단 안전 보장 체제, 나토(NATO)기구 등의 기초원리가 되고 있다.

---

29) Hans Morgenthau, *Politics Among Nations: The Struggle for Power and Peace*, 3rd ed. (New York: Alfred A. Knopf.1960), chapters 4,5 and 6.

3. 지정학설 (Geopolitics)

지정학설의 핵심은 지리적 조건이 국력과 국제정치의 결정적 요인이 된다는 학설이다. 초기의 학자들로서는 독일의 지질학자 라젤 (Friedrich Ratzel:1844-1904)과 지정학이라는 신어를 만든 스웨덴의 켈렌(Rudolph Kjellen:1864-1922)을 들 수 있다. 켈렌의 저서 The Great Powers는 독일의 한소퍼(Karl Hanshofer) 장군의 관심을 끌었다. 한소퍼는 뮌헨(Munich)에 지정학회를 창설하고 '특정 인종이 특정 지역에 대한 통치권을 행사해야 한다'는 이론으로 히틀러에게 큰 영향을 미쳤다.30)

지정학설은 해양세력설과 육지세력설로 나누는데 먼저 해양세력설을 말하면, 이것은 미국의 마핸(Alfred T. Mahan)이 주장한 이론으로서 군사세력에 있어서 해양의 중요성을 강조하였다. 군사적 전략에 있어서 해로는 육로보다 기동력이 강한 이점이 있으며, 바다를 지배하는 자가 세계를 지배한다고 함으로써 제해권의 중요성을 강조하였다. 31)

다음으로 육지세력설은 해양세력보다는 육지 세력의 중요성을 강조한다. 즉 세계를 정복하기 위한 최종적인 노력은 해양세력이 아닌 육지세력의 승리로 결정된다는 것이다. 이에 있어서는 영국의 맥킨더(Halford Mackinder)의 「심장부지정이론」(Heartland Theory)이 유명하다.32) 그는 '동유럽을 지배하는 국가는 핵심지

---

30) Hanshofer는 동구의 슬라브족을 추방하고 독일이 지배해야 한다고 주장하였으나 독일의 소련 침공은 지리적으로 불리하다는 이유로 슬라브족을 수용소로 보냈다고 한다. Forest L.Grieves, *Confict and Order* (Boston: Houghton Miffin Co. 1977), p.39.
31) Alfred T. Mahan, "The Influence of seapower upon history" in Harold and Margaret Sprout, *Foundations of International politics* (New York : D. Van Nostrand Co, 1962) pp.320 ~ 325.
32) Halford J. Mackinder, "The Geographical Pivot of History",

(Heartland)를 지배할 것이며, 핵심지 지배국은 세계도(世界道)를 지배할 것이며, 세계도 지배국은 세계를 지배할 것'이라고 예언하였다. 여기서 핵심지란 볼가 강에서 장자강, 그리고 북극해에서 히말라야에 이르는 유라이시아를 뜻하며 이것을 세계도 라고 불렀다.

해양설이나 핵심지설은 과학·기술 발달로 인한 핵무기 생산 때문에 그 의의를 상실했다고 하지만 양이론은 아직도 무시할 수 없는 이론이다. 예를 들어 맥킨더의 핵심지는 오늘날 러시아와 중국 영토로서 이 두 강대국은 국제정치에 지대한 영향을 미치고 있으며, 중·러 분쟁을 핵심지의 지배권 투쟁으로 분석하는 학자들도 있다.33)

이 이론은 특히 제2차 대전 후 미국의 안보유지의 정치 지리적 기초이론으로 채택되었다. 즉 미국은 이 이론에 입각하여 내륙의 러시아 및 중국의 세력을 그 주변의 해안지대 내지 도서지역에서 봉쇄포위하고 있다. 이것은 나토(NATO), 센토(SENTO), 씨에토(SEATO) 및 미국과 유럽 및 아시아 해안국과 쌍무방위조약을 통한 대 공산권봉쇄정책으로 나타났던 것이다.34)

The Geographical Joumal, Vol, 23. No.4(April, 1904) 참조.
33) Mackinder는 사망 전 핵심지에 대한 대서양동맹국의 등장을 예언했다. Mackinder, *Democratic Ideals and Reality* (New York: W.W. Norton, 1962): Mackinder, "The Round World and The Winning of The Peace," *Foreign Affairs*, 21 (July, 1943), pp. 595-605.
34) NATO는 North Atlantic Treaty Organization의 약자로서 북대서양조약기구를 말하며, CENTO는 Central Treaty Organization의 약자로서 중앙조약기구를 말한다. 그리고 SEATO는 South-East Asia Treaty Organization의 약자로서 동남아시아 조약기구를 뜻한다.

4. 절충주의(Eclecticism)

카(Carr)는 그의 저서, 『The 20 Years' Crisis, 1919~1939』에서 이상주의와 현실주의 학파의 이론을 분석·비판하였다. 이상주의학파는 역사적 경험을 이해하려 하지 않고 도덕적으로만 해석하려 하고, 국제분쟁 해결에 임하는 인간성을 과대 평가하는 우를 범했다고 하며, '있는 정치', 즉 현실을 외면하고 '있어야 할 정치', 즉 도덕적 측면만을 강조한다는 태도는 옳지 않다고 하였다. 또한 인간을 권력의 노예로 간주하는 현실주의학파의 냉소주의적이며 결정론적 태도도 비판하였다. 그는 현실정치와 당위적 정치를 동시에 연구해야 한다는 중간적 입장을 취하였다.[35]

정치의 기본은 힘(권력)이지만 도덕적 규범도 무시할 수 없으므로 권력과 도덕적 규범은 공존한다는 것이 카(E. H. Carr)와 헤르츠(Herz)의 주장이다.

5. 국제 체제이론(International System Theory)

정치학과 국제정치학뿐 아니라 사회과학 전반에 걸쳐 채택되고 있는 행태주의적 연구방법론이다. 근본 원리는 물리나 생물학의 과학적 접근방법을 사회과학에 옮겨 놓은 것이다. 초기의 주창자는 파슨(Talcott Parsons)과 이스튼(David Easton)이며, 그 후 국제정치에 체계 이론을 적응한 학자로는 카플란(Morton Kaplan), 맥클리랜드(Charles A. McClelland), 로즈클앤스(Richard Rosecrance) 등을 들 수 있다.[36]

---

35) Edward Hallett Carr, *The 20 Years' Crisis, 1919~1939: An Introduction to The Study of International Relations* (London : Macmillan, 1939), p.39.

36) Morton A. Kaplan, *System and Process in International Politics*(New York: John Wiley and Sons, 1957); Charles A. McClel-

일반체제이론을 국제정치학에 최초로 도입한 학자는 맥클리랜드이며 이것을 더욱 순수하게 정형화해서 국제정치에 체제이론을 편 학자는 카플란이다.37)

카플란은 체제를 '상호 긴밀한 관계에 있는 변수들의 총체(a set of variables)'라 규정하고 그 체제를 규정하는 변수들이 외적환경의 도전에 직면해서 벌이는 상호작용에서 이 체제가 어떻게 자체의 형평을 유지하는가를 설명하고 있다.

국제체제이론은 국가중심에서 체제중심으로 눈을 돌림으로써 국제체제가 상호연관하는 행위를 체계화하고 거기에서 패턴(pattern)과 규칙성을 발견함으로써 국제정치학의 과학화에 기여하게 되었다. 그러나 이 이론은 아직 미숙한 단계에 있고, 체제의 유지와 존속 연구에는 비교적 타당하나 체제의 파괴와 불완전 또는 성립되지 못한 과도기적 단계에 대한 분석에는 유용하지 못하다.

이 이론의 가정은 인간 행위에서 일정한 규칙성과 일반성을 찾을 수 있다는 것이다. 그리고 체제(system)란 그러한 규칙성과 일반성의 패턴을 고찰하기 위한 학문적 장치(device)에 불과하다는 것이다. 예를 들어 인체의 소화기관을 하나의 체제(system)로 보면 그 안의 부분(subsystem)은 위·십이지장·소장·대장으로 구성되며, 체제로서의 소화 기능과 그 안의 부분마다 별도 기능이 있고, 이 두 기능은 밀접한 상호 작용을 한다는 논리와 같다. 마찬가지로 모든 주권국가를 하나의 체제라는 틀(framework) 속에 넣고 볼 때 그 체제 속의 부분(subsystem)인 국가는 아메바와 같은

---

land, *Theory and The International System*(New York : Macmillan, 1966); Richard Rosecrance, *Action and Reaction in World Politis* (Boston : Little, Brown and Co., 1963) 참조
37) Charles A. Mcclellend, *Theory and the International system* (New York : Macmillan, 1966) 및 Morton A. Kaplan, *System and Process in International Politics*(New York : Wiley and Sons, 1957) 참조.

단세포 동물로 비유하고 체제(system)는 한 생물로서 자체 기능을 갖게 된다고 보는 것이다.[38]

6. 정책결정이론(Decision Making Theory)

전통적 이론이 국가라는 추상적 주체가 정책을 결정한다고 상정하는 것과는 달리 국가 아닌 특정의 개인이 정책을 결정하게 됨으로써 정책결정자(decision maker)의 개성에 대한 연구 또는 이들에게 영향을 미치는 제반요인을 분석해야 한다는 것이다. 여기에서 정책결정자라 함은 대통령, 재상, 군주, 주석, 외무장관 등을 말한다. 이 이론을 주장하는 대표적인 학자는 스나이더(Richard C. Snyder), 페이지(Glenn Paige) 등이다.[39]

예를 들어, 국회가 가족법을 통과시켰다든지, 한국과 일본이 교과서 문제를 일단락 지었다든지, 유엔이 이스라엘 안을 부결시켰다고 할때 그러한 최종 정책결정과정은 국회, 일본, 한국, 유엔과 같은 추상적 존재가 아닌 그 안의 인간의 행위에 의해 이루어졌기 때문에 정책결정자에 대한 연구, 그들에게 영향을 미친 제반 요인 등을 분석해야 한다는 주장이다. 따라서 정책결정이론은 정책결정자를 규명하고, 정책결정방식에 대한 체계적 연구를 시도하며(정책결정과정), 국제정치분석에 관한 과학적 연구방법을 도출하는데 그 목적이 있다.[40]

---

38) 이범준 신승권 공저, 『정치학』(서울: 박영사, 1994), pp.450~451.
39) Charles A.Mcclellend, *Theory and international system* (New York : Macmillan,1966)및 Morton A. Kaplan, System and Process in International Politics(New York : Wiley and Sons, 1957) 참조.
40) 이범준 신승구 공저, 『정치학』(서울:박영사,1994),p.452.

7. 커뮤니케이션이론(Communications Theory)

행태주의 이론 가운데 하나로, 이 이론은 권력관계의 시각으로 국제정치를 보지 않고 국제정치를 정보교류라는 관점에서 연구할 수 있다는 이론이다. 칼 도이취가 최초로 주장한 이론으로, 모든 조직체는 인체의 신경조직과 같은 기능을 가진 통신망을 가지고 있으며 국가도 하나의 조직체이므로 통신망을 갖고 있다는 것이다.41)

한 국가는 외부와의 접촉을 통해 얻는 정보를 종류에 따라 활용도 하고 저장도 하고, 새로 창조 도하여 다시 외부로 보내는 과정, 즉 정보상호교류(feedback)과정을 정책결정 과정이라고 부른다. 구체적으로 국제정치분석을 위하여 학생교류정책, 국제조약, 무역량의 비율, 우편량, 상호간의 언론매개량, 관광객 수 등에 관한 연구로 정보의 유통량을 측정하여 국제정치현상을 분석 할 수 있다는 주장이다.42)

이 이론으로 인하여 국제정치학에서의 계량적 측정과 예측이 보다 가능해졌는데, 이는 권력보다 정보라는 새로운 관점과 분석 도구를 제공함으로써 새로운 접근방법을 시도하게 만들었다.

8. 게임이론(Game Theory)

게임이론의 핵심은 시뮬레이션(simulation)과 전략이다. 이것은 국가와 국가 그리고 사람과 사람 등의 관계는 주로 경쟁관계이므

---

41) Karl W. Deutsch,*The Nerve of Government : Models of Political Communication and Control*(New York : Free Press, 1963). pp.250-251.
42) Karl Deutsch, "Toward an Inventory of Basic Trends and Patterns in Comparative and International Politics," *American Political Science Review 4V* (March,1960),p.46.

로, 인간들 사이에서나 국가간에 어떤 경쟁상태에서 어떠한 전략을 택해야하느냐를 게임(바둑이나 카드게임과 같이)과 같이 모의실습을 통해서 결정하고자 하는 이론이다. 이 이론은 개인 또는 집단이 경쟁상태에서 가장 적합한 행동이 무엇인가를 수학적으로 다루는 이론이다.

목적 달성을 위한 전략 강구 과정에서 이득을 보는 게임을 제로섬 게임(zero sum game)이라고 하고, 상대방도 마찬가지로 이득을 얻는 게임을 비제로섬 게임(non zero sum game)이라고 한다. 냉전체제 이전만 해도 국가간의 관계는 제로섬 게임 이었다. 그러나 냉전체제가 붕괴 된 후에, 대표적인 국가인 미국과 러시아가 적대관계에서 협력관계로 전환하면서 양국의 관계는 비제로섬화 되었다. 뿐만 아니라 교통수단과 통신의 발달로 국가간의 무역량이 증대되고 상호의존관계가 확대됨에 따라 제로섬 게임 보다 비제로섬 게임 분야가 확대되고 있다. 이 이론의 기저에는 어떤 상황에서 행위자가 취할 이성적 행위는 같다는 전제가 깔려 있다. 주로 국가간의 외교협상, 특히 군사전략을 위해 널리 사용되는 이론이다. 대표적인 학자는 쉘링(Thomas C. Schelling), 래포포트(Anatol Rapoport)등을 들 수 있다.43)

---

43) Thomas C. Schelling, *Strategy of Conflict*(New York: Oxford University Press,1963), pp.162-172.

참 고 문 헌

구영록 외, 『정치학개론』, 박영사, 1998.

김경일, 『공자가 죽어야 나라가 산다』, 바다출판사, 1999.

김광웅 외, 『발전행정론』, 법문사, 1980.

김병준, 『한국지방자치론』, 법문사, 1994.

김신복, 『발전기획론』, 박영사, 1991.

김영기, 『지방자치론』, 대영문화사, 1993.

김영래 편, 『이익집단 정치와 이익 갈등』, 한울 아카데미, 1997.

김우태, 『정치학원론』, 형설출판사, 1992.

김운태, 『정치학원론』, 박영사, 1989.

김운태 외, 『한국정치행정의 체계』, 박영사, 1982.

김일중, 『규제와 재산권』, 자유기업센터, 1995.

김재영, 『현대정치학』, 삼우사, 1997.

김철수, 『헌법학개론』, 박영사, 1992.

디터 놀렌 저, 박병석 역, 『선거제도와 정당체제: 선거제도의 정
    치적 효과』, 도서출판 다다, 1994.

마키아벨리, 황문수 역, 『군주론 정략론』, 동서문화사, 1976.

매크리디스, 『현대정치체제론』, 서울: 인간사랑, 1990.

박종민, 1996, "온정주의 정치문화와 권위주의 통치의 정당성,"
    『한국정치학회보』 제30권 3호, pp.105-122.

버트란드 러셀, 이극찬 역, 『희망의 철학』 도서출판 나남, 1980.

안병만, 『한국정부론』 다산출판사, 1999.

이규환, 『한국지방행정론: 이론과 실제』, 법문사, 1999.

이극찬, 『정치학』, 법문사, 1999.

이은호 외, 『정치학개론』, 교학연구사, 1985.

이재영, 『현대정치학』, 삼우사, 1997.

정세욱, 『지방행정학』, 법문사, 1995.

정요섭, 『선거론』, 박영사, 1988.
조창현, 『지방자치란 무엇인가』, 동아일보사, 1988.
차기벽, 『민주주의의 이념과 역사』, 서울: 한길사, 1980.
최창호, 『지방행정학』, 삼영사, 1995.
하태권 외, 『현대 한국정부론』, 법문사, 1998.
홍득표,『정치과정론』, 학문사, 1999.

Almond, G. A. & G. B. Powell, jr., *Comparative Politics: A Developmental Approach*, The Little, Brown and Company, 1966.

Almond, G.A. & James S. Coleman(eds.), *The Politics of the Developing Areas*, Princeton: Princeton Univ. Press, 1964.

Almond, Gabriel A. and G. Bingham Powell, Jr., *Comparative Politics: System, Process, and Policy*, New York: Little, Brown and Co., 1978.

Almond, Gabriel A., (ed.), *Comparative Politics Today: A World View* Boston: Little, Brown, 1974.

Almond, Gabriel A., and Sidney Verba, *The Civic Culture: Political Attitudes and Democracy in Five Nations*, Princeton: Princeton University Press, 1963.

Apter, David E., Government, *International Encyclopedia of Social Science*, NY: Macmillan, 1974,

Apter, David E., *The Politics of Modernization*, Chicago: The University of Chicago Press, 1965.

Arendt, Hannah *The Origins of Totalitarianism*, New York: Harcourt Brace & World, Inc., 1966.

Beer, Samuel H. and Adam B. Ulam (ed.), *Patterns of*

Government: The Major Political Systems of Europe, New York: Random House, 1962

Bryce, James, Modern Democracies, New York: Macmillan Co., 1921.

Dahl, Robert A., Modern Political Analysis, 4th ed. N.J.: Prentice-Hall, 1984.

Deutsch, Karl W., "Social Mobilization and Political Development," American Political Science Review, March 1961.

Dye, Thomas, Politics in America, Englewood Cliff, NJ: Prentice-Hall, Inc., 1994.

Easton, David, A Frame for Political Analysis, Englewood Cliffs, N. J.: Prentice-Hall, 1965.

──────, The Political System: An Inquiry into the State of the Political Science, New York: Alfred A. Knopf, 1971.

Eckstein, Harry, "A Cultural Theory of Political Change", Americal Political Science Review, 82, 1988.

Frantzich, S. E. & S. Percy, American Government: the Political Game, Madison, WI: Brown & Benchmark, 1994.

Gross, Betram M., International Encyclopedia of Social Science, NY: Macmillan, 1968, 12: 265.

Heller, Hermann Staatslehre, Leiden: A.W. Sijthoff, 1934.

Hobbes, Thomas Leviathan, London: J. M. Dent & Sons, Ltd., 1914.

Maciver, R. M., The Web of Government, N.Y The Macmillan Co. 1947).

Merriam, Charles E. New Aspects of Politics, Chicago: University of Chicago Press, 1970.

Organski, A.F.K., *The Stages of Political Development*, New York: Alfred A. Knopf, 1967.

Pye, Lucian W., *Aspects of Political Development*, Boston and Toronto: Little, Brown & Co., 1966.

Roskin, Michael G. et al., *Political Science: An Introduction*, 5th ed. Englewood Cliff, NJ: Prentice-Hall, Inc., 1994.

Rostow W.W., *The Stages of Economic Growth: A Non-Communist Manifesto*, Cambridge: Cambridge University Press, 1960.

Sills, David L. *International Encyclopedia of social Science*, Vol. 4 (New York: The Macmillan Co & Free Press, 1968), p. 112.

Tullock, Gordon, *Rent Seeking*, The Shaftebury Paper Series, 1993.

찾아보기

저자 약력

□ 강 휘 원
現 평택대학교 행정학전공 교수
미국 Georgia State University 졸업 (정치학 박사)
"미 연방하원 선거구재구획과 사법부의 참여: 판별분석에 의한 결정요인
의 탐색" 외 논문 다수

□ 박 기 철
現 평택대학교 중국학전공 교수
대만 국립정치대 졸업(정치학 박사)
"포스트 등소평 시대의 중국식 사회주의"외 논문 다수

□ 박 승 용
現 평택대학교 행정학전공 주임교수
서울대학교 사범대학 및 중앙대학교 대학원 졸업(행정학 박사)
『한국행정사 연구』(아세아문화사, 1998) 외 저서 및 논문 다수

□ 사 공 영 호
現 평택대학교 행정학전공 교수
서울대학교 대학원 졸업 (행정학박사)
"부정부패와 정부규제"외 논문 다수

□ 이 병 진
現 평택대학교 중국학전공 교수
중국 북경대학교 정치학박사
"신시대 중국의 외교정책과 대외전략"외 논문 다수

□ 진 세 혁
現 평택대학교 행정학전공 교수
동국대학교 대학원 졸업 (행정학박사)
『관료제와 현대행정(공저)』 외 저서 및 논문 다수

현대 정치의 이해

초판 인쇄 2000년 2월 20일
초판 발행 2000년 2월 25일

지은이 강휘원, 박기철, 박승용,
       사공영호, 이병진, 진세혁
펴낸이 이 대 현
펴낸곳 도서출판 역락
       서울시 중구 필동3가 28-19
       진성빌딩 306호
TEL   2268-8656
FAX   2264-2774

등 록 1999년 4월 19일 제2-2803호
       ISBN 88906-15-2-93340
정 가 10,000원